Hans-Dieter Schütt
Glücklich beschädigt

Hans-Dieter Schütt

GLÜCKLICH
BESCHÄDIGT

**Republikflucht
nach dem Ende
der DDR**

wjs

Soviel Kraft, von der man nicht glauben sollte, dass sie sich
wehrlos der Zeit ergäbe; dass ein paar Monate ausreichen,
um sie zu brechen.

Botho Strauß

Es ist heute weit weniger riskant, sich über den Marxismus
zu äußern. Und diese entspannte Lage sollten wir doch
zur Erkenntnis nutzen. Wer weiß denn, zwischen welchen
Fronten wir schon morgen stehen ...

Volker Gerhardt

... war mir tatsächlich über Nacht eine Erkenntnis
aufgegangen und stand am Morgen unübersehbar wie die
Sonne am Himmel meiner banalen Existenz, so dass ich
mich fragte, wo sie sich vorher hatte verstecken können.

Monika Maron

Frösche, die man in heißes Wasser wirft, versuchen sofort,
da rauszukommen, sie strampeln wild um sich und suchen
den Rand. Frösche aber, denen man das Wasser ganz
langsam erhitzt, bis es kocht, merken davon nichts.
Sie schwimmen ruhig weiter bis zum letzten Zug und
kochen sich fröhlich zum Tode hin. Die Frösche sind wir.

Heiner Müller

DIE MAUER. EIN SPIEL. Es ist ein schrecklicher Triumph über die Toten. Jeden Morgen überquere ich mehrmals die Mauer. Es geschieht auf dem Weg von der Leipziger Straße, in der Mitte Berlins, zum Gebäude der Redaktion »Neues Deutschland« am Ostbahnhof. Die Mauer ist ein Steinpfad, eingelassen in den Asphalt der Straßen, auf dem ich zur Arbeit fahre. Jener gewaltsam und gesetzwidrig betriebene Wechsel von Ost nach West, der bis 1989 mit dem Tod enden konnte, ist für mich ein unbehelligtes, sekundenrasches Spiel mit dem Fahrradlenker. Im launigen Zickzack entlang zweier Reihen Pflastersteine erledigt sich Geschichte, als hätte es sie nie gegeben. Geschichte versank im Boden, nicht vor Scham, sie ist und bleibt auch lange danach: ein schamloses Geschehen.

Man kann es bei Streifzügen durch Berlin an der eigenen Wahrnehmung testen: Sogar für Alteingesessene hält sich nur mühsam das Wissen, wo der staatserhaltende Wall einst verlief. Jene zwei Reihen Pflastersteine, die den Verlauf der ehemaligen Mauer markieren, glänzen graubraun, beinahe mickrig, gegen das übermächtige Vergessen. Ein unauffälliges Mal, das selbst neugierigen Touristen kaum auffällt. Das ehemals Unüberwindliche schrumpfte zu einer Unebenheit im Straßenbelag, sie wird mir gemeldet vom leichten Klappern des Schutzbleches. Das ist er, der schreckliche, ungewollte Triumph über die hier oder anderswo an der Grenze Getöteten. Die etwas für ihr Leben taten, das sie nicht überlebten.

Gottlose Hoffnung drängt sich auf, dass diese Toten wirklich tot sein mögen. So bliebe ihnen von dort, wo sie uns erwarten, der ohnmächtige Blick erspart auf jene spielerische, gedankenlose Leichtigkeit, mit der Menschen heute überqueren, was doch Vernichtungsstreifen war, Endpunkt, der jedes Sterben, unter wachsamen, erzwungen teilnahmslosen Augen von Grenzpolizisten, in die Nähe eines Verreckens rückte.

Nicht, dass die Mauer zu Zeiten der DDR außerhalb meines Bewusstseins existiert hätte. Die »Junge Welt«, Tageszeitung des Jugendverbandes FDJ, deren Chefredakteur ich von 1984 bis 1989 war, erinnerte alljährlich am 13. August an den Bau dieser Grenze sowie an Soldaten, die an der Barriere zwischen den zwei Welten ums Leben kamen. Mauerschützen, Mauerschützer. Die anders Verblutenden gab es für mich nicht.

Zu jener Zeit hatte ein Mann versucht, von unserem Hochhaus in der Leipziger Straße mit einer Flugkonstruktion über den nahen Grenzbeton nach Westberlin zu fliehen. Er war abgestürzt, das Schicksal warf ihn aufs Flachdach der gegenüberliegenden Schule, es gab Blutspuren, die Schüler wurden vom Hof geschickt, mein kleiner Sohn kam aufgeregt nach Hause und fragte seine Mutter, ob wir den Mann hereinließen, wenn er klingeln würde. Als meine Frau mir das am Abend erzählte, verschwieg sie nicht, dass die schon etwas ältere Tochter eingeworfen hatte: »Aber wir würden es nicht dem Vati sagen.«

Wann war das? Und wer war das? Eine andere Zeit. Ein anderes Ich?

Siebzehn Jahre, von 1973 an, war ich Journalist in der DDR, seit neunzehn Jahren bin ich Journalist in der Bundesrepublik. Der Westen hat in mir gesiegt. Er breitete sich aus in mir – habe ich das nur hingenommen oder habe ich mich (wie im vermeintlichen Sozialismus) erneut hingegeben?

Nein, mein Wesen hält es nun eher mit dem Erfurter Essayisten Henryk Goldberg, einem ehemaligen Mitarbeiter der Jugendzeitung. Er schreibt: »Ich werde nie wieder in einem Land auf die Weise zu Hause sein, wie ich es war.« Er ist so offenherzig, dies einen Verrat zu nennen – ohne sich jedoch als Verräter zu fühlen. Er sagt »Sie« zu dem Land, dessen Bürger er 1990 wurde. Er pflege, so schreibt er, einen höflichen Umgang mit diesem Land. »Wir schlagen einander nicht auf die Schulter, wir verlangen voneinander nicht mehr als ein Minimum an erhaltender Loyalität. Dafür hat sich der Verrat gelohnt.«

Dass sich der Westen immer weiter in mir ausbreitet – empfinde ich dies angenehmer als die Art, wie er sich draußen in der Welt ausbreitet?

Was weiß ich. Eines inzwischen auf jeden Fall: Ich hatte mein früheres System, mein ganz persönliches System, um möglichst gelingend zu leben, nicht rechtzeitig satt – wie auch sollte das gehen, bei so einem unersättlichen Hunger nach Übertreibung. Der Appetit des Parteijournalisten. Millionenfach vertrieben wir unsere Zeitungen, als könne mit reinem Eifer ungeschehen gemacht werden, wie viele wir damit vertrieben. Gegen den Mangel ringsum haben wir uns überfressen an Fiktionen, bis viele Menschen uns, diesen größten Mangel, satt hatten.

Befragt nach den Gründen, warum die DDR zugrunde gegangen sei, sagte der Schriftsteller Alexander Kluge im Interview mit »Neues Deutschland«, und ich habe dabei einen entschiedenen, beinahe harten Tonfall dieses doch eher inständig Sanften im Ohr: »Der Tod der DDR war der Mangel an wirklicher Öffentlichkeit. Jeder Mensch macht Erfahrungen, im Betrieb, in seiner privaten Sphäre. Aber mit Selbstbewusstsein verknüpfen Menschen diese Erfahrung nur in einer gemeinsamen Öffentlichkeit. Und die gab es bei Ihnen lediglich als selektiv gehandhabtes Instrument. Öffentlichkeitsarbeit war eine Fortsetzung der Repressionen. Das Informationswesen rackerte sich ab, um die Menschen nicht wirklich zu informieren, sie hatte den verderberischen Auftrag, das ehrliche öffentliche Gespräch zu verhindern. Heiner Müller hat es gesagt: Gorbatschows neues Denken bestand darin, endlich auszusprechen, was die Menschen doch seit vierzig Jahren wussten.«

Das ist das Urteil über meine bewusst verbrachte DDR-Existenz. Ich kenne niemanden mit einem auch nur mittelmäßig wachen Geist, der einem SED- oder FDJ-Medium in der Rückschau noch mehr zubilligt, als nur Windmacher für das Fahnenflattern gewesen zu sein. Mich in diesem ideologischen Eifer zu vergessen, dafür besaß ich eine beträchtliche Fähigkeit. Es kann, wer so lebte, nunmehr getrost vergessen, was er tat, dies bleibt das unvergesslich Bittere. Mit erhebenden Gefühlen ist es nicht verbunden, wenn das bestellte Leben wieder Brache wird. Journalismus, betrieben für ein unfreies System, darf nicht auf Entschuldung hoffen. Und der Gerichtshof, sagt Immanuel Kant, ist in dir selber aufgeschlagen.

Schwarz auf weiß füllt sie die Archive, Tausende von Seiten umfasst sie, jene fehlende Öffentlichkeit. Sie war die tägliche Großportion Langeweile, und die wahre Grundfrage der Philosophie lautete: Wie sehr musste man diese Langeweilezufuhr steigern, bis die Zuschauermenge, in Abkehr trainiert, endlich Initiative ergriff? 1989 war es so weit: Wir Propagandisten entpuppten uns plötzlich als unfreiwillige Partisanen. Dichter Durs Grünbein hat es beschrieben: »... die wahre Pointe, ein dialektischer Salto mortale aus dem Geist des Marxismus: der wahre Systemfeind war niemand anders als der Funktionär. Die Saboteure saßen im Apparat. Wenn auch unfreiwillig, fern jeder Einsicht in ihre Rolle, als Bankrotteure haben sie ihren Auftrag vor der Geschichte mustergültig erfüllt.«

Im dreiteiligen ARD-Fernsehfilm »Imken, Anna und Maria« (1992) von Dieter Meichsner, einst legendärem Fernsehspiel-Chef des Norddeutschen Rundfunks, gibt es einen erzgebirgischen Blechwerker, der nahm in der Agonie namens DDR per Video, ein Geschenk aus dem Westen, die Nachrichtensendungen der »Aktuellen Kamera« auf: Honecker-Termine, Planerfüllungsberichte, Funktionärsreden, Kommuniquétexte, Sitzungssequenzen aller Art. Das gesamte Zermürbungsprogramm. Nachrichten wie ein unaufhörliches Hinrichten: Die Neugier erstarb. Diese Filmschnipsel spielt er nun unentwegt ab, jener Arbeiter, der die Wende, die ihn befreit, nicht verarbeiten kann, er gilt, in seinem Zimmerchen hockend, als Verrückter, ein arbeitslos gewordener Mensch, unfähig für die neuen Techniken, erfolgreich zu sein. Er hockt da vor seinen Filmbildern und knurrt: »Das hält die Wut frisch. Das müssten die jetzt jeden Abend wieder im Fernsehen bringen. Immer gleich nach der Tagesschau. Denn wenn sich keiner mehr erinnert: Dann hätten die's doch geschafft! Das wollen die doch: dass sie vergessen werden!«

Im November 1989 wurde ich aus dem Journalismus der DDR, der von heute auf morgen andere Seiten aufzog, entlassen. Auf Seite 1 der »Jungen Welt« stand: »Was in unserer Zeitung artikuliert wird, darf nie wieder eine subjektivistische Entscheidung Einzelner sein.« Jene Redaktionssitzung, welche die Rechnung aufmachte, und zwar mit mir, dem Wirt, nannte mich einen Stalinisten. Ich fühlte mich einsam, mit gewisser Verwunderung, denn so ganz nur Einzelkämpfer war ich doch nicht gewesen. Andererseits: Bis gestern hatte ich mich so benommen. Und hatte die Befugnisse dafür und nutzte sie. Einsam nun? Heute weiß ich: Ich war frei. Erwacht aus wörtlichen Betäubungen. Ende einer Selbstgeiselnahme.

Wenn ich zurückblicke, sehe ich in die Asche jener Jahre. Kein schöner Anblick. Manche nennen das Selbsthass. Wer auf gänzlich andere, von Groll befreite Weise zum

Thema seines Lebens vorstößt und dabei aufreizend selbstbewusst, noch heute, sagen kann: »Ich war Journalist in der DDR!«, der darf wohl aufatmen.

Längst wendete ich den Blick, endlich auf mich!, und freue mich, was mir mit dem Ende der DDR noch möglich wurde an Spiel-Raum und Begegnung. Um es in einem ganz großen Wort zu sagen: Die Revolution des Jahres 1989 hat mir, der ich im peitschenknallenden Ton unerträglich geworden war, höchstwahrscheinlich Frau und Kinder, die Familie, erhalten.

Weltrettung.

Die folgenden Aufzeichnungen sind eine Republikflucht nach dem Ende der DDR. Eine einfache Übung, diese nachholende Ausreise, weil so beleidigend kostenlos wie das alltägliche Spiel mit dem Fahrradlenker entlang des Mauergedenkpfades. Nichts und niemand hält mehr die Gedanken auf – freilich bewegen sie die Welt nicht mehr, wie wir früher so schön falsch glaubten; in ihren Verankerungen, aus denen wir sie herausreißen wollten, steht die Welt fest, sie dreht sich und doch steht sie fest, aber nun immerhin: offen.

Es wirkt, es würgt – das quälende Gefühl, die wirkliche Mutprobe im Leben versäumt zu haben, ihr ausgewichen zu sein. Nicht der vermeintliche Verrat an jener DDR, wie ich sie selber mit schuf, ist zu bedauern, er mag nur peinlich erscheinen angesichts früherer Festigkeit; zu bedauern bleibt etwas anderes: der eigenen Überzeugung erlaubt und sie geradezu ermuntert, ja angetrieben zu haben, gegen die kritische Wahrnehmung und gegen den Zweifel vorzugehen.

Inzwischen frage ich mich, ob die Voraussetzung einer politisch-ideologischen Karriere nicht das Nachlassen der geistigen Spannkräfte ist. Das Leben? Je unreflektierter und orientierungsschwächer, desto erfolgreicher. Man schaue sich die vorderen Seiten unserer DDR-Zeitungen an. Mit Sprachklischees verständigten wir einander, wir, das waren der Apparat und die unmittelbar von ihm Angeleiteten, die wir das Aktiv nannten. Apparat und Aktiv hatten mit der Zeit eine Stattlichkeit erreicht, die unserem leichtfertigen Gedanken zuarbeitete, beides für das Volk zu halten. Wir sind das Volk! Ehe dieser Satz wahr wurde, hatten wir ihn, schon zu unserer propagandistischen Selbstlüge erhoben. Wir waren das Volk, das sagten wir so nicht, aber so meinten wir es. Ich erinnere mich an Rückkünfte aus dem Urlaub, sowohl in den Zentralrat der FDJ als auch in die Chefredaktion der »Jungen Welt«, da machte, mit Lachen kostümiert, der Kalauer die Runde: »Na, sind wir noch an der Macht?«

Ich erinnere mich auch an turnusmäßige Berichterstattungen des Leipziger Instituts für Jugendforschung vor dem inneren Führungszirkel der FDJ. Es waren besonders gepflegte Anlässe, einander belustigte Blicke zuzuwerfen – angesichts der tapfer stetigen Versuche der Leipziger Wissenschaftler, mit realistischen Beobachtungen, offenherzigen Befragungen und kritischen Analysen ungeschminkt auf die Erfahrungswelt junger Menschen in der DDR aufmerksam zu machen. Wir ließen uns nicht verunsichern.

Vorbei. In den Kreisen meines einstigen politischen Umgangs aber scheinen noch immer jene als besonders kämpferisch und verlässlich stark zu gelten, die vom Glauben nicht abfielen. So bescheinigt man einander Charakter. Diese nach wie vor Gläubigen schauen mich fassungslos an, ich kann nichts gegen ihren Verdacht tun, dass Lernfähigkeit auch etwas Gespenstisches ausstrahlt. Ich spüre eine Verachtung, die auch mir, auf bissige Weise, Charakter attestiert: Der? Der verrät nicht alles und nicht jeden, nein, nein, der verrät nur Ideen, von denen er sehr fest überzeugt war.

An Zukunft interessiert mich Erinnerung: Wie viel nehme ich noch, Stück für Stück, von jener DDR wahr, die ich nicht lebte, die ich nicht kannte, die ich bekämpfte, die ich missachtete, die ich im wahren Sinn des Wortes abge schrieben hatte. Abschreibungen, man weiß sie schließlich zu nutzen für die effektive Bilanz, und was nützlich und wer schädlich ist, das wussten wir klar zu sortieren ...

Der folgende Text ist kein Tagebuch, der essayistische Versuch sammelt aus den Jahren nach 1989 jene Eindrücke, die mir wie ein Beil zwischen die Vergangenheit und die Gegenwart sausten, wie ein Hieb; ein Riss zwischen dem, was ich war, und was ich jetzt sein will, zwischen dem, wie ich mich früher sah, und wie ich nun das sehe, was ich früher doch so anders sah.

Wie bin ich aus der DDR herausgekommen? Glücklich beschädigt. Glücklich, aber beschädigt. Beschädigt, aber glücklich. Beschädigungen sind, im Gegensatz zum Glück, keine Durchgangsstadien. Beschädigungen muss man also nicht betonen, wenn man sich zum Leben bekennt. Was aber macht mich glücklich? Dass ich nunmehr um die speziellen Deformierungen durch eine ideologische Existenz weiß? Wer so tief drinstak, darf heftig froh sein über die Antwort: »Ja.« Frag nicht, was war, schrieb Martin Walser, frag, was ist. Vorsichtig umgehen mit den Fertigkeiten, der eigenen Feigheit Macht zu ermöglichen. Solche Vorsicht erfolgreich zu betreiben, das dürfte man schon einen späten Sieg nennen im ehrgeizbeschädigten Leben.

Worauf diese Beschädigungen zurückgehen, ist so einfach nicht zu beantworten. Oder doch? Die einfachen Wahrheiten genügten nicht, heißt es oft. Aber doch nur, weil man sie besonders fürchtet. Inzwischen denke und schreibe ich vielfach das Gegenteil von dem, was ich in der DDR gedacht und geschrieben habe. Hüten muss ich mich, das mit Logik erklären zu wollen, sonst beginnen die Worte wieder zu lügen. Mir stand keine Stärke zur Verfügung, als sie für meine Seele dringlich gewesen wäre. Das ist alles. Besagter Ehrgeiz tat emphatisch sein Werk.

1989. Danach sofort so viele schnelle Jahre, nach einer Revolution, die eine Revolution der anderen war. Die ich eine friedliche Revolution nenne, weil sie Leute wie mich

– im Frieden ließ, ihnen aber einen großen Sieg schenkte: fortan schlaflose Nächte haben zu dürfen.

Die Frage, was mit dem Ende der DDR gewonnen wurde, wäre nicht ehrlich ohne die Frage, was verloren ging. Aber manchmal ist das Beharren auf diese Dialektik einfach nur Phrase – kurzum, ich bin froh, dass alles so kam. Vorher, nachher, das zweigeteilte Leben.

Zu einer Ordnung des Geschriebenen habe ich nicht gefunden; Aufzeichnungen sind entstanden, für deren Reihung mir die (neuen) Wahrnehmungen Vorschläge machten; ein Rückblick in Sprüngen vorwärts oder seitwärts, nur nicht in die Büsche, hoffe ich. Das ist keine Biografie, um Gottes willen, ich habe meine großen Anmaßungen hinter mir. Aber ich traf auf Lebensläufe, auf Ansichten, von denen ich früher nicht wusste, wie sehr ich sie als Existenz- oder Leseerfahrung gebraucht hätte. Meist sind es Künstler. Porträts als Starthilfe für Selbstanzeigen. Ich will sie nach-erzählen.

Allen danke ich, die mir gestatteten, aus ihren Briefen an mich oder aus Gesprächen, die ich mit ihnen führte, zu zitieren.

1989: AUFGESCHEUCHT. Je mehr wir uns von jenem Herbst entfernen, dem Millionen Menschen einen Frühling wünschten, desto größer wird die Zahl derer, die aktiv dabei gewesen sind beim großen Umsturz; wirklich erlebt haben ihn, wie immer, weit weniger. Die Fakten sind bekannt, Legendenverfasser und Enthüller gingen beizeiten an ihr Werk, das Heulen der Reißwölfe haben wir gehört, die Tagebücher der wahren und falschen Helden sind veröffentlicht, die Kommissionen gaben Bericht, einige Gräben von damals konnten zugeschüttet werden, andere ziehen sich als Zeichen der Unversöhnlichkeit auch durch die neue deutsche Landschaft.

Im geschichtlichen Fluss, der ungerührt weiterströmt, bleibt die Erinnerung an eine Zehntelsekunde Aufruhr, die letztlich einen Staat stürzte und mich aus einem Leben riss. Es wurde etwas weggewischt, das doch schon zum Zeitpunkt seines Verschwindens längst nicht mehr existent war. Alles ging sehr rasch.

Als die Zeichen gegen uns politisch Verantwortliche auf Sturm standen, brauchte jeder, dem in dieser Situation ein bisschen Selbstverteidigung zu genügen schien (man war klassenkampftrainiert), nur weiter die probaten Feindbilder abzurufen – weil deren harte Aufrechterhaltung zugleich die Aufrechterhaltung der glorreichen Idee zu meinen schien, die jetzt gegen eine untreue Realität abzusichern war.

Ich glaube, ich hatte ein sehr verwischtes Gesicht, als ich damals, in letzten Zeitungstexten für das Durchhalten, die verlangte Härte demonstrierte.

Wer von den Genossen freilich mehr wollte als nur Selbstverteidigung, der musste sich öffnen, wusste aber nicht, wie und wie weit, und so kam zur Starre die Lächerlichkeit. Der Vorsitzende des Freien Deutschen Gewerkschaftsbundes der DDR (FDGB), Harry Tisch, sagte im Herbst 1989 während einer Reise nach Stuttgart gegenüber der Presse, befragt nach seiner Meinung zur brodelnden Lage, er werde sich an Schlammschlachten nicht beteiligen. Allen Ernstes erwiderte er auf Anfrage zum sozialistischen Mitspracherecht, zu Meinungs- und Gedankenfreiheit: Wenn Bürger der DDR Fragen zur Gewerkschaft hätten, brauchten sie ja bloß zu ihm ins Büro zu kommen. Düsterer Verteidigungsenthusiasmus, der in unfreiwillige Satire umkippte. In der Tiefe unseres kalkbedrängten Herzens hüteten wir unvermindert die fundamentalistische Geradlinigkeit, durchdrungen davon, jede Mehrdeutigkeit des Lebens maschinengleich verleugnen zu dürfen.

Als die Stacheldrähte zwischen Ungarn und Österreich per Drahtschere aus ihrer Spannung knallten, als sich die Prager Botschaft der Bundesrepublik im Sommer 1989 mit

DDR-Bürgern füllte, da begann etwas, das sein frappierend akutes Gleichnis in den Sätzen des Jakob Ben Moses Ha-Lewi aus dem 14. Jahrhundert hat, zu lesen an einer jüdischen Synagoge in der tschechischen Hauptstadt: »Plötzlich um Mitternacht erhob sich ein entsetztes Geschrei inmitten des großen Heeres Edom (Kreuzfahrer), das seine Zelte in einer Breite von drei Meilen neben der Stadt Zatec in Böhmen, zehn Meilen von Cheb, aufgestellt hatte. Und alle des Heeres flohen, aufgescheucht vom Geräusch eines fallenden Blattes, ohne dass ein Mensch sie verfolgt hätte. Und sie ließen all ihren Reichtum und ihr Vermögen liegen und taten dem Land keinen Schaden mehr.«

Das Geräusch eines fallenden Blattes: »Wir sind das Volk!« Und das aufgescheuchte Überlebte erhob ein entsetztes Geschrei, das noch einmal wie der Reichtum einer geretteten Heilslehre klingen sollte, dankte ab und tat »dem Land keinen Schaden mehr«.

Was dem unmittelbar vorausging, im Sommer neunundachtzig, hat Uwe Tellkamp in seinem Roman »Der Turm« beschrieben: »Wie ein hochinfektiöser Holzsplitter steckte der Schrei der Tausenden Ausreisewilligen hinauf zum Balkon der Prager Botschaft, auf dem der bundesdeutsche Außenminister Freiheit verkündet hatte, im Gehör des müden und kranken Leibs, dessen vierzigster Geburtstag in ein paar Tagen gefeiert werden musste.« Einer hielt keine Rede, sondern Wort. »... sind wir gekommen, um Ihnen mitzuteilen, dass Ihre Ausreise morgen ...« Ressortgerechte Arbeit: Ein Außenminister, Genscher, erlöste Menschen, deren Reiselust sich bislang, ja! – in Grenzen zu halten hatte. Nun war ihnen auch in Ostberlin das ultimativ gültige Dokument ausgestellt worden: der Laufpass.

Auf einem Balkon hatte Liebknecht die deutsche Räterepublik ausgerufen, auf einem Balkon düpierte Genscher jene deutsche Republik, die sich ohnehin keinen Rat mehr wusste. Daheim zog Honecker die letzte Konsequenz: fort-

an lieber Wasserwerfer vorzuschicken, als Tränen nachzu-
weinen. Überhaupt stieg das Wasser, und es stieg und
stieg. Es stand dem Staat bald höher als bis zum Hals, und
diejenigen, die auf Nicken codiert waren, es war nicht ab-
zustellen, die nickten weiter. Und so soffen wir ab, wie wir
da so auf dem Trocknen saßen.

Freilich: Als sich Anfang Oktober 1989 der Fackelzug
zum 40. Jahrestag der DDR in den Berliner Straßen for-
mierte, weitläufig rund um die Straße Unter den Linden,
da wurde allen marschierenden FDJlern von der Leitung
des Jugendverbandes die Erlaubnis erteilt, vor der Ehren-
tribüne das zu skandieren, was ihnen am Herzen läge.
Und es lag selbst den Ausgesuchten, den Berufsbegeister-
ten, den Kadern des Kommenden, dessen Zeit abgelaufen
war, längst anderes am Herzen, als wir ihnen bis gestern,
bis heute morgen, bis vor einer Stunde eingebläut hatten.
Nun taten wir, die krampfhaft Verschlossenen, so, als wären wir die Erfinder der Öffnung. Immer wieder erstaunlich, wie dieser Gemütskurzschluss funktioniert.

Dort hinauf, wo Honecker neben Gorbatschow und anderen Parteichefs stand, um »seine« treue Jugend zu prä-
sentieren, schallte es dann tatsächlich ununterbrochen
herzlich: »Gorbi, Gorbi!« Das war gewollt! So schlossen
wir uns dem Strom der Zeit an, natürlich noch hoffend,
an dessen Spitze zu bleiben. Es würde bald, in den letzten
Leitungssitzungen unserer alten jungen, jung schon altge-
wordenen »Garde«, jene listig leise, aber doch unumwun-
den überheblich gebliebene Rede umgehen von den politischen Laienspielern aus der Bürgerrechtsbewegung, die
jetzt überall das Wort zu ergreifen suchten und die uns
mit Machtteilung drohten – aber ach: Die etwas gedämpf-
te Lautstärke, von den Ereignissen zwar etwas erschüttert,
ging uns doch schon wieder zu einer aggressiven Lust
über, denn man würde doch schließlich nicht auskommen
ohne uns. Überm ungewohnten Angstschweiß die alte
Maske, siegesgewiss.

Hätten wir denn so ausgiebig – und spät genug! – die »Gorbi«-Rufe gestattet, wenn wir gewusst hätten, dass sie die Parole waren, uns zu vertreiben aus Amt und nicht mehr zu leugnenden Unwürden?

Es gibt Fotos vom Fackelzug Unter den Linden, die Honeckers Reaktion auf diese Gorbi-Rufe zeigen. Frost im Gesicht. Für seine Tribünengäste Handbewegungen zur Menge hin, als könnten diese Gesten von der Peinlichkeit der Situation ablenken. Denn die Sprechchöre jubelten sich merklich an ihm vorbei. Hier und da schwoll noch, diszipliniert, aber verkräht, ein »Erich! Erich!« an.

Wahrscheinlich kamen wir uns mutig vor. Es war auch – endlich – ein Ruck. Aber es war eine uns abgepresste Versöhnung mit dem Unabänderlichen. Da hatten wir nun jahrelang und ausdauernd gekatzbuckelt, zum Teil wahrlich aus tiefer Überzeugung, und jetzt, da alles ohne uns ins Laufen gekommen war – eine Bewegung von uns weg, die wir nicht wahrhaben wollten, immer noch im Glauben, es gehe um uns, und nichts ginge ohne uns, schon gar nicht jene Erneuerung, der wir uns also geschickt, aber doch von niemandem mehr ins Feld geschickt, anzupassen begannen –, jetzt also stellten wir uns für letzte Momente als Reformer aus und ließen einen verwirrten alten Mann zurück, der folgerichtig jene Funktionärswelt nicht mehr verstand, die ihm doch bis eben so bereitwillig und selbstlos zu Füßen gelegen hatte.

Es war in der allgemeinen Fehleinschätzung der Lage ein Leichtes, ausgerechnet die »Junge Welt« zum Fanal des medialen Aufbruchs nach dem 7. Oktober, dem 40. Jahrestag der DDR, zu erklären. Denn die Zeitung brach als erstes Blatt aus der Linie. Es waren Funktionäre der SED, wie etwa Buchminister Klaus Höpcke, die das FDJ-Blatt zu offenen Worten nutzten, wider die sture Schläfrigkeit und das tote kalte Schweigen des eigenen Organs, »Neues Deutschland«. Die anweisenden Anrufe aus dem Haus des Zentralkomitees ebbten merkwürdigerweise ab.

Als sei man dort schon in Eile, das Notwendige zusammenzupacken. Etwa zehn Tage nach den verkrampften, von Volkspolizei zerprügelten Feierlichkeiten zum Staatsjubiläum stand ein langer offener Brief des Schriftstellers Hermann Kant im Blatt. Es war das Kritischste, das bis dahin je in einer DDR-Zeitung über die DDR stand. Nicht mehr dieses gesalbte Wort zur Sache, sondern ein zornwunder Klartext zu all dem, was jetzt Sache war, ein Artikel, der an Verse Brechts erinnerte: »Freunde, ich wünschte, ihr wüsstet die Wahrheit und sagtet sie!/ Nicht wie fliehende müde Cäsaren: ›Morgen kommt Mehl!‹/ So wie Lenin: Morgen Abend/ .../ Freunde, ein kräftiges Eingeständnis/ Und ein kräftiges WENN NICHT!«

Ich war stolz und ließ mir die Bekundungen, mit diesem Abdruck kühn gewesen zu sein, auf der locker gewordenen Zunge zergehen. Natürlich fällt es auf, wenn dem Zwerg unter Zwergen der Hut hochgeht, als sei man gewachsen. Ein Herausragen, das sich toll anfühlte. Aber der Anlass für Kants Brief war doch das Gegenteil von Mut. Wochen vorher hatten wir nämlich einen anderen Text des Schriftstellers gedruckt. Er hatte auf eine Umfrage der Hamburger »Zeit« zur Situation in der DDR geantwortet, sehr differenziert, ebenfalls sehr wagemutig – und was hatten wir getan? Den Text amputiert, ihn geradezu entleibt, bis er in unser Prokrustesbett passte, wir hatten inmitten der doch so sichtbaren Agonie jene wenigen Zitate herausgeschnitten, die der allgemein üblichen Lobeshymne entstammten, die also genau ins Abwarten, ins hohle Beharren, in die landläufigen Parolen vom unantastbaren Sozialismus passten: Seht, ihr Murrer, so rief unser Zitatkrüppel aus, seht her – einer der ersten Schriftsteller des Landes hat in dieser Situation die andere, die beständige Ehre, und ihr Zweifelnden, haltet euch besser an ihn, lasst euch nicht verwirren vom Gegner!

Diese Verfälschung hatte Kant noch einmal erbost zum Stift greifen lassen. Jetzt kam's noch deutlicher. Aber wir gingen nicht mit dem Abdruck des Briefes zu weit, wie nun viele raunten, zwischen respektvollem Staunen und schadenfrohem Lauern auf die Konsequenzen, nein, wir druckten den zornigen Text, weil wir vorher zu weit gegangen waren – im gewohnten Abducken, um nur ja keinen einzigen eigenen Schritt gehen zu müssen. Was jetzt wie Aufbruch aussah, war eine zufällige, notgedrungene Abspaltung der Festgefahrenheit. Das war schon die Freiheit, die uns überrollte: Die Wirkung machte sich los von der Ursache. Wir hatten nicht als Erste zur neuen Linie gefunden, wir waren nur sichtbarer als andere ins Trudeln gekommen, heute so, morgen so und übermorgen vielleicht noch ganz anders. Wir hängten die Fahne in den wahrlich frischen Wind, aber wir waren nicht mehr die Wettermacher und wussten kaum noch, woher der Wind so wehte.

Kant selbst hatte den Brief wohl gar nicht deshalb abgeschickt, um ihn veröffentlicht zu sehen. Vielmehr ahnte er die Angst, mit der ich zu meinen Vorgesetzten rennen und somit dafür sorgen würde, dass der Brief, in bedenklicher Staatsstunde, auf einem hohen Schreibtisch im Zentralkomitee aufschlüge. Natürlich rannte ich, er wusste es, und er kannte diesen Sport doch auch, er war doch ebenfalls in vielen eigenen scharfgeschliffenen Reden gelaufen wie das willige beste Pferd im Rhetorikstall. Selbstredend war ich für den Abdruck nur mutig nach erteilter Erlaubnis zur Kühnheit, nach grünem Licht also aus jenem »Großen Hause« am Werderschen Markt. Freilich frage ich mich heute leise, warum Kant als ZK-Mitglied und also mit dem entsprechenden Ausweis für den raschen Zutritt zur Macht nicht den direkten Weg für seine Petition gewählt hatte. Statt des Vordereingangs die Hinterlist. Ich sollte nicht der Kombattant sein, sondern der furchtsame Depp. War es. Aber ach, warum sollte er nicht arbeiten mit meiner Angst, wenn es der Wahrheit nützte? Schriftsteller gehen aus berufsbedingtem Interesse nicht gern die kürzesten Strecken, sondern bevorzugen Umwege über die Abgründe fremder Seelen. Meine Angst war sein Bote für die Anmeldung bei den Putschisten: »Mein Brief ist selbstverständlich nach Abwägung von Leuten, die den Staatsstreich probten, veröffentlicht worden.«

Später, in einem Interview zur Auseinandersetzung mit der DDR, sagte das ZK-Mitglied Kant, überhäuft von Vorwürfen der Mitarbeiterschaft im Betonbetrieb: Er sei beleidigt, nun wie ein Angeklagter »in die Kategorie von Honecker und Mielke« zu gehören – »als ob man nicht gesehen hätte, was ich über all die Jahre gemacht habe«. Das genau ist der Satz, den ich auch gern gedacht hätte und von dem ich mich gern hätte umstricken lassen. Ich saß zwar nicht im Zentralkomitee, aber ich saß in der FDJ; wenn das Zentralkomitee sehr weit oben war, dann war die FDJ-Führung zumindest ziemlich weit oben, und gehörte man nicht schon zur »Kategorie von Honecker«, wenn man sich selbst in einer Nähe zu etwas ertrug, das so viele Menschen längst abstieß? Und gehörte man nicht schon zur »Kategorie Mielke«, wenn man die Existenz und Arbeitsweise des betreffenden Ministeriums hinnahm oder unbefragt ließ wie die Arbeitsweise des, sagen wir Bau- oder Leichtindustrie- oder Landwirtschaftsministeriums? Als ob man nicht gesehen hätte, was ich über all die Jahre gemacht habe? Man hat es gesehen. Hätte man anderes sehen sollen, hätte das andere deutlicher sichtbar gelebt werden müssen.

Deshalb sehe ich die Regungslosigkeit in den letzten Bildern vom noch regierenden Honecker wie eine natürliche, überraschte Regung des Mannes. Er erkannte uns nicht mehr, aber dement waren doch auch wir: keine Erinnerung mehr, wie wir eben noch des Kaisers neue Kleider in Hymnen zusätzlich vergoldet hatten?

Merkwürdig, wie selbstverständlich ich in den kommenden Wochen, als dann alles verloren war, die Weltveränderung hinnehmen und sie mir gleichsam einverleiben würde. Am Morgen nach der Maueröffnung bat die Leiterin des Schreibbüros in der Redaktion um ein Gespräch, es war ihr sichtlich unangenehm zu gestehen, einige der Mitarbeiterinnen hätten in der vergangenen Nacht der Verlockung nicht widerstehen können und seien aus purer Neugier in den Westteil der Stadt gegangen. Ich beruhigte die ideologisch Treusorgende und redete, als hätten die Mitarbeiterinnen vom natürlichsten ihrer Rechte Gebrauch gemacht; in einer rasch anberaumten Redaktionskonferenz wurde das unerwartet Eingetretene zur Selbstverständlichkeit erklärt. Die Mauer? Gestern geheiligte Staatsgrenze, heute Tor zur Welt. Bis gestern galt Rot, ab heute galt Bunt. Die Flexibilität hatte über uns gesiegt, lange bevor sie von Linken als typisch westliche Bewegungsart auf hartem Marktpflaster gegeißelt werden würde. Aber noch immer trat ich als jemand auf, der meinte, dafür eine Erlaubnis erteilen zu dürfen. Alle Zellen des Gefängnisses aufgesprengt, da hält der Direktor noch eine gönnerische Rede, die den Freigang gestattet.

»FEINDBERÜHRUNG« MIT VERA W. Immer hat das Ende seine Vorgeschichten, in denen es sich versteckt und sich vorbereitet für den letztgültigen Auftritt. Ich habe die Vorzeichen abgetan, wie man etwas von seinem guten Anzug wischt.

Im Oktober 1987 war es in der Berliner Zionskirche zum Überfall rechter Skinheads auf Besucher eines Punk-Konzertes gekommen. Kurze Zeit später protestierten, ebenfalls in der Zionskirche, junge Menschen gegen die Durchsuchung der Ost-Berliner Umweltbibliothek durch Polizei und Staatssicherheit. Die Skins waren schnell verurteilt, das Strafmaß nach beträchtlicher öffentlicher Aufregung aber noch einmal erhöht worden. In einem längeren Artikel kommentierte ich das, wohlwollend. Das ist die Vorgeschichte. Sie hatte ein Nachspiel.

Im Dezember 1987 nämlich stellte die Bürgerrechtlerin Vera Wollenberger, eine mir unbekannte Frau, Strafanzeige gegen mich. In ihrem Buch »Virus der Heuchler – Innenansichten aus Stasi-Akten«, erschienen 1992, schreibt sie darüber.

»Die samstägliche Junge-Welt-Kolumne ›So sehe ich das‹ vom 12. Dezember war von der üblichen Horizontalen in die Vertikale gerückt worden und füllte auffällig zwei Spalten von oben bis unten. Unter der Überschrift ›Warum freue ich mich über den Protest gegen ein Gerichtsurteil?‹ schrieb der Chefredakteur höchstpersönlich u. a.: ›Antifaschismus, eine Verfassungspflicht, ist einer der heiligsten Schwüre unseres Staates ... Es gibt also eine Grenze für Milde und Nachsicht, und sie liegt dort, wo das Edelste unserer Existenz angegriffen wird, und sei es auch nur von ein paar Einzelnen ... wo antisozialistische Elemente auftauchen, werden wir uns zu wehren wissen, mit klarem Urteil, mit Macht, Staatsmacht ... Der Feind, ob er nun mit missionarischem Eifer junge ›Literaten‹ gegen uns losschickt, die das Talent haben, ein Talent zu verkaufen, das sie gar nicht haben, ob er nun in der Pose eines ›Mahnwächters‹, stets pünktlich wie auf Bestellung, mit Fernsehkameras vor Kirchentore zieht, oder ob er Rowdys mit faschistischem Vokabular und Schlagwaffen ausrüstet – er hat bei uns keine Chance.‹

Der Angriff, von einem der besten Journalisten der DDR brillant formuliert vorgetragen, war nicht vordergründig geführt, sondern darauf ausgerichtet, die Verbindung Mahnwachen-Neonazis in den Hinterköpfen der meist jungen Leser zu etablieren.

Sofort nachdem mich mein Sohn Philipp auf den Artikel aufmerksam gemacht hatte, setzte ich mich hin und schrieb eine scharfe Erwiderung.

An dieser Stelle kann ich aber das Wort an Ibrahim Böhme alias IM ›Maximilian‹ abgeben, dessen Bericht sich in den Akten von Silvia Müller fand: ›Achtung! Vor Beginn der Veranstaltung schilderte Vera Wollenberger recht humorig ihr Erscheinen am Morgen des 14. Dezember 1987 in der Redaktion der ›Jungen Welt‹, wo sie als ›protestierende Bürgerin‹ und ›Mitglied der Mahnwache‹ Chefredakteur Schütt zu sprechen verlangte. Dieser war beschäftigt und schickte ihr über seine Sekretärin den Redakteur Bethge. Bethge soll angeblich recht verständnisvoll gewesen und von ›bübischer Freude über den Ärger Schütts befallen‹ gewesen sein! Bei den Schwierigkeiten handelt es sich um den Leitartikel Schütts unter der Rubrik ›So sehe ich das‹ vom Samstag, 12. Dezember 1987.

Sie übergab dem Bethge einen Gegenartikel, der stilvoll geschrieben, aber leider aufgrund seiner ideologischen und politischen Tendenz, auch hinsichtlich der Verdrehung von Aussprüchen Erich Honeckers, kaum zu drucken sein wird. Sie stellte dem Schütt praktisch ein Ultimatum: ›!!! Wenn der Artikel oder eine bearbeitete (von der Redaktion bearbeitete) Fassung desselben bis Mittwoch (16. Dezember 1987) nicht erscheint in der ›Jungen Welt‹, wird sie Schütt wegen Verleumdung und Beleidigung verklagen!‹

Genau das tat ich dann am Donnerstag, dem 17. Dezember 1987. Zuerst wollte der Beamte im Stadtbezirksgericht Mitte meine Anzeige nicht annehmen. Aber nachdem ich hartnäckig blieb und meine Drohung, mich nicht wegzurühren, bevor ich die Anzeige los geworden bin, durch mehrstündiges Sitzen auf dem Gang unterstrichen hatte, wurde sie von einem Staatsanwalt entgegengenommen.

Noch heute kann ich mich des Unbehagens erinnern, das ich auf dem endlos langen, menschenleeren Gang verspürte, an dessen beiden Enden sich, gut sichtbar, je ein halbes Dutzend junge Männer postiert hatte. Da ich immer noch ein verklemmtes Verhältnis zu den Medien hatte, wusste natürlich kein Journalist von meinem Vorhaben.

Erst Anfang Januar 1988 erfuhr Roland Jahn von der Sache, rief mich an und bat mich, die Geschichte einer Freundin, die taz-Redakteurin war, zu übergeben. DPA machte aus dem, was dann nächsten Tags in der taz stand, eine Meldung, die von fast allen Medien aufgegriffen wurde.

So sah ich mich Anfang Januar 1988 einer für mich neuen, völlig überraschenden Publizität gegenüber, über die ich anfangs ziemlich erschrocken war. Ich brauchte ein bis zwei Tage und einigen Zuspruch, um zu begreifen, dass der Schritt, mit der Anzeige in die Öffentlichkeit zu gehen, richtig war.«

Die Resolution Vera Wollenbergers hatte ich nicht ernst genommen. Sie war bei uns im Berliner Verlag am Alexanderplatz abgegeben worden, na und?, ich nahm sie hin als gängige Gegenpropaganda, und sie wurde zur üblichen Post gelegt. Dass sie von Frau Wollenberger auch ans zuständige Gericht weitergeleitet worden war – eine Vergeblichkeit natürlich –, erfuhr ich erst aus den erwähnten Schlagzeilen in der Westpresse. Auch die Mitarbeiter der »Jungen Welt« reagierten überrascht, sie forderten von mir eine Erklärung, in einer kurzen Redaktionssitzung konnte ich nur mein Nichtwissen beteuern. Der unwirsche Ton der Kollegenanfrage erzählt einerseits etwas vom offenen, also durchaus erträglichen Klima in der Redaktion, andererseits war jede Zusammenkunft mit Redakteuren unzweifelhaft eine Machtprobe geworden, ob man sich dies inmitten der Freundlichkeiten und der gemeinhin lockeren Umgangsart nun eingestand oder nicht. Es galt für die Chefredaktion ständig etwas durchzusetzen, zu verteidigen, zu behaupten, ideologisch zu vermauern, und immer deutlicher richtete sich in den Ressorts eine Wand des Unwillens, des gereizt lauernden Gegenarguments auf.

Natürlich waren es die verantwortlichen »Organe«, die mir die Angelegenheit Wollenberger vom Halse hielten, ein Feind war gereizt worden, wir antworteten mit Nichtachtung.

Knapp zwei Jahre später, im berühmten Herbst 1989, sollten sich Abordnungen, die im Haus der Presse am Berliner Alexanderplatz Beschwerden und Petitionen gegen die »Junge Welt«, gegen die FDJ und mich abzugeben wünschten, stark vermehren. Dass solche Delegationen im Anmarsch seien oder Einzelne bald auftauchen würden, erfuhr ich wiederum von den beiden MfS-Mitarbeitern, die für unsere Redaktion verantwortlich waren. Diese Ankündigungen verbanden sich mit der Beruhigung, man werde sich »drum kümmern«.

Man kümmerte sich, ersparte mir »Feindberührung«, und mir scheint, es wurde gelacht bei solchen Worten. Nach wie vor regierte auch mich die Gewissheit, diese giftige gegnerische Aufwallung würde vorübergehen, sie würde an der Geduld unserer Macht ermatten, und nach dem 7. Oktober, dem Feiertag der Staatsgründung, gäben auch die Westmedien bestimmt wieder Ruhe.

Aber hinter dieser Gemütsfassade kroch sie doch hoch, die Angst, sie brach schließlich, als die Demonstrationen auf den Straßen Alltag wurden, ungebremst ins Empfinden. Zunächst war es die Angst vor Randalierern, die doch gar keine waren, bald darauf würde es eine andere Angst sein – davor, dass diese Menschen ihrem Zorn tatsächlich freien Lauf lassen könnten, eben weil wir sie ungeprüft und ungeschlacht zu Randalierern gestempelt hatten.

Keine glücklichen Momente in jenem Herbst? Doch, viele Momente – nur wusste ich das damals nicht. Ich wusste nicht, dass ausgerechnet das, was mich beiseiteschob (ein Zeitungsende wortwörtlich: Ich hatte bald nichts mehr zu melden), doch schon mein sehr großes Glück bedeutete.

Aber selbst auf der großen Kundgebung am 4. November auf dem Alexanderplatz, wo auch der versammelte Journalismus euphorisch frei aufzuatmen begann, fühlte ich mich noch elend. Das war nicht meine Veranstaltung, denn das war Protest, der auch mich meinte. Ein Plakat rief: »Schütt zu Schnitzler!«, der schon vom Bildschirm verschwunden war. Der Volkswitz gegen Krenz und Co senkte mir den Blick: Wo ist das Loch im Erdboden, darin man verschwinden konnte?

DAS PRINZIP WANDLITZ. Das Prinzip Wandlitz ist sehr leicht zu beschreiben. Im Wald eine Villa. Vor der Villa ein Westauto. Im Auto ein Mann. Im Mann ein Herz. Im Herzen die Liebe zum Sozialismus.

HANDKE UND DIE FDJ. Als die Mauer gefällt wurde und die Steine vom Herzen fielen, war ich mir bald in vielem ganz neu; die alte Haut hielt zusammen, was innen pochte, aufs Offene pochte, aber etwas schien aufgesprungen und würde sich nicht wieder setzen: die Neugier auf andere Denkwelten, sie galoppierte in den Blutbahnen, die eng geworden waren; enger Geist drückt Leben ab.

»Wir fluten!«, hatte der Grenzoffizier an Berlins Bornholmer Straße in der Nacht des 9. November 1989 ins Diensttelefon gerufen, und er gab Befehl, für die berauschend friedlich und unglaublich geduldig andrängenden Massen den Übergang in den Westen der Stadt zu öffnen. Man wurde nun auch selber geflutet, so seltsam es klingt, von wohliger Leere durchströmt, die für irgendetwas bereit war, von dem ich freilich noch nicht wusste, was genau es sein könnte.

Ich wurde über Nacht ruhig. Ein seltsamer Seitenwechsel vollzog sich: Wir hyperaktiven Funktionäre des starren und lethargischen politischen Betriebes sanken in eine Erschöpfung, die dem Frieden der Revolution zuarbeitete, indem sie die Menschen endlich in Frieden ließ. Diejenigen aber, die wir doch zermürbt, entkräftet und fast schon in einen harten Glauben an die Unabänderlichkeit der Verhältnisse hineingetrieben hatten – sie konnten plötzlich sich selbst und die Ereignisse kaum bändigen, Auferstehung war angesagt, jeder Morgen eröffnete eine neue Zeitrechnung, die von den Mittagsnachrichten schon wieder überholt wurde.

Mich hatte in der Nacht des 9. November freilich noch nichts aus dem Haus getrieben (trotz unmittelbarer Wohnnähe zum Checkpoint Charlie), ich war noch nicht aus dem Häuschen, ich spürte aber schlagartig eine Entlastung. Ob ich dabei schon das Wort Entlassung dachte, weiß ich nicht mehr. Ein paar Wochen noch, bis zur tatsächlichen Entfernung aus der Redaktion, übte ich allerdings einen Beruf aus, der mir nicht mehr gehörte. Wir waren in den ideologischen Kesselschlachten des Kalten Krieges die Durchhaltetruppen gewesen – nun geriet ich in die Gefangennahme durch eine Freiheit, die jeden Tag neue Kapriolen schlug und die den Leitartikeln auch der »Jungen Welt« Meinungen abverlangte, denen ich gestern noch untersagt hätte, überhaupt halblaut zu werden. Jetzt schienen die Medien mehr denn je die Aufgabe des Aufrufs, des Appells, des Flugblatts, der Mobilisierung, der Bekanntmachung, der neuartigen Kräftebündelung zu haben, es wurde, in neuer Emphase, auch in den Reihen der Partei ein reformierter sozialistischer Brustton verlangt – dem aber doch, da das Alte noch nicht wirklich abtrat, jenes Röcheln eingeschrieben blieb, das letzten Atemzügen aus kranken Lungen eingeschrieben ist. Die Phrasen der nachhoneckerschen Führung und der Intellektuellen-Aufruf »Für unser Land« waren nur noch verzweifelte Einübungen, um nach dem verlorenen Besitzanspruch auf eine ganze Epoche nun wenigstens ein paar Sekunden Geschichte zu überdauern.

Wir würden, das sah ich, bald hinüber sein. Während das Volk auflebte, indem es einfach hinüberging.

So wird jemand parteilos, ein Haltloser plötzlich. Aber ich war dabei nicht missvergnügt, nicht zerknirscht. Ich staunte, wie schnell die Zeit hinter mir zusammenstürzte. Ich hielt einen Redaktionsbetrieb aufrecht, doch einzig mit Kräften, die von gestern stammten. Als blinkte im Auto das Zeichen für den Reservetank. Auf dieses Zeichen blickt man mit einem Anflug von Ängstlichkeit, mich flog nichts mehr an. Ausgetobt. Ausgebrannt. Noch nicht ausgewechselt von den neuen Strukturverwaltern, aber doch kurz davor. Als es so weit war und im November 1989 auf der Tagung des Zentralrats, beim Tagesordnungspunkt »Kaderfragen«, meine im engen Führungskreis schon beschlossene Abberufung »vorgeschlagen« wurde, trat das Kuriose ein: Die Mehrheit der Versammlung begriff das nicht, verweigerte ihr Einverständnis, galt doch die »Junge Welt« bis gestern als kämpferisches, unter den Getreuen viel gelesenes Blatt. Der Kompromiss sah so aus: Man trennte sich von mir, vom nicht mehr tragbaren, honeckerhörigen Zeitungs- und Leitungsstil und gab das Blatt also frei für die fällige Erneuerung – indem man aber ausgerechnet mir zu einem Abschied, der doch ein Hinauswurf sein sollte, noch die höchste Auszeichnung des Jugendverbandes ans Revers steckte, die Ernst-Thälmann-Medaille. Hauptpreis fürs Hauptthemmnis. Da war sie noch einmal, die wirre Verfasstheit, der alte Porenverschluss mitten in der Luftveränderung.

Wenn man mich heute fragt, wer ich wurde, als ich nichts mehr war, dann habe ich nur eine einzige, wohl eher abseitig wirkende Antwort: Ich hatte plötzlich viel Zeit, ich spürte schlagartig, was Muße ist, ich wurde ein Handke-Leser. Ich fiel von mir selber ab, da lag nun alles Bisherige, die Frucht der jahrelangen Mühen – mir plötzlich selber ungenießbar.

Auf meinen ersten Freizeitgängen nach Westberlin kaufte ich mir ein paar Taschenbücher von Suhrkamp und setzte mich hin und las. Und mit der DDR war es plötzlich so, wie es dem sowjetischen Kosmonauten Andrijan Nikolajew in den sechziger Jahren erging. Bei seinem Flug im All wurde er von Baikonur aus kritisiert, weil er eines Morgens zehn Minuten zu lange schlief und nicht, wie vorgesehen, über der Sowjetunion erwachte, sondern über Nordamerika. Die Bezugswelt für das morgendliche Parteilehrjahr war vorübergezogen, war verloren gegangen. Dass einem solcher Widerspruch bewusst wird, dafür genügen tatsächlich zehn Minuten, neu fühlbare Wahrheiten sind ein Sturz.

Der Schriftsteller Hartmut Lange, einst leidenschaftlicher Marxist, der die DDR in den sechziger Jahren verlassen hatte, beschreibt das so: »Mein Stück ›Trotzki in Coyocan‹ wurde im Westen als Fernsehinszenierung vorbereitet, und man wollte im Anschluss eine Diskussion über den politischen Hintergrund senden. Ernest Mandel, der Leiter der Vierten Trotzkistischen Internationale, Eugen Kogon und ich saßen vor der Kamera, das Licht wurde eingerichtet, man besprach Details, und plötzlich überkam mich ein Gefühl von Gleichgültigkeit. Ich spürte mit Erstaunen, dass mich der Sachverhalt, über den wir diskutieren sollten und der meine Realitätserfahrung als Schriftsteller bis zu jenem Augenblick wesentlich bestimmt hatte, nicht mehr interessierte. Irgendwie wurde mir klar, dass es Simulationen waren, mit denen ich mich beschäftigt hatte.«

So hurtig kann das gehen. Ein Schleier, du siehst ihn zur Seite schweben. So wird jemand ein Handke-Leser (und übrigens auch Lange-Leser!): indem er tiefernst oder hochheiter von etwas Unerwartetem getroffen wird, von einem Frischlicht gleichsam, das ihm die Welt vor Augen anders zeigt, als er sie bislang sah. Dabei war diese andere Welt gar nicht unbedingt jene Welt des nun frei vor mir liegenden Westens von Berlin. Es dauerte eine Weile, bis auch ich mich auf den Weg über die Grenze machte. Nicht aus politischem Trotz. Nicht aus Wehr gegen den Strom derer, die ihr Begrüßungsgeld begehrten. Von Fernweh war ich nie wirklich geplagt worden, zudem hatte mir das Privileg des Journalisten, mehr noch des FDJ-Funktionärs, die Grenzen früh geöffnet.

Peter Handke lesend, bin ich süchtig geworden nach Lückenhaftigkeit im Erkennen. Ich spürte, wie ich mich aus allem zurücknahm, und es war, als baute sich in dieser entsagenden Bewegung etwas auf, das man wahrhafte Lebensahnung nennen könnte. Nicht die Stunde der Wahrheit schlug mehr, sondern »Die Stunde der wahren Empfindung«, wie eines seiner Bücher heißt. Das ist das Abenteuer Handke.

Stunde der wahren Empfindung? Was bedeutet dies für jemanden, der eine Überlegenheit genossen hatte, die sich in Zükünften zu Hause fühlte, wo sich doch viele Menschen noch mit Gegenwart plagten?

Wieso Handke? Wieso die Hinwendung ausgerechnet zu diesem Dichter, wo man doch selber aus den ruppigsten Küchen öffentlicher Unkultur kam? Diese Frage bleibt schwer beantwortbar, weil sie eben genau das berührt, was mir unergründlich bleibt: die plötzlichen Umschwünge meines Bewusstseins nach jenem Herbst neunundachtzig. Auf Handke bin ich gestoßen nach langen kunstlosen Jahren. Eine Polarität zwischen Gestern und Jetzt konnte nicht größer sein. Ich hatte lange Zeit quasi nichts zu tun mit unserer Bibliothek zu Hause. Die Bücher blieben stehen, aber anders, als ich stehen geblieben war, denn Bücher stehen nicht mit dem Rücken zur Wand. Heute denke ich mitunter, dass man auch Büchern in Regalen Schmerzen zufügen kann, denn in mancher Wohnung stehen sie wie Gefangene hinter unsichtbaren Gittern; vier Wände mit ausgestelltem, kaltgestelltem Geist, und zwischen diesen Wänden vielleicht: Gleichgültigkeit, Verlogenheit, Unbildung und barsche Intelligenzfeindlichkeit. In meiner Bibliothek stehen die Erstauflagen der Bücher von Christa Wolf, eine Rezension ihres »Störfalls« in der Zeitung zu dulden, war ich 1987 nur nach heftigem Drängen der Leiterin des Kulturressorts bereit. In dieser Bibliothek reihte sich aneinander, was es an preiswerten Lizenzen im Lande zu kaufen gab, auch Kafka, von dem später eilfertig denunzierend behauptet würde, er sei in der DDR bis zum Schluss gänzlich verboten gewesen. Es gab ihn. Gelesen aber habe ich ihn nicht. Nach der Wende erzählte der Schauspieler Kurt Böwe, was ich auch empfand: »Warum sollten wir Studenten Kafka lesen, uns ins Dunkle vergraben, wo wir doch jetzt darangingen, das Leben heftig und hell in seiner klaren, verheißungsvollen Perspektive zu lieben?« Ein Unterschied besteht freilich:

Böwe sprach von den frühen fünfziger Jahren des empha-
tischen Aufbaus, ich lebte inzwischen, mit Schönfärberei
überbeschäftigt, im späten Grau der unrettbar verblei-
chenden Plakate.

Aus welcher Sprache kam ich zu Handke? Bevor ich 1984
Chefredakteur geworden war, hatte ich eine Zeit lang im
Zentralrat der FDJ gearbeitet und als Redenschreiber und
»persönlicher« Referent dem 1. Sekretär des Jugendverbandes einprägsame Sätze zugeliefert, etwa jene, die auf der
Kulturkonferenz der FDJ im Oktober 1982 in Leipzig aus-
geworfen wurden. »Eindeutig vorbei an unserer Auffassung von einer vielseitigen Kultur und Kunst gehen jene
Werke, die die Weltoffenheit, in der wir leben, als Einla-
dung zum geistigen Pluralismus missverstehen; Werke, in
denen die Geschichte durch den Schmutz gezogen und in
denen die Entwicklung der DDR verfälscht wird; Werke, in
denen der Mensch ein Sandkorn ist, von den Stürmen der
Zeit mal hierhin, mal dorthin getrieben, immer hilf- und
ahnungslos. Nein, ein solches fatalistisches Verhältnis zu
dem, was gestern geschah, heute geschieht und morgen geschehen wird, hat keinen Platz in unseren Begriffen von
Kultur und Kunst. Für derartige Positionen gibt es bei uns
in der Freien Deutschen Jugend kein Blatt Papier, keinen
Pinselstrich Farbe! ... Wer etwas bewirken will mit seiner
Kunst, muss das Leben im realen Sozialismus selbst sehr
genau kennen. Er braucht vor allem das stabile weltan-
schauliche Fundament des Marxismus-Leninismus.«

Ich kann mich nicht mit dem Hinweis aus der Affäre
ziehen, nicht ich, sondern der »höhere Kopf, der Reprä-
sentant des Ganzen« hätte derart scharfe Töne angeschla-
gen. Nein, ich war es, der diese Rede in beträchtlichen Teilen mitverfasst hatte. Nicht nur diese eine Rede. Und nicht
nur bei dieser Rede überkam mich, der im Saal sehr weit
hinten saß, ein Wohlgefühl. Das Wohlgefühl des Hinter-
grundmenschen, der seine Wirkung still genießt. Es gibt
einen Exhibitionismus des Verbergens, er schuf die grau-

en Eminenzen – und schuf somit jene Anmaßung, das Arbeiten hinter den Kulissen werde gewiss als ausgelebte Bescheidenheit und daher nur umso höher bewertet. Der Schattenort als wahrer Platz an der Sonne. Die Psychologiegeschichte dieser Grauen, all dieser Redenschreiber und engen Vertrauten, ist noch nicht geschrieben, und vielleicht ist sie geprägt von zu platter Eitelkeit, um überhaupt geschrieben werden zu müssen.

Ich war nicht der Tönende, aber ich fühlte doch ganz meine Tonart, und so empfand ich innige Beteiligung am Furor deutscher demokratischer Politik.

Eine Macht, die wahrer geistiger Aufhilfe bedurft hätte, versorgte ich mit forschen dogmatischen, also schädigenden Worten. Aber wäre denn eine andere Rede gewünscht gewesen und durchgekommen? Hatte ich sie denn gedacht? Hatte ich diese Alternative wenigstens versucht? Gar bis an den Punkt, wo ein Weitermachen für mich aus ethischen und ästhetischen Gründen unmöglich geworden wäre? Und was hätte als Konsequenz gedroht? Bautzen oder Hohenschönhausen gewiss nicht! Wer in der DDR seine berufliche Position gefunden hatte und nicht offene Beziehungen zu wirklichen Oppositionellen suchte, der durfte doch seine Unzufriedenheiten äußern, und dies sogar in Anwesenheit von Leuten der »Firma« des Erich Mielke. Derart besänftigt lebten viele in der DDR, auch deshalb ist es heute so schwer, ihnen mit westdeutscher Zunge eine Existenz in purer, schreckensdurchsetzter Finsternis einzureden.

Immer offener wurde der Unwille auch gegen die FDJ. Hatte es früher kaum Schwierigkeiten gegeben, für Delegierte eines Jugendfestivals in Berlin sogenannte Quartiereltern zu gewinnen, so knallte die Stadt im Frühjahr 1989 gleichsam lautstark die Türen zu. Quartierwerbung stieß sogar bei den Redakteuren der »Jungen Welt« auf Granit. Aus Bitten war Vergatterung geworden. Der Parteisekretär schrie in meinem Auftrag die Mitarbeiter an.

Schließlich stand in der Zeitung, die Berliner freuten sich aufs Festival.

Meine Arbeit war diese öffentliche Lüge, sie hatte nicht kurze, sie hatte lange Beine, denn sie musste der Wirklichkeit andauernd, mit immer größerem Tempo ausweichen, und schließlich hatte diese Lüge sich Laufkraft antrainiert, um die Wirklichkeit frontal umzustoßen, nicht nur eine hochtrabende Lüge war dies, es war eine niederrennende.

Als ich nach meiner Tätigkeit auf Zeit im Zentralrat dann Chefredakteur geworden war, tat ich vieles, um eine Zeitung zu produzieren, die der Leitung des Jugendverbandes keinen Ärger bereitete. Ich wollte Vertrauen nicht beschädigen. Nie prüfte ich, ob etwa der 1. Sekretär der FDJ ebenfalls so viel Vertrauen in mich besaß, dass er in irgendeiner Sache ein entschiedenes »Nein!« von mir akzeptiert hätte und wir so, vielleicht über den Weg einer strittigen Auseinandersetzung, am Ende doch gemeinsam ein Stück weitergekommen wären in Dingen publizistischer Ehrlichkeit und Ungeschminktheit.

Disziplin sorgte dafür, dass verärgert mahnende Briefe wie der folgende selten waren. Die »Junge Welt« wollte das Buch »Der Erste« von Landolf Scherzer in Fortsetzungen drucken – das Porträt eines 1. Kreissekretärs der SED in Südthüringen. Zu unverblümt, zu ehrlich, lautete das Verdikt, die staatliche Zensur verzögerte daher, wie sie nur konnte. Das Buch wurde schließlich zwar doch gedruckt, unser Versuch einer Veröffentlichung in Fortsetzungen aber scheiterte. Der Brief des 1. Sekretärs des FDJ-Zentralrates: »Genosse Schütt! Danke für die in der JW vorgesehenen Auszüge von Landolf Scherzers Buch. Nach der Beendigung der gesamten Lektüre ist der Eindruck eher noch schlechter. Natürlich ist ›das ehrliche Bemühen‹, einen 1. Kreissekretär der SED zu porträtieren, zu bestätigen, aber letztlich bleibt er in seiner Führungspflicht sehr blass. Abgesehen davon, dass er offensichtlich wirklich nichts zu sagen und zu entscheiden hat, fehlen wesentliche Aspekte im Buch wie etwa ein Plädoyer für sozialistische Preispolitik, ein klares Ja zum Wehrunterricht. Letztlich bleibt alles Klischee, wenig spürbar ist die Dialektik unserer Kämpfe. Das gehört nicht in die Junge Welt! Weitere Vorschläge dieser Art könnten übrigens dazu verleiten, die *politische* Anleitung der JW-Chefredaktion durch eine *administrative* zu ersetzen. Wohlgemerkt: Das will niemand. 4. August 1988«.

Ja, ja, so sei leider unsere Propaganda gewesen, sagen heute einige, die dabei waren, mit einem Schulterzucken. Mein Gott, na und? Das haben doch alle gewusst, was diese Agitation wert war – warum sich jetzt noch aufregen? Als gliche es einem Kavaliersdelikt, im Journalismus die Beziehungen zwischen Text und eigener Biografie zu tilgen. Als sei es eine augenzwinkernde Verabredung mit dem Publikum gewesen, all das nicht ernst zu nehmen, was man damals im »Neuen Deutschland«, in der »Jungen Welt« und an Rednerpulten, machtgeschützt und machtgestützt, in die längst taub gewordene Öffentlichkeit schleuderte. Als habe es in unserer Doktrin, diesen Verlautbarungen nach draußen (die also selbst von den Verursachern nicht ernst genommen wurden), noch eine tiefere, unverletzbare Schicht des Würdevollen und des wirklichen Gedankens gegeben. Nein, die gab es kaum.

Ich begegne täglich liebenswerten Kollegen, die meinen, das »Neue Deutschland« der DDR-Zeit charakterlich gut überstanden zu haben – weil sie damals ihre Nische hatten; weil sie doch ums öffentliche Rollenspiel der Propaganda wussten und sich also nicht täuschen ließen; weil sie mit den vorderen Zeitungsseiten des Politikgedröhns nichts zu tun hatten; weil sie also einen zwar geringen, aber doch kostbaren Öffnungsraum bewirtschafteten; weil man im persönlichen Zwiegespräch mit Chefs im guten Sinne etwas durchboxen konnte; weil man sich miteinander doch so wunderbar einig war, dass dieser frühe Sozialismus noch nicht das Ende der Entwicklung sein konnte, sein durfte. Man glaubte an die Sache, aber doch nicht im Ernst daran, dass die eigene Arbeit allzu ernst zu nehmen sei. So diente man dieser Sache, indem man vieles von sich wegschob, was einen selber im schmählichen Dienerstand hielt. Ja, man vermied oft genug, jenes Erwünschte nach- oder mitzuplappern, das von oben gefordert wurde, und man geriet nicht mal in Nöte – aber wie oft vermied man auch, das Unerwünschte zu sagen, da es notgetan hätte.

Leider vergessen diese stillen Widerständler und sanften Aushalter, dass sie täglich unzähligen Menschen ein ungeliebtes Zwangsprodukt aufnötigten, und leider konnte man den Blättern nicht das Quäntchen einer Ermunterung entnehmen, dem ganzen »real existierenden« Sozialismus ebenfalls nicht gar so viel Wichtigkeit und Wahrheit beizumessen. Wäre es für einen Leser ratsam gewesen, das ND oder die »Junge Welt« öffentlich so zu behandeln und zu bewerten, wie es dessen Redakteure hinter ihren Mauern taten? Frank Castorf ließ in den frühen achtziger Jahren in seiner Parchimer Inszenierung »Der Bau« von Heiner Müller die Bühne mit dem ND auslegen, »der dünne papierne Boden der faustdicken Lüge«, und es gab, gelinde gesagt, sehr großen Ärger. Beim Ausbreiten der Blätter übrigens hatte man keinen Unterschied gemacht zwischen den brüllenden vorderen Aufmachungen und den vermeintlichen hinteren Verstecken wie etwa den Kulturseiten. Schließlich stand über allem der Name des Organs, und keiner kann sich herausreden, an Leitartikeln nicht beteiligt gewesen zu sein. Der Leitartikel reichte meist von der ersten bis zur letzten Zeile. Das Moderate mancher Töne in manchen Artikeln war nur das Komplementäre der agitierenden Brüllerei.

Nicht an Stasi-Akten allein und zuvörderst – auch an solchen zitierten Sätzen auf der erwähnten Kulturkonferenz muss das kaum Beweisbare abgehandelt werden: ob man Menschen geschadet hat oder nicht. Und weil es nicht eindeutig, schon gar nicht justiziabel zu klären ist, hat man freiwillig den Verdacht auf sich zu nehmen, dass der Schaden groß gewesen sei. Jedes dieser Kulturkonferenzworte (die hier als ein Beispiel für das durchgehende Prinzip stehen) hatte Auswirkungen auf fremdes Leben, bekräftigte die einen in ihrem angemaßten Richteramt, drückte andere ins beschlossene Abseits. Seelenzersetzung. Geistknebel. Man kann nicht solche Sätze sagen und noch heute betonen, das Beste für den Sozialismus gewollt zu haben.

Wie viele Menschen habe ich befestigt in irrigen Ansichten, wie viele befeuert im aggressiven Denken, wie viele gefangen genommen in trügerischen Vereinfachungen. Ich schrieb jenen erwähnten Artikel gegen die Mahnwachen der Kirche, das empfand ich als Gestaltungsraum. Ich machte zwischen Bürgerrechtlern, rechten Skins und eifrigen Westmedien keinen Unterschied, das war die Freiheit, die ich mir herausnahm. Ich stellte mich während der blutigen Ereignisse auf dem Pekinger Platz des Himmlischen Friedens (und dies sogar gegen Einwände der Abteilung Agitation des ZK!) mit einer Plakatseite auf die Seite chinesischer Polizisten, darin sah ich Bestätigung meiner erweiterten publizistischen Möglichkeiten. Über den letzten pädagogischen Kongress der Margot Honecker, auf dem man die Waffen für die vormilitärische Ausbildung geradezu klirren hörte, berichtete die »Junge Welt« schwelgerisch. Die Synode der Evangelischen Kirchen, im September 1989, nannte ich das »Trojanische Pferd« des Feindes BRD inmitten unseres Landes. Niemand schränkte mich ein. Im Sekretariat des Zentralrats der FD stimmte auch ich dafür, ein Buch über Umweltverschmutzung in der DDR sofort einzustampfen, das empfand ich als mein demokratisches Mitspracherecht. Entlassungen in der Studentenzeitschrift »Forum« und im Literaturmagazin »Temperamente«, weil dort ideologische Weichheit um sich griff: Nur zu!, es gab viel Spielraum, um Laufbahnen stoppen zu helfen, die nicht willenlos unseren Kurs hechelten.

Über die Demonstration im Januar 1988, auf der Bürgerrechtler verhaftet worden waren, weil sie ein Transparent mit dem Luxemburg-Satz »Freiheit ist immer die Freiheit der Andersdenkenden« trugen, hatte ich geschrieben: »Der Weg zu Karl und Rosa, zu Helden des Volkes, zu Bannerträgern wahrer Freiheit – bei uns ein Weg des höchsten Protokolls. Der erste Mann des Staates in der ersten Reihe der Massen. Der lange Marsch nach Berlin-Friedrichsfelde, ein Symbol für: Arbeiterbewegung im wahrsten Sinne – die sich nicht aufhalten lässt von Provokateuren ... Karl und Rosas Träume erinnern jeden von uns ans Mögliche, Notwendige: Für diese Träume immer wieder, jeden Morgen aufs Neue, Zukunft auf sein Gewissen zu nehmen. Und gegen Störenfriede einzuschreiten.«

Wochen später, zum 70. Geburtstag Karl-Eduard von Schnitzlers, diese Sätze: »Schnitzler ist ein Mitgestalter unserer Unantastbarkeit. Und lieber verbrennt er sich den Mund (auch bei Freunden), ehe er den Gestrigen Honig ums Maul schmiert. Geistige Unbestechlichkeit; Klassenstandpunkt ohne Konjunkturschwankung; den Kopf oben behalten, indem man ihn hinhält, für die beste Sache der Welt – solcherlei Vorbild ist mir persönlich wichtig, heute, in bewegter Zeit, in politisch aufgeladenem Raum ... ›Der schwarze Kanal‹ ist aufblitzende Provokation, ist erhellende Herausforderung; für mich immer wieder ein Erlebnis, das den Sinn für Wesentlichkeiten schärft, geistige Hygiene befördert.«

Noch im Februar 1989 kämpfte die »Junge Welt« um ein Interview mit Erich Honecker und begnügte sich mit dem Reprint eines ellenlangen Referates vor FDJ-Funktionären, das lediglich durch grob agitatorische Fragen zerschnitten worden war. Die angebliche Authentizität des Gesprächs erledigte sich in einem zehnminütigen Fototermin. Fast die gesamte DDR-Tagespresse musste das Interview nachdrucken. Trotzdem waren wir stolz. Durften wir doch statt des üblichen Fotos, das in den Amtsstellen des Landes hing, ein Honecker-Porträt mit Pelzmütze und leger wirkendem Pelzkragen veröffentlichen.

Ausgangspunkt des Ganzen war ein, vielleicht, verständlicher Ehrgeiz. Mussten wir doch ständig Interviews abdrucken, die Honecker der Weltpresse gab, von »Washington Post« bis zu führenden westdeutschen Blättern. Aber nie empfing er einen DDR-Journalisten. Das war's, was trieb. Das niederschmetternd dröge Ergebnis wurde, wie jeder kleine Vorwärtsschritt im Lande, schon als großer Sieg gefeiert: Aha, es ging doch! Derart kleingekriegt hatten wir uns im Sehnen und Hoffen. Hartmut Lange nennt, was da wirkte, »das Phänomen einer Autonomieerfahrung, in der die Vorstellungswelt die reale Welt majorisiert«.

Das war der Spielraum, lieber hochrot als farblos. Was davon ließe wohl heute noch Rückschlüsse auf ein sinnvoll gelebtes Leben zu? Wenig bis nichts. Denn das unterschied den Journalisten, der im Parteiauftrag stand, von jedem planergebenen Werkleiter, von jedem leidenschaftlichen Brigadier, von jedem selbstlosen Arbeiter: Mochten auch sie Genossen gewesen sein, parteitreu und wie auch immer ideologisiert, sie betrieben doch eine werktätige Praxis, in der sie sich für etwas Konkretes einsetzten, selbst wenn sie an den materiellen, strukturellen Bedingungen des Systems verzweifelten oder scheiterten. Sie arbeiteten für mehr und bessere Maschinen, für haltbarere Lacke und Farben, für wohnliche Häuser oder für sonst etwas. Obschon vielleicht wie unsereins einem dogmatischem Denksystem verhaftet, hatten sie doch trotzdem die Möglichkeit, in ihrem Hand-Werk lauter und also sinnvoll zu bleiben. Menschen, die ihrer Arbeit nachgingen, indem sie aus ihr hervorgingen. »Arbeiterlich« nannte der Soziologe Wolfgang Engler die ehemalige Gesellschaft, und das meint weit mehr als die diktatorische Partei, das war Ver-

weis auf die im Alltäglichen herrschende wie angeherrsch-
te Klasse, die umsorgt lebte und zugleich frech sorgenlos.
Aber doch im Fasslichen zu Hause, im Handfesten, das
zum Leben benötigt wurde.

Das traf auf den Parteijournalisten nicht zu. Worauf soll
er demnach jetzt verweisen, das ihn nachträglich in ein
Recht, in eine lohnend gelebte Existenz setzen könnte?
Was hat er produziert? Was bliebe, bis heute, lesbar? Journalisten aller Zeiten haben manches von dem, was sie für
den Tag publizierten, über diesen hinaus geschrieben.
Aber welcher an vorderster Front praktizierende DDR-
Journalist könnte heute eine Sammlung seiner damaligen
Rezensionen, Kommentare, Essays, Glossen vorlegen,
ohne bitteres Gelächter zu ernten? Nicht mal die Überzeugung, mit der man schrieb, liefert noch helfend einen Anlass, etwas vom Notierten ernst zu nehmen. Ein Arbeits-
leben umsonst, Punkt. So lautet die Wahrheit. Man
gehörte ja nicht zu den Verführten, sondern zu den tonangebenden Verführern (denen die beabsichtige Verfüh-
rung freilich am allerwenigsten gelang!). Der Dichter
Franz Fühmann schrieb in einem Brief: »Ich lebe im
Wald, und die Versuche, mich aus der Presse der Deutschen Demokratischen Republik zu informieren, habe ich
aufgegeben.« Ich sehe mich im Visier dieses fatalen Zeug-
nisses.

Solche Erkenntnis fördert nicht die Lust, mit demjeni-
gen befreundet zu bleiben, der man war. Ein 2008 erschie-
nener Bild-Text-Band über die Geschichte der Zeitung
»Neues Deutschland«, in deren Redaktion ich nunmehr
arbeite, trägt den Titel »Zwischen den Zeilen«. Das ist als
Kennung eines durchgehenden Prinzips, das den Buchti-
tel begründen darf, eine Lüge. Unsere politischen Tages-
blätter trugen keine Tarnkappen, sie versuchten sich nicht
in geschickt versteckter Subversivität, sie verfügten über
keine Codesprache der gefahrvollen Botschaften. Es waren
keine Kassiber, es waren stumpfe, in eindeutiger Absicht

gehandhabte Waffen, und weiß man erst, dass eine Waffe stumpf ist, so schlägt man nur noch fester zu: Auch zwischen den Zeilen war vieles nur tot.

Ein ehemaliger Redakteur des ND, am Ende der DDR Leitungsmitglied des Blattes, schreibt mir in einem Brief: »So bitter das für uns Beteiligte sein mag – auch wir waren ›willige Vollstrecker‹. In jenen siebzehn Jahren meiner Mitarbeit im Hause kann ich mich kaum an ein halbes Dutzend Fälle eines – zumal offenen – Verweigerns erinnern, wenn offensichtlicher Unfug und erkennbar Falsches, Kontraproduktives in Auftrag gegeben und später gar als vorbildlich gewürdigt wurde. Nahezu alle der in den täglichen Mittagsstunden wechselnden Zeitungseinschätzer waren jedem aufgefundenen Druckfehler dankbar, dessen Geißelung jede Kritik ersetzte, die an der Zeitung oft genug in toto, zumindest aber an wesentlichen ihrer Bestandteile erforderlich gewesen wäre. Eine Debatte solcher Meinungen inklusive – wie auch, wenn sie gar nicht vorgebracht wurden ... Auch weggegangen sind in all dieser Zeit nur wenige – fast alle zudem unter Nutzung eines Vorwands, also unter Vermeidung substanzieller Offenheit. Dies sagt viel aus über das geistige Klima unter den Genossen als einer Gemeinschaft der angeblich so Gleichgesinnten. ›Sire, geben Sie Gedankenfreiheit!‹ So appelliert Marquis Posa an den König. Schillers Stück ist in der DDR gern und oft gespielt worden – es waren ja ›Sires‹ gemeint und nicht Genossen. Dass gerade Gedanken-, also Denkfreiheit – erst in den Hauptströmungen der kommunistischen Weltbewegung und ganz und gar im späteren Realsozialismus – nahezu durchweg die Liste der strukturellen Defizite anführte, dürfte eine der beschämendsten Realitäten und auch Hinterlassenschaften dessen sein, was man unter dem Begriff des Stalinismus fasst. Beim Sprung aus dem Reich der Notwendigkeit ins Reich der Freiheit, einst couragiert gesprungen, ist der ›Tiger‹ der menschlichen Emanzipation als Bettvorleger gelandet.«

Vielleicht wurde mir der Dichter Handke deshalb zur unabdingbaren Gegendroge: um wieder in ein Gleichgewicht zu kommen. Jetzt nur noch alles prüfen, wie man Essen und Trinken nach Bekömmlichkeit prüft. Das Spüren einer schönen Abgeschlossenheit, einer erlösenden Abkehr vom pressend Geordneten.

Die Innenwelt schiebt sich mir inzwischen mehr und mehr vor die Außenwelt, und so bekommt für mich auch die Außenwelt mählich ein mildes Gesicht und es durchflutet mich ein angenehmes Gefühl des Entronnenseins.

Manchmal denke ich selbstironisch die ganz neue Gefahr: Es kann nicht mehr lange dauern, und es gefällt mir jeder Anblick.

»Geprägt bin ich nicht vom Erlebnis der Historie, sondern von der Zeit außerhalb der Geschichte. Die Historie hinterlässt in mir keine Prägung, kein Wasserzeichen.« Das ist so ein elementarer Satz Handkes, der die Zeit- und Raumdurchblicker, die Gesetzeskenner und Antwortabonnenten natürlich fuchtelnd auf den Plan rufen muss, einen Plan, der unter Weltverstehen doch leider nur eines meint: Leben auf der klügeren Seite einer ewigen Verfeindungsgeschichte zwischen der Vernunft und einer Existenz, die rational nicht bis ins Letzte deklinierbar ist. Handke setzt Poesie gegen die Durchrationalisierung der Hirne und gegen unser verfluchtes »Gewusst-wie und Gewusst-wo, unsere Programme, unsere Abkürzungen, unsere Geheimnummern, unsere Zweit- und Zehntwohnungen«. Er ist in seiner Treue zu sich selbst ein Mensch mit hohem Gemüt.

Schreiben: Worte finden, nein, von ihnen überrascht werden; dem Überraschungswort im nächsten Satz ins Wort fallen; sich hinter einem Komma in Nebensätze verlieren wie in einen Wald; den Seitensträngen eines Gedankens nachgeben; freudig oder verzweifelnd verästelt bleiben; einen Gedankenstrich zu Hilfe holen, ein Semikolon dazwischen gehen sehen und sich wundern, woher die

Fragezeichen kommen; dann endlich einen Punkt machen – um daraufhin einen Doppelpunkt alles wieder für offen erklären zu lassen.

Schreiben? Der Bleistift schwingt. Lesen? Ich schwinge. Des Lesers Lust muss die eines nicht ablassenden Mitfahrers, Mitwanderers inmitten des Ereignislosen sein. Armut an Zwischenfällen als Reichtum des Erzählten!

Welche Handreichungen das alles! Ausgerechnet für einen Tageszeitungsmenschen!

Der Handke-Leser ist jemand, dem das von Wissen starrende Ich abhandenkam. »Vermeide die Vollständigkeit. Laß dich eher erwärmen von gar nichts als erhitzen von einer Idee«, heißt es im Stück »Zurüstungen für die Unsterblichkeit«. Solche Sätze genoss ich plötzlich.

Er hat »Versuche« über die Jukebox, die Müdigkeit und den geglückten Tag geschrieben, er hat sein »Gedicht an die Dauer« befragt, was das denn sei, diese Dauer – eines Nachtwinds, eines Heimwegs, eines Vorfrühlings; und er hat Dauer als flüchtigstes, aber wertvollstes aller Gefühle erkundet. Dauer zeigt sich dort, wo ich tief empfinde, was nicht festhaltbar ist, und dieser Augenblick darf meinen, er sei eine Ewigkeit. Dauer, das ist die schöne Kette der Augenblicke, deren Festigkeit immer eine ungeprüfte bleibt.

Wer eine klare, gar spannende, auf Personen aufgeteilte Geschichte mit Anfang und Ende lesen will, kann kein Handke-Leser werden. Es hat keinen Sinn, Handke-Romane nacherzählen zu wollen. Keinen. Erzählt wird ... ja, was? Den Anfang dieser Literatur machen stets Orte, Großstädte oder stille Gegenden, da beginnt ein Weg, eine Reise, eine Um-Schau des Erzählers; jeder Schritt ist ein Aufschieben von Handlung, eine Vermeidung von Dramatik, und weil Handke besonders die Vororte liebt, ist seine Prosa leidenschaftliche Vorgeschichte, ist vorbeigängerisch, nicht frontal. »Man soll mich in Ruhe lassen mit Inszenierungen, die mitten hineingehen, hineingreifen.

Es ist schön, so knapp vorbeizugehen, dass das Leben wie Musik ausstrahlt und klingt.«

Der Handke-Leser wird gerade da, wo es doch um nichts geht, mit dem Gefühl lesen, es gehe um alles. Das Nichts kann der Tau auf einem Fahrradsattel sein, ein Ölfleck in der Pfütze auf dem Busbahnhofsvorplatz von Soria, oder es sind Kletterpflanzen, die an einer Mauer in einer Gleissenke von jedem vorbeifahrenden Zug aufgeweht werden. Naturbild und Menschenspur: »Es hatte um nichts zu gehen als um das Erzählen von Vorgängen, friedlichen, die schon das Ganze und insgesamt am Ende vielleicht das Ereignis wären ... Spielarten, Nuancen, noch und noch. Und trotzdem sollte das alles im Zusammenhang erscheinen und vibrieren, wie nur je eine Schatzsuchergeschichte.«

Staunen: Zwischen alten Papieren fand ich vor kurzem ein mehrseitiges, vergilbtes »Welt«-Interview mit Peter Handke aus dem Jahre 1987 (ich hatte als Chefredakteur Zugriff auf die Westpresse). Warum habe ich es damals herausgerissen und weggelegt? Ich glaube nicht, dass mich zu jener Zeit akutes Interesse trieb. Ich vergaß diese Interviewblätter, vergaß den Geist, den sie aussprachen. Jetzt, nach über zwei Jahrzehnten, erzählen mir diese wiedergefundenen Seiten, dass man das Gute offenbar ebenso verdrängen kann wie das Böse. Heute kommt mir jener brüchige Zeitungsteil in meinen Händen so vor, als habe vielleicht doch ein anderer in mir, den zu ahnen ich damals nicht mehr in der Lage war, ein winziges Stückchen Vorrat angelegt, für die unabsehbare Zeit nach einem Erwachen.

Wer einem Dichter nahekommt, wird immer auch darüber nachdenken, auf welchen Wegen diese Annäherung geschah. Alles Schöne ist auch die Geschichte eines Wartens, von dem man möglicherweise lange nichts weiß. Beeindruckbarkeit, ist sie in einem angelegt, wird man ein Leben lang nicht los. Das damit verbundene Unterwerfungspotenzial auch nicht. Die Poesie weiß das, und sie lauert mit zeitloser Geduld auf bereitwillige Diener ihrer Ohnmacht.

IMMER SCHON BRD-BÜRGER? Der Westdeutsche erkennt den Ostdeutschen, und der Ostdeutsche weiß sofort, wann er einen Westdeutschen vor sich hat. Das ist eine leichte Übung, denn wo genügend Klischees im Kopf lauern, dort seufzt sogar die Wahrheit mitunter getroffen auf.

Ich bin gehemmt. Ich kann keine Fremdsprachen. Ich lade Menschen lieber nach Hause ein, als mich mit ihnen beim »Italiener« zu treffen. Ich gestehe freimütig mein Gehalt. Ich lasse den anderen nicht ausreden und werde aus Standpunktgründen schnell hitzig (oder gar missionarisch?). Ich will überzeugen. Ich fahre sehr selten Taxi. Bevor ich auf einem belebten Flur etwas zu einem anderen Menschen sage, schaue ich mich verstohlen um und senke die Stimme. Ich bestehe ungern laut auf meinem Recht. Die laue Suppe im Restaurant löffle ich aus, ich gebe sie dem Kellner nicht mit hörbarer Unzufriedenheit zurück. Vorher, bei der Bestellung, hatte ich möglichst wenige Extrawünsche. Das Handwerk, einen Hummer zu zerlegen, beherrsche ich nicht. Wenn der Nachbar zur Schlafenszeit Löcher in die Wand des Plattenbaus bohrt, bleibe ich still und wage keine Beschwerde. Ich stelle mich überall geduldig an und übersehe Leute, die sich vordrängeln, ich möchte nicht auffallen. Um einen Vertrag zu unterschreiben, brauche ich keine Bedenkzeiten, ich unterschreibe gleich, Forderungen wären mir peinlich. Das Kleingedruckte interessiert mich nicht. Ich neige zu unauffälliger Kleidung. Ich nehme ein kleines Stullenpaket mit zur Arbeit. Ich habe die Geburtstage meiner Kollegen im Taschenkalender eingetragen. Ich gebe morgens in der Firma allen die Hand. Ich neige im Öffentlichen zur Muffligkeit, mir fehlt die Lockerheit, die stets ein Quäntchen Rücksichtslosigkeit voraussetzt. Ausweise habe ich immer bei mir. Wenn ein Ausländer mich nach der Straße fragt, antworte ich ihm in einem radebrechenden, statt mit einem selbstverständlich flüssigen Deutsch. Jeder Mensch beherrscht mehrere Gangarten, ich husche am liebsten. Ich halte es, jetzt mit sechzig, schon für eine bemerkenswerte Abweichung von der Norm, dass ich nicht mit Gelenktasche umhergehe und meiner Frau nicht die Handtasche trage. Ich kann es nicht leiden, wenn Leute in der Kaufhalle (ich sage »Kaufhalle« statt »Supermarkt«) keinen Einkaufswagen benutzen. Man geht nicht bei Rot über die Kreuzung. Um Obdachlose mache ich am liebsten einen Bogen, denn der Blick durch sie hindurch gelingt mir nicht. Ich kann nicht umhin, in der U-Bahn auch den weniger gut spielenden Gelegenheitsmusikern ein paar Münzen zu geben; aber wenn die Blicke der umsitzenden Fahrgäste zu abweisend sind, traue ich mich nicht, die allgemeine Stimmung durch eine Spende zu durchbrechen. Wenn ich denn doch etwas gebe, dann immer zu viel, es ist wie beim Trinkgeld, gar zu niedrige Mengen sind mir unangenehm, schon Augenblicke später ärgere ich mich darüber, weil ich Geld verschenkte ohne jeden kritischen Gedanken an die konkrete Bedienleistung. Ich habe noch nie einen Zimmerservice beansprucht, ich gehe lieber hinunter an die Hotelrezeption. Ich schaue am Wochenende aus dem Fenster und frage mich, warum kein Mensch mehr sein Auto putzt. Der Frauentag ist mir näher als der Muttertag. Ich habe keinen Hund, aber sicher würde auch ich ihn morgens im Trainingsanzug »Gassi« führen. Wieso stellen die Leute ihre Fahrräder auf dem Flur des Hochhauses ab, wo es doch auf der Etage ein Kämmerchen gibt? Ich rede die Leute nicht so betont mit ihrem Namen an, wie ich es aus dem Telefon kenne: Was kann ich für Sie tun, Frau ... Ich freu mich auf Sie, Herr ... Vielleicht tendiere ich zu oft dazu, den Blick zu senken oder mit ihm abzuschweifen, anstatt dem Gesprächspartner lange und direkt und selbstbewusst in die Augen zu schauen. Mir ist die masurische Seenplatte so ganz anders ans Herz gewachsen, als es die Nordsee vermochte. Ich kann nicht Golf spielen. Ich habe keine Beziehung zum Reitsport. Ich würde mich auf Sylt wahrscheinlich nicht wohlfühlen. Ich mache zwar selber keinen Urlaub auf dem Dauerzeltplatz, bin aber von Menschen umgeben, die das seit Jahrzehnten tun; Camping kommt mir noch immer vor wie eine Fortsetzung der DDR-Existenz mit den gleichen bescheidenen Mitteln. Von den Alternativen, man arbeite entweder, um zu leben, oder man lebe, um zu arbeiten, ist mir die zweite vertrauter – am schwierigsten fällt mir die Balance zwischen beiden Möglichkeiten. Ich bin relativ unaufmerksam, was die Kleinigkeiten des Alltags betrifft, die mit einem Blumenstrauß beginnen. Ich bin wirklich und wahrhaftig nicht weltläufig.

Ich bin das alles, denn ich bin einer aus dem Osten. Das alles bin ich natürlich überhaupt nicht, denn so, wie nur die gemischten Gefühle die echten sind, so ist das Gemisch der Seelen, die eine Bevölkerung ausmachen, farbiger als jede festschreibende Tendenz. Eine Gesellschaft stirbt in einem einzelnen Gemüt viel langsamer ab, als es die äußeren Vorgänge einer Staatsabwicklung vermuten lassen. Winzige Dinge des Gewohnten sind es, die sich gegen den Generalvorwurf stellen, man habe östlich der Elbe in der Menschenunwürdigkeit par excellence gelebt.

Der Abschied von einem System ist kein Abschied von den sehr persönlichen Erinnerungen, sie lassen sich nicht einschüchtern von Anherrschungen durch heutiges Wissen und nachholende Bewusstseinsstände. Erinnerung folgt nicht Befehlen aus der Zeitung oder Postulaten politisch befangener oder beauftragter Historiker. Diese Wahrheit gibt heute vielen Menschen aus der DDR das Gefühl, sie hätten zwei Leben: jenes, an das sie sich erinnern, und jenes, das sie nach dem harten Urteilsspruch der Geschichte gelebt haben sollen. Sie müssen sich, folgten sie allgemeinen Richtlinien der Geschichtsschreibung, zum bitteren Fazit entscheiden: ein Mitläufer gewesen zu sein, der sich nun die Anschuldigungen der Charakterlosigkeit gefallen lassen oder endlich einsehen muss, alle Energie und alle Leidenschaft und alle Arbeitskraft umsonst aufgebracht zu haben.

Am bequemsten scheint es heute zu sein, tief in sich den ewig heimlichen Bundesbürger zu entdecken, jenen DDR-Bürger also, der seit jeher Westdeutscher werden wollte. Aber Millionen Menschen im Osten wollten sehr Verschiedenes: eine andere DDR, Reisefreiheit, mehr Geld, Westgeld, Meinungsfreiheit, bislang verbotene Bücher lesen, einen wirklichen Sozialismus, ihre Ruhe, »Bild« oder »Zeit« statt ND, bessere Autos, kein Parteilehrjahr mehr, keine 1.-Mai-Umzüge, wirkliche Bluejeans, echten Kaffee. Was sie nicht alle wollten: BRD-Bürger sein. Noch kritischste Künstler, die aus dem Land getrieben wurden, gingen von hier *nicht* weg, weil sie unbedingt *dorthin* wollten. Nur das sei menschlich und akzeptabel, was in einem DDR-Leben von früh an auf eine westdeutsche Existenz orientiert war? Dieser anmaßende Duktus schnitt im Osten, nach dem Ende des Systems, viele Wege zur Selbstkritik ab. Denn wenn man nicht beglaubigen will und kann, unter allen Umständen schon immer dieser verhinderte Westmensch gewesen zu sein, dann stattet man sich mit einem Übermaß an Legitimation früheren Verhaltens aus, das es schwerer und schwerer macht, eine wirklich ehrliche Rückschau zu halten.

Am Osten profiliert sich jedermanns Gier nach einer Definition, wie gelebt hätte werden müssen; jeder ist empört darüber, wie andere verbreiten, gelebt zu haben. Keiner kommt ohne Richtigstellung, ohne Polemik aus; alle verzweifeln an der Unfähigkeit, mit dem eigenen Bilde vom verblichenen Regime zu jener Deutungshoheit zu gelangen, die auch von anderen als gültig akzeptiert werden könnte. Das macht jede Diskussion über die Schattierungen zwischen Wahrheit und Wirklichkeit so schwer. Anstatt grandios in die Geschichte einzugehen, ging diese künstliche Republik Ost einfach nur ein, wenn auch in sensationell zu nennender Gewaltlosigkeit – nun wächst eine janusköpfige Untote vervielfacht aus den Erinnerungen, jeder baut sein Mäuerchen aus Ausrufezeichen: So war's und nicht – so! Was für die einen Eisblumen vom langen grauen Winter des Missvergnügens sind, das funktionieren andere hartnäckig um in Frühlingsboten, und sei es um den Preis, für diese Illusion Frostschutzmittel saufen zu müssen.

Die Jahre nach der deutschen Einheit waren Auf- und Abrechnungsjahre. Verständlich, dass vor allem im Osten gekehrt wurde. Denn mit ihrem Ende durfte (musste!) die DDR endlich beim richtigen Namen jener Dinge genannt werden, die dieses Ende herbeigeführt hatten. Kurz nach dem Zusammenbruch des Staates wurde ich in die Berliner Wohnungsrunde eines »Spiegel«-Redakteurs eingeladen und war sofort von jener Frage umstellt, die zwar mich meinte, aber schnell erkennbar wurde als das, was man als Prüfungsthema wohl jedem DDR-Menschen vorzulegen hatte, und schon die Frage selbst, so neutral und neugierig sie ausgesprochen wurde, enthielt doch die Richtung der einzig akzeptablen Antwort: Wie konnten Sie nur in diesem Land leben? So die Frage, und sie ließ nur das geknickte Geständnis zu, sich bislang tief an der eigenen Existenz vergangen zu haben. Zusatzfragen betonierten das Urteil: Wie haben Sie Ihren Kindern erklärt, das Schreckliche mittragen zu müssen? Wie hält man das aus, so unter der Knute? Jeden Tag doppelzüngig, macht das nicht krank?

Sind solche Fragen erst im Raum, weiß man, dass ein Gespräch nicht mehr möglich ist. Auch wenn es in jenem untergegangenen Staat eine Knute gab. Auch wenn die Doppelzüngigkeit wahrlich krank machte. Aber so insistierend befragt zu werden, hat zur Folge, dass man plötzlich, wohin man auch blickt, nur in lauter unschuldige Gesichter schaut. Alles ist Unschuld, nur du bist es nicht, und das ist kein Vorwurf, das ist eine Vernichtung. Weil du dir jetzt ein wenig leid tust, sickert Selbstgerechtigkeit in dich ein, und darauf reagiert die Unschuld ringsum allergisch: Aha, ein Verstockter. Schnell bist du das Gegenteil dessen, was du an diesem Abend sein wolltest, gesprächsbereit, denn dir fehlen die Worte, mit der die anderen dich vollends erklären möchten, kurz und knapp und ohne Diskussion.

Diesem Abend habe ich lange nachgehangen, weil ich erstens nicht aufgestanden und gegangen bin, und weil ich zweitens wusste, dass ich alles hätte tun können, nur nicht aufstehen und gehen.

Der allgemeinen Unschuld gegenüber gehen einem die Fragen ganz schnell aus. Natürlich auch die unbequemen Fragen, die man an sich selber zu richten hat. Die Erkundigung zum Beispiel: »Habe ich umsonst gelebt?« Dies ist nur dann eine Bereicherung von Existenz, wenn nicht schon die Frage selbst wie ein trotziges »Natürlich nicht!« klingt. Also darf diese Frage nicht als Kampf gesehen werden, den man, die Frage ablehnend, gegen andere führen muss. Diese Frage ist eine Form der Selbstbegegnung, ist die Freiheit, die man sich gegen sich selbst nehmen muss. Wahrscheinlich verträgt nichts weniger als diese Gewissensfrage, öffentlich gemacht zu werden.

Aber ist das denn möglich, wenn man, wie ich, einst nicht öffentlich genug sein konnte, und wenn man für ein gutes Gewissen hielt, was in wesentlichem Maße nur ein gefährlich fehlgeleiteter Ehrgeiz war?

Es verhält sich wohl so, wie der Leipziger Aphoristiker Horst Drescher schrieb: »Ich denke, jeder Mensch über fünfzig sollte einmal einen Abend oder eine Nacht darauf verwenden, darüber nachzudenken, wann sein Leben beendet war; man kommt bei angemessener Ehrlichkeit bis auf den Tag.« Dann setzt Drescher das entscheidende Achtungszeichen: »So ein Abend oder so eine Nacht aber, die gehören noch zum Leben!«

Überspitzt von Beendigung des Lebens zu sprechen, das meint hier: Wann habe ich im gesellschaftlichen Gefüge, in das ich verstrickt war, eigentlich aufgehört, genau zu prüfen, den inneren Einwänden zu folgen, auch wenn die Überzeugung auf dem Spiel stand; wann habe ich aufgegeben, fremde Einflüsterungen als solche zu empfinden; wann habe ich nachgelassen, Verunsicherungen ernst zu nehmen; wann habe ich begonnen, unter Verweis aufs Große und Ganze eigene Beschädigungsspuren und solche am Großen und Ganzen hässlich schönzureden?

Weiß ich den Tag? Was ich weiß: Der 1. Sekretär des Jugendverbandes würde für die »Junge Welt« die Rezension eines Buches von Erich Honecker schreiben: »Zur Jugendpolitik der SED«. Der Geschichtsredakteur der Zeitung, ein kompetenter Mann, marxistisch beseelt, bekam den Auftrag, einen Entwurf des groß anzulegenden Textes zu schreiben. Gängige Praxis. Denn welcher Politiker denkt schon selbst, was er dem Publikum verkündet. Der Geschichtsredakteur lehnte ab, so viel Verehrung für Honecker, so starke Nähe zum Stoff der Jugendpolitik – der 1. Sekretär werde doch wohl ganz rasch und ganz trefflich eigene Worte finden, wenn er sich schreibend in seine ureigene Sache verwickele.

Peinliche Stille. Der bei dem Gespräch anwesende Chefredakteur fragte daraufhin mich, der schon einer seiner Stellvertreter war, nicht mehr nur Kulturredakteur, und der schon auf die höheren Weihen zuging, sich also bewährt hatte in politischen Kommentaren, die das in den Chefzimmern Erwartete in flüssige Vorwärtsprosa gossen. Ich sagte zu und schrieb. Im Hinterkopf keine Stimme, die mich mahnend anrief. Der Charakter des Geschichtsredakteurs war schnell zur Disziplinlosigkeit umgedeutet worden.

Das wurde mein erster großer Text für den Mann »ganz oben« im Jugendverband. So einen Willigen wie mich, der sich komplikationslos einfühlte in die nötigen Phrasen, den merkte man sich, und ich hatte nichts dagegen, auf diese Weise registriert zu werden.

Dann hatte ich das Gefühl, alles gehe sehr schnell. Im Moskauer Gorki-Park, während der sommerlichen Filmfestspiele, wohin ich als Berichterstatter geschickt worden war, ging ich mit befreundeten Kritikern spazieren, sie redeten auf mich ein, ich solle um Himmels willen nicht Chefredakteur werden. Ich weiß nicht mehr, was ich ihnen antwortete, es wird von der großen Chance die Rede gewesen sein, vom Spaß am Zeitungmachen, ich weiß auch nicht mehr, ob ich den Freunden wirklich zuhörte. Wieder zu Hause, ahnten sie wohl, dass ich von nun an immer öfter gegen ihren Rat handeln würde. Es würde gesprächsarmer werden zwischen uns. Sie sahen mich in Fahrt, ich hatte alles trainiert, nur nicht das Bremsen, und ich hatte drei Dinge übersehen: die Betonkraft des Systems, meine Selbsttäuschungsbereitschaft und meine eigenen Schwächen, die den Strukturen immer notorischer und motorischer zuarbeiteten.

György Konrad hat es so ausgedrückt: »Oben zu sein, ist angenehm, die Beschneidung der Freiheit ist nicht angenehm.« Und er beschreibt dieses halbherzige Prahlen und Weinen des sozialistischen Intellektuellen. Auch ich würde mich in Zukunft mit den kleinen Zusammenstößen zwischen Karrieretrieb und Anständigkeit abgeben, auch ich würde damit zurechtkommen, und somit kam das System gut mit sich selbst zurecht, so konnte es zu beachtlicher Stabilität gelangen, es war mit bestimmten Leuten in der Lage, die Machtstruktur immer wieder zu reproduzieren und sich widerstandsfähig zu halten. Macht funktioniert, weil sie auch Befriedigung verschafft. Es genügt, etwas im Staatssinne zu tun und seine Pflicht zu erfüllen? Das wird verhängnisvoll in jenem Moment, da der Staat selbst und seine Institutionen, und sei es nur partiell, zu willkürlich handelnden Einrichtungen werden. Aber es kann nicht zu raum- und zeitgreifenden Entartungen der

Gesellschaft kommen, wenn nicht zwischen Herrschaft und Mehrheit eine gewisse Übereinstimmung besteht. Ich war an deren propagandistischer Herstellung beteiligt, indem ich sie vortäuschen half.

DIE DDR IN FÜLLE – UND HÜLLE. Unverträglichkeiten der Sinnes- und Geistesart von Ost- und Westdeutschen, öffentlich ausgiebig widergespiegelt, verdrängen den rein ostdeutschen Streit darum, was die DDR war. Speziell dieser Konflikt will und will sich nicht beilegen, er hat anhaltende Kraft. In den gegensätzlichen Antworten teilt sich der Osten selbst rasant weiter wie eine Körperzelle, und die Abspaltungen wuchern lähmend in den gesellschaftlichen Organismus hinein, der doch einfach nur, zusammenwachsend nach langer Zerrissenheit, zu sich selber kommen möchte.

Die Teilung des Ostens ist im sogenannten Beitrittsgebiet eine längst nicht begradigte Front, sie wird gebildet aus lauter Ungleichen – Opfern und Tätern, kritischen Erinnerern und ideologisierten Verklärern, schwermütig Unbeweglichen und leichtfüßig Flexiblen, Alten und Jungen. Den einen wurde mit dem Verlust des Arbeiter-und-Mauern-Staates die Geschichte zum Sturzfeld, während die anderen frei und frech und ideologielos (nicht identisch mit ideen- und charakterlos!) übers Feld ihrer Möglichkeiten jagen. Ja, Teilung in Gewinner und Verlierer, und die Waagschalen, das eine wie das andere öffentlich auszustellen, kommen nicht zur Ruhe.

Die Ost- und die Westdeutschen gerieten fremd, staunend, misstrauisch aneinander im Moment ihrer geschichtlich unerwarteten Begegnung, die dabei entstandene Irritation könnte bald vorübergehen, wenn die Ostdeutschen nur selbstbewusster auf die schon erwähnten geschichtsrichterlichen Mienen aus dem Westen reagierten. Die Ostdeutschen aber, sie geraten weiter aneinander durch eine Trennung, die sich jetzt erst offen ausleben darf. Das dauert.

Die Gegner des stalinistischen Systems, diese verzweifelt Andersveranlagten, denen die oberflächliche Begeisterung für jene DDR, wie ich sie lebte, nicht gelingen wollte, sie dürfen erst seit 1990 ihre Bitterkeit, ihren Hass, ihre Sprachlosigkeit endlich laut, beständig, rücksichtslos artikulieren – das will ausgekostet sein.

Die Statthalter des alten Systems aber, die selbstlos Gläubigen, die beflissenen Mitmacher, die überzeugten Geistlosen, die geistvoll Taktierenden, die stumpfen Gewohnheitsrechthaber – wir sind nun wenigstens zu einem späten Hinhören gezwungen, zu einer Ohnmacht, der keine Mittel mehr zuwachsen, da kräftig dazwischenzufahren, barsch abzuschneiden, fies weiterzumelden, feist abzulehnen, grinsend zu verbieten, hochnäsig zu zensieren – das muss ausgehalten werden.

Eine jahrzehntelang zum Schweigen verurteilte Subjektivität, der so viel Unabgegoltenes auf der verbotenen Zunge lag, sie will und hat seit jenem Herbst 1989 Öffentlichkeit, und sie feiert dieses Fest. Eine einst dominierende Öffentlichkeit jedoch, die nur immer ein Register all dessen war, was der Gesellschaft zum Ruhme gereichte – und es wurde an Ruhm immer weniger, und unsere Ruhmesgesänge wurden trotzdem immer trommelnder wie Ankündigungen von Gewehrsalven –, wir Ex-Dominante dieser Öffentlichkeit müssen seit dem Mauerfall schweigen, wenigstens das, müssen die Anwürfe hinnehmen, und diese treffen uns mit jener Verspätung, die alle Wut der uns Belagernden nur noch vergrößern mag. Aber unser Schweigen ohne Rechtfertigung, unser Ertragen ohne Gegenwut wären immerhin ein Zeichen dafür, dass ein letzter Rest Anständigkeit blieb.

Die DDR gibt es noch immer in Hülle und Fülle; Fülle nach wie vor denen, die für ihre neuen Politträume vom Sozialismus den alten realen Ansatz brauchen und ihn glatt putzen; Hülle nur noch denen, die aufatmend Ent-Sorgung betrieben. Wie lange diese Konfrontation dauert, lässt sich nicht mit jenen Maßgaben bestimmen, mit denen man den Einfluss verbesserter Infrastrukturen, angeglichener Lebensverhältnisse oder vergleichbarer Arbeitsmuster auf den inneren Frieden im vereinten Deutschland misst. Von uns wurden mit Akribie und Ausdauer Staatsfeinde produziert; wir installierten nicht selten einen Zorn auf Lebenszeit.

Ein führender Schriftstellerfunktionärskopf des einstigen Staates schrieb Anfang 2009 im »Neuen Deutschland«, mit der Entscheidung für den Westen habe das Volk der DDR »eine soziale Losung gegen eine nationale« getauscht. Die gezielte Vereinfachung klingt wie die Bescheinigung eines Verrats und gleicht den enttäuscht-grimmigen Hieben eines ehemals hochrangigen Malerkopfes, der sich nach dem Ende der DDR abrupt von den Massen abwandte, die ihm doch soeben noch, als führende Klasse, die höchst feurige Inspirationsquelle für seine malerisch prallen Körperlichkeiten waren. Nunmehr zeichnet er mit scharfer Verachtung Szenen aus dem neudeutschen Leben des »Herrn Mittelmaß«, einer Figur, die er früh erfunden hatte, einst freilich als klein- und spätbürgerlichen Kontrast zum »neuen Menschen« des Sozialismus. Jetzt war ihm just dieser Arbeiter, pathetisch eingefärbte Heros der siegreichen Geschichte, zum Hirnlosen geworden, zum willfährigen Herdentier niedriger Bedürfnisse, und der Maler kommentiert sich selber so: »... Halle war immer ein roter Bezirk, auch Chemnitz, Magdeburg. Es ist für mich erschütternd, dass nun in der Mehrheit bürgerliche Landräte und Bürgermeister gewählt wurden. Arbeiterklasse! Diesen Arbeitern habe ich Denkmale geschaffen! Huldigungen. Jetzt sind sie nur das Bild ›Erdgeister‹ wert, das ich 1990 gemacht habe: Sie stecken alle mit den Köpfen im Dreck ... Erledigt. Das ist mein letztes Bild zum Thema Arbeiterklasse. Dazu mach' ich nichts mehr. Die Menschen haben mich bitter enttäuscht. Ich hab Illusionen gehabt, das geb' ich zu. Illusionen darf man haben, aber manchmal im Leben sind sie sträflich.«

So spricht, noch immer, der Führende über die Geführten, so der wissend Vorangehende über die unwissend Zusammengescharrten, die einer Wegweisung durch Avantgardisten bedürfen. »Sattes Selbstbehagen« hat das der Dichter Franz Fühmann einmal genannt oder »Dumpfheit unkritischen Bewusstseins«, das sich selber und nur sich selber fortwährend auf die Schulter klopft, wie herrlich weit man's doch gebracht.

Jene Illusion vom Menschen, die Kommunisten offenbar noch immer vorschwebt, ist unweigerlich ein Verrat am Menschen. Nächstenliebe als elementare Grundlage jeder Humanität bedarf der Größe, diesen ambivalent veranlagten Menschen, seine Unwägbarkeiten und Unberechenbarkeiten ernst zu nehmen – ernster als jenen Traum vom Veränderlichen, der sich für die Verbesserung seines Wesens freiwillig unter die Kommandozentralen einer Staats- oder Parteidoktrin begäbe. Nein, der Mensch ist immer anders, und wer heute noch immer den Kopf darüber schüttelt, wie denn der umsorgte DDR-Bürger billige Wohnungen, verlässliche Arbeit und geruhsame Tristesse gegen den rigiden Wind der Freiheit tauschen konnte, der lese den Dichter Wolfgang Hilbig und seinen Unterricht in Sachen politischer Psychologie: »ihr habt mir geld aufgespart/ lieber stehle ich.// ihr habt mir einen weg gebahnt/ ich schlag mich durchs gestrüpp seitlich des wegs.// sagtet ihr man soll allein gehen/ würd ich gehn/ mit euch.«

Hilbig, Fühmann, Kunze, Maron oder de Bruyn lesen, wenn es um die DDR geht: Es hilft auch im Nachhinein nur das, was dich aufreißt bis zu einem Grund, der den billigen Halt verweigert, den Halt, der sich deinen Gefühlen, deiner Erinnerung immer noch andienen will als höhere, beständige Wahrheit. Aber nun weißt du es doch: dass du zu feige, zu unfähig, zu träge warst, früher in diesen Grund zu schauen. Zu feige, zu unfähig, zu träge, dich ganz anders umzusehen im Land – das deiner Existenz zum Verhängnis wurde, indem es dich mit Angeboten eines lukrativen Gehorsams umsorgte. Und du warst einverstanden damit, und was es zu bemängeln gab, nahmst du mit in ein paar durchwachte Nächte, in einige Bierabende, in familiäre Auseinandersetzungen, aber nie stand vor dir die radikale Frage, nie stieg in dir die Bereitschaft auf zur erschütternden Wahrnehmung, nie erwachte der Verdacht eines bösen Irrtums, nie geschah eine Anfechtung durch den – in jeder Lage so nötigen! – Hochmut, der einem zuflüstert, vielleicht unter die falschen Leute geraten zu sein.

KÖNIGSBERG UND ANKLAM. Schon erschrickt man vor dem krassen Urteil und sucht nach etwas, das eindeutige Urteile abmildert.

Auch die DDR ist, wie jede Gesellschaft, die Summe ihrer Lebensgeschichten gewesen. Jeder erzählt darüber in der Farbe, die recht hat. Ich blättere in Interviews, die ich für »Neues Deutschland« führte.

*

Der Schriftsteller Stephan Hermlin: »Ungezählte Leute tragen für ihr Leben zumindest das Gespür in sich, dass mit der DDR auf deutschem Boden etwas Alternatives beabsichtigt war. Eine Gesellschaft, die den Schwachen eine Chance zu geben gewillt war; eine Republik, die auf den Rat der sogenannten kleinen Leute geradezu angewiesen war (auch wenn sich der Staat dann mehr und mehr gegen das ihm Eigene verging). Selbst das Politbüro ist ja im Grunde genommen aus kleinen Leuten hervorgegangen und hing bis zuletzt der Chimäre nach, es sei ein Gremium von Volkes Stimme. ›Von deinem Geiste hab' ich einen Hauch verspürt‹, heißt es in einer Ballade von Uhland – darin steckt viel von dem, was an Grundgefühl von dieser DDR eine lange Zeit bleiben wird. Und um einen Gedanken von Heinrich Mann über die Heimat zu benutzen: Man war in diesem untergegangenen Land sogar mit der

Dummheit, die darin geschah, auf besondere Weise verbunden. Wobei: Ich hatte nie ein Heimatgefühl, das den Worten folgt: ›Right or wrong – my country!‹ Das Unrechte war nie Teil meines Heimatgefühls, es befleckte die Vision, die ich mit Heimat verband. Ich wünschte die Dummheit, von der Heinrich Mann sprach, immer zum Teufel; aber ich sah sie nie als irgendeine fremde Untugend an, ich begriff sie immer als eigenes Unvermögen – und so gibt es, durch ein Gefühl von Verantwortung und Zuständigkeit, eben auch ein gehörig Maß an Unbehaglichkeit, das einen an ein Land bindet ... Mein gesamtes Leben habe ich mich mit dem französischen Dichter Stendhal beschäftigt. In dieser Gestalt der europäischen Geistesgeschichte sehe ich nach wie vor ein tragendes, betroffen machendes Sinnbild für eine offenbar nie endende jämmerliche Zeit des Verrats, der Wendehälse, des Umschlags aller Werte. Stendhal hat den Bourbonen gedient und wohl in schmerzender Anstrengung die Zähne zusammengebissen, um nicht auszuspucken, auch vor sich selbst. In tiefstem Widerspruch zu seiner Zeit hat er gelebt, aber eben: Er hat gelebt, hin- und hergerissen, und an ihm exemplifiziert sich das traurige und zugleich häufigste Schicksal, das dem Menschen widerfährt: sich anpassen zu müssen und sich auch anpassen zu wollen – als einer Grundbedingung gewisser Freiheit.«

*

Der Theaterregisseur Alexander Lang: »Zu dem, was in der DDR an furchtbarer Fehlentwicklung geschah, konnte ich mich bis zu einem gewissen Punkt sogar sehr kreativ verhalten. Dann war ich froh, mit dem Westen eine andere Welt kennenzulernen. Jetzt, im wiedervereinigten Deutschland, kommt mir vieles von dem, was ich verließ, wieder nahe. Es gibt diejenigen, die sich mit Dauertherapien durch die Welt retten, und es gibt jene, die das unbeirrt mit ein paar klaren, rationalen Gedanken versuchen. Letztere sind mir lieber, und ich treffe sie halt öfter im Osten. Das Problem für uns Theaterleute: Früher war Ästhetik ein Kampfmittel, heute ist sie ein Kaufhaus.«

*

Der Schriftsteller Klaus Poche: »Wenn Sie aber von zwanzig Filmen zehn verboten bekommen, ist das nicht sehr angenehm. Dazwischen lag verlorene, quälende Zeit. Dann diese ständige Belehrung und Arroganz. Klaus Höpcke, der Buch-Minister, sagte mal: Herr Poche, ich will Sie doch nur vor einem schlechten Buch bewahren – da wurde das Verbot auch noch in anbiederische Fürsorglichkeit gekleidet! Irgendwann klingelte es nachts bei mir zu Hause – aber jedes Mal war niemand draußen. Später standen Kampfgruppen vor meinem Haus, mit deutlich drohender Geste: Da wollen wir mal dem Dichter die Arbeiterfaust unter die Fresse halten! Es kommt der Punkt, da denkt man nicht mehr an die Folgen, da wird man zum ›kleinen Luther‹: Hier stehe ich und kann nicht anders. Im Gegensatz dazu sagte mir mal ein tschechischer Kollege: Ach, weißt du, bei uns ist das mit der Courage so: Hier stehe ich – aber ich könnte auch anders. In jedem Deutschen steckt eben auch ein kleiner Michael Kohlhaas, nie aber ein Schwejk.«

*

Der Theaterregisseur B. K. Tragelehn: »Verbittert bin ich überhaupt nicht. Aber ich meine schon, die DDR war ein Sumpf, und sie ist leider nicht durch eine Revolution abgeschafft worden. Wenn es wirklich eine Revolution gegeben hätte, könnten sich einstige Funktionsträger nicht noch immer gebärden, als wären sie Staatsmänner mit einem Recht auf Immunität. Auf der einen Seite wird der Täter-Mythos von einigen Leuten strapaziert, weil sich damit zugleich ihr Opfer-Mythos länger hält – aber andererseits ist es bodenlos, wie wenig einige Groß-Genossen darüber nachdenken, dass sie Ideen-Verrat begingen. Der ist schlimmer als Vaterlandsverrat. Es genügte also schon, wenn jedes ehemalige Politbüro-Mitglied zu einer einzigen Strafe verurteilt würde: Auf dem Schreibtisch müsste lebenslänglich ein Ceausescu-Foto stehen.«

*

Der Theaterregisseur Frank Castorf: »Ich sagte mir in der DDR: Immanuel Kant kam nie aus Königsberg raus! Was sollte ich mich da aufregen? Verbote schüren Kraft. Die DDR hatte nur einen einzigen freien und sauberen Zufluss – die Fantasie des Menschen. Das ist ein gefährlicher Zufluss. Ich wurde unter diesen Verhältnissen nicht aggressiv, sondern traurig – weil ich nicht gewusst hätte, wohin. Man fährt als Steppenwolf auf dem Highway, aber man sitzt doch nur in Anklam.«

*

Der Bundesligafußballtrainer Hans Meyer: »Man kann uns glücklich aus dem Scheinsozialismus Herübergeretteten alles Mögliche vorwerfen. Dass wir ökonomisch versagt haben. Dass wir eine blöde, verspießerte Führung hatten. Dass wir, offenbar genauso verblödet und verspießert, dieser Führung hinterhergelaufen sind. Dass wir keine Leistungsgesellschaft waren. Dass wir undemokratisch gewesen sind. Das und noch mehr muss man uns unbedingt vorwerfen. Und deshalb ist dieser Sozialismus zu Recht weggeblasen worden. Nur über eines darf die Welt, die übrig geblieben ist, mit mir, bitte schön, nicht diskutieren: über Moral.«

*

Die Publizistin Carola Stern: »Ich halte es für ein Manko der Linken, dass es nie gelang, die bürgerlichen Tugenden in die eigene politische Bewegung zu integrieren. Ich habe aber gelernt, dass man sich eine wichtige Eigenschaft aneignen muss: Mut vor dem Freund. Ich erinnere mich an eine Versammlung an der Parteihochschule Anfang der fünfziger Jahre in Kleinmachnow. Es ging um die Verurteilung eines alten Kommunisten, der in der westlichen Emigration gewesen war. Ein absolut linientreuer Mann, der nur das Pech hatte, in die falsche Himmelsrichtung emigriert zu sein. Die Anklage wurde erhoben, die meisten schwiegen, einige redeten gegen ihn. Plötzlich stand eine junge Frau auf und sagte: ›Genossen, ihr irrt, ich bin seine Sekretärin, ich weiß, was für ein treuer Genosse er ist, und nie würde er etwas tun, das der Partei schaden kann. Genossen, haltet ein auf diesem Weg!‹ Niemand stimmte ihr zu. Am Ende gingen die Hände hoch zur Aburteilung des Genossen. Diese junge Frau ist mir für mein ganzes Leben ein Vorbild geblieben, und immer, wenn ich in einer Versammlung saß und mich überzeugte etwas nicht, dachte ich: Denk an sie, steh auf und sage es. Auch wenn die anderen nicht zustimmen. Und immer spürte ich, dass genau das eben das Schwerste ist: dieser eine Mut, der Mut vor dem Freund.«

NICHT WINSELN, WIEDERHAUEN! Mut? Den brauchte ich wahrlich für anderes.

Am 15. September 1989, knapp einen Monat vor der Entmachtung Honeckers, die Züge mit den Botschaftsflüchtlingen sollten bald durch Dresden fahren, Gorbatschow sollte bald seinen Satz sagen vom Zuspätkommenden, den das Leben bestrafe, die Montagsdemonstrationen würden demnächst eine Kraft werden – an diesem 15. September stand auf Seite eins der »Jungen Welt«: »Nicht sich drehen und winden unter den Schlägen des Gegners, nicht heulen, winseln und Entschuldigungen stammeln ... Wiederhauen muss man, für jeden feindlichen Hieb zwei, drei zurück. Das war unsere Taktik von jeher, und wir haben bis jetzt, glaub' ich, noch so ziemlich jeden Gegner untergekriegt.« Eine Äußerung von Friedrich Engels, herübergeholt in den aktuellen ideologischen Gebrauchswert.

Wiederhauen muss man! Die lange Geschichte dieses Ratschlages.

»Sie befahlen mir, mich nackt auszuziehen. Dann leiteten sie einen Pol des elektrischen Stroms ins Wasser und setzten mich in die Wanne. Nun stellten sie mit dem anderen Pol den Kontakt zu meinem Körper her. Vor mir stand ein älterer, dicklicher ÁVH-Mann (ungarischer Staatssicherheitsdienst) mit einem Gummiknüppel. Sein struppiges rotes Haar und sein stacheliger roter Schnurrbart leuchteten im Halbdunkel. Neben ihm lauerte mit gespreizten Beinen ein dunkelhäutiger, athletischer, stiernackiger junger Mann. Auch er war mit einem Gummiknüppel bewaffnet. Jedes Mal, wenn der elektrische Schock mich hochfahren ließ, schlugen er und sein älterer Kollege mit ihren Gummiknüppeln auf meine Schultern und drückten mich in die Wanne zurück ...«

Das lese ich im Buch »Spurensicherung« von Péter Nádas, es ist der Bericht eines ungarischen Schriftstellers, der 1949 im Zusammenhang mit dem stalinistischen Schauprozess gegen Ungarns Außenminister Laszlo Rajk schwer gefoltert wurde.

Wiederhauen!

»Vor der Mauer musste ich in einem Abstand von circa einem Meter stehen. Nach einiger Zeit kam ein Offiziersschüler, trat vor mich, griente mich an und griff nach meinem Brustbeutel. Ich hatte noch die Hände im Nacken und die Beine noch breit. Er griff nach meiner Nase und drehte sie brutal herum. Ich habe nicht versucht, mich zu wehren. Danach stieß er mich zweimal in die Lebergegend, was einen sehr starken Schmerz verursachte. Danach mussten sich die Festgenommenen in Gruppen zu acht Personen formieren und im Laufschritt unter weiterer Anwendung von Tritten in ein nebenstehendes Gebäude begeben. In meiner Gruppe befand sich ein älterer Herr, der schon ständig gerufen hatte, dass er unschuldig sei. Beim Laufen in das Gebäude sah ich, wie dieser ältere Herr stürzte ... Am Geräusch hörte ich, dass ein weiterer Festgenommener zusammenbrach; vorher hatte er mehrfach gerufen, dass er nicht mehr stehen könne. Er wurde daraufhin von irgendwem als Waschlappen bezeichnet.«

Das lese ich im Gedächtnisprotokoll des Lehrlings Uwe M., einer von eintausenddrei Menschen, die zwischen dem 3. und 9. Oktober 1989 in Dresden »zugeführt« wurden – wegen »Zusammenrottung«.

Wiederhauen muss man!

»Mit brutaler Gewalt wurden etwa 120 Demonstranten zum Teil an den Haaren in die bereitstehenden Busse geschleift und ins Stasi-Gefängnis gebracht, wo sie in der Nacht verhört wurden. Der Rest rannte zurück in die Sophienkirche und war gewillt, da auszuharren. Als ich gegen 22 Uhr aus der Kirche trat, erwartete mich ein Spalier von Tschekisten. Junge Gesichter, zu einer Gasse aufgereiht, die mich johlend und pfeifend wie zum Spießrutenlauf erwarteten. Und das in der Großen Hamburger. Die Straße, in der früher das Altenheim der Jüdischen Gemeinde stand. Die Gestapo hatte es 1942 zu einem Sammellager gemacht und von dort die jüdischen Bürger in die Konzentrationslager nach Auschwitz verschleppt. Ich wusste noch nichts von den geplanten Internierungslagern für DDR-Oppositionelle. Mich traf nur ein unvergessener Dialog. Ein Mann von Mitte 50, wie es schien, ein Stasi-Vorgesetzter, zischte mir zu: ›Noch mal kommt ihr nicht so ungeschoren davon.‹ Darauf sagte ich: ›Ihr wisst offenbar gar nicht, wo ihr hier seid und was ihr hier macht?‹ Darauf er: ›Halt die Schnauze, sonst bist du gleich woanders und wirst sehen, was wir mit dir machen.‹«

Das lese ich im Erlebnisbericht von Werner Schulze, DDR-Bürgerrechtler und Politiker der Grünen, über eine verhinderte Demonstration am 7. Juni 1989 gegen die SED-Wahlfälschung vom 7. Mai jenes Jahres.

Wiederhauen muss man!

Als am 7. Oktober 1989 Demonstranten vom Berliner Alexanderplatz die Karl-Liebknecht-Straße entlangzogen, in Richtung des Gebäudes der Nachrichtenagentur ADN, Ecke Mollstraße, es war Abend – da schaute ich von der achten Etage des Berliner Zeitungsgebäudes, von dort, wo die »Junge Welt« ihre Redaktionsräume hatte, hinunter und hoffte nur, dass die Türen gut bewacht waren. Wir hatten einen Fotografen und einen Reporter zu der Demonstration geschickt. Im bebilderten Kommentar zu diesem Protestmarsch stand zwei Tage später in jenem Textbrei, der über alles Offizielle jener staatstragenden Feierlichkeiten berichtete, die doch nichts weniger trugen als den zitternden Staat, deutlich hervorgehoben: Wir würden uns die Fotos gut aufheben, denn dort war »ein randalierender Mob« gelaufen, der »unsere Volksfeste zum Geburtstag der Republik störte«. Parteilichkeit, in der sich Hoffnung auf glückende Rache aussprach: »Wir haben die Augen offen gehabt. Und so haben wir auch die Jungs von unserer FDJ-Ordnungsgruppe gesehen, die an der Seite der Genossen der Volkspolizei sich dem Spuk entgegenstellten und mithalfen, die Rädelsführer festzunehmen. Denen keine Chance!«

Das war am 9. Oktober in der »Jungen Welt« zu lesen. In der Redaktion gab es zahlreiche Stimmen, die diesen Kommentar entsetzlich fanden. Einfluss hatten sie so wenig wie Befugnisse. Die hatte nur ich.

Immer dieses: Wiederhauen muss man! Von 1949 bis 1989. Auf sehr verschiedene Weise. Wie unmerklich man in eine Tradition gerät. Wie leicht es ist, mit Worten wiederzuhauen, kein Blut fließt, keiner schreit, ein Kommentar ist kein Gummiknüppel. Das ist der Irrtum.

Warum bin ich trotzdem Journalist geblieben? Weil mir mein Glaube in mein professionelles Rüstzeug ins Wort fiel, als ich nun endlich einmal klar und deutlich hätte »Nein« sagen sollen? Hielt ich mich auf Dauer gar nicht für so verderbenszuständig, wie ich mich nach dem Ende meiner »Junge-Welt«-Zeit des Öfteren öffentlich bezichtigen hörte? In Talkrunden wurde ich eingeladen, vor Kameras und Mikrofone geholt, ich wusste, als was ich galt: als Standardbesetzung für den eloquenten, zugleich aber geschickt nachdenklichen Täter. Trotz dieser Stempelung ging ich doch unentwegt hin, ließ mich befragen, in die Ecke stellen, wehrte mich, stotterte, argumentierte, schwitzte. Worauf war zu hoffen? Dachte ich tiefinnerst und insgeheim, das Gras wüchse schneller, als nach allem ersten Anschein allgemeiner Wut zu vermuten war?

Nein, ich wusste sehr wohl, jedes neu geschriebene Wort würde jedes bislang gedruckte Wort neu und hartnäckig ins Licht der Prüfung zerren. Ich blieb Journalist, weil ich aus dem Gleis geraten war und im Schreiben die einzige sinnvolle Möglichkeit sah, damit umzugehen. Noch nie zuvor hatte ich plötzlich so große Lust, gegen alles Politische und vermeintlich Geschichtslogische skeptisch, traurig, selbstversunken zu werden. Vielleicht stand ich in Gefahr, den Beruf erneut zu verfehlen. Zuerst hatte ich »wir« gerufen und alle ins Kollektive eingemeindet – was mir nicht zustand. Nun wurde zurücknehmend »ich« geseufzt, was aber doch höchstens dem Erzähler, dem Literaten zusteht, nicht dem Halbtalent des Redakteurs, der doch höchstens »man« zu schreiben oder seine mitunter peinlich durchbrechende Subjektivität höchstens in die kostümierende Floskel vom »Autor dieser Zeilen« zu fassen habe. Ich nahm fortan viele journalistische Anlässe zum Anlass – für mich selbst. In Interviews, Theaterkritiken, essayistischen oder glossierenden Versuchen schrieb ich mich zu mir hin. Ich tat es im »Neuen Deutschland«, das war der Ort, der mir entsprach, die wahre Adresse für Abschiede von der Vergangenheit und die gleichzeitige Erfahrung, wie hartnäckig sie weiterlebt. Eine nicht nachlassende Gelegenheit, dem früheren Leserkreis nahe zu sein und damit oft auch meinem einstigen Klassenstandpunkt.

In einer Westzeitung zu arbeiten, wäre nicht infrage gekommen. Ich habe das nie gewollt. Aber selbst wenn es diesen Willen gegeben hätte, wäre er unerheblich gewesen. Es herrschten und herrschen klare Fronten, was es mit mir auf sich hat. Unmittelbar nach meinem Ende als JW-Chefredakteur wurde ein höherer »Bild«-Macher vor

Talkshowkameras gefragt, ob er sich das völlig unideologische, fast unmoralische Paradoxon vorstellen könne, einen abgesetzten DDR-Parteijournalisten beim Springer-Flaggschiff zu beschäftigen, und der Mann antwortete: »Schwierig. Aber wenn es denn ein wirklicher, ein richtiger Roter war.« Ich wusste sofort, was der Mann meinte. Ich spürte eine unangenehme Nähe. Einmal mehr ahnte ich, in welchem systemübergreifenden Ruch ich auf unserer Seite der Barrikade gearbeitet hatte, ich hörte im gleichen Moment alle Zukunftstüren zuklappen, war einverstanden damit und entwickelte aus dieser Szene jenen Dank, am »Neuen Deutschland« neu beginnen zu dürfen.

Nachtrag:
Als ich gerade im ND zu arbeiten begonnen hatte, Anfang der neunziger Jahre, da sollte der Wittenberger Pfarrer Friedrich Schorlemmer gewonnen werden, einen Artikel für das Blatt zu schreiben, das ihn ebenfalls bis zum Sturz Honeckers verhöhnt, beschimpft, befeindet hatte. Er sagte zu, nicht ohne am Telefon darauf hinzuweisen, dass ihn meine Redakteurstätigkeit befremde. »Herr Schütt sollte, bevor er wieder zum Stift greift, erst ein paar Jahre mithelfen, Chemie- und Eisenschrott in Bitterfeld abzutragen.«

WIE SÄUBERUNG ANFÄNGT. Gesagt hatte ich – rein gar nichts.
Alle Fragen hatte ich – vom Tisch gewischt.
Von Kritik und Selbstkritik – nicht eine Spur.
Die Zweifel – unter den Teppich gekehrt.
Folgerichtig wurde ich gelobt. Für meine – saubere Haltung.

DAS JA-SAGEN IN DEN GENEN? Eine in Leipzig erscheinende Anthologie zum Herbst 1989 fragt, warum ich nie aus der DDR fliehen, niemals dauerhaft ausreisen wollte.

Ich antworte: Weil sie mich meinen Traumberuf ausleben ließ. Weil ich sie per Dienstreise verlassen durfte. Weil es mir gut ging. Weil ich für meine Arbeit derart brannte, dass es mich nicht einmal beeinträchtigte, jahrelang in Berlin keine Wohnung zu bekommen, also täglich, trotz redaktioneller Spätschichten, in mühsamem Vorstadtverkehr bis nach Fürstenwalde fahren zu müssen, fast bis Frankfurt an der Oder. Ich blieb in der DDR, weil ich eines Tages selber eine Zeitung machen konnte. Ich blieb in der DDR, denn alles andere blieb ja auch, und zwar beim Alten.

Ich nannte es das Neue. Es klang gut. Ich arbeitete in einem Beruf, in dem dieser gute, reibungslose Klang fast alles war. Ich blieb, weil ich meine Familie nicht hätte mitnehmen dürfen. Weil die Frage, um die es hier geht, nicht ein einziges Mal bei uns zu Hause gestellt wurde. Weil es also niemals eine persönliche Lage gab, diese Frage aufzuwerfen, es war immer die Frage anderer Leute, die ich nicht kannte. Am System Verzweifelnde berührten mein Leben nicht. Oder ich hatte einen Instinkt dafür entwickelt, diesen Menschen auszuweichen, so, wie es jene berühmte Kellner-Bewegung vermag: den Gast, der seit langem bestellen möchte, immer wieder, geradezu charmant und geschmeidig und gewollt ungewollt, zu übersehen.

Ich blieb, weil ich also nie in wirklich bittere politische Diskussionen hineingeriet, in denen ein tiefenwirkender Konflikt hätte aufgerufen werden können. Ich dachte nicht darüber nach, was Dialektik wirklich ist: »Jedes Problem hat fünfzig Seiten«, schrieb Thomas Brasch. Für mich nicht. Ich blieb, weil die Bundesrepublik kapitalistisch war. Weil ich daran glaubte, dass es bei uns vorwärtsgehen würde. Weil ich also viele Konflikte für eine »Kinderkrankheit« des Systems hielt. Weil ich gelernt hatte wegzusehen. Weil ich manches nicht wusste, ich kannte nur das Hohenschönhausen der Neubauten, nicht die dortige Hölle im Dienste der Staatssicherheit. Ich blieb, weil ich zu bequem war. Oder zu feige. Oder weil ich Flucht für Feigheit hielt, Hierbleiben für die unbequeme Entscheidung. Weil ich unbeschwert lebte. Weil ich es mir schwer machen wollte. Weil ich ein bisschen Macht genießen und mich gleichzeitig damit beruhigen durfte, diese Macht bestünde vor allem aus sehr viel Arbeit. Ich nahm mir sozusagen die Arbeit heraus. Ich nahm sie aus der Wirklichkeit heraus, so blieb sie rein wie die Lehre. Ich blieb, weil in der »Jungen Welt« mitunter auch kritische Dinge standen, die demnach von der lohnenden Mühe erzählten, etwas zu wagen, eine kleine Grenze zu übertreten und den Gegenwind auszuhalten. Immer wollte ich nur kleine Grenzen überschreiten, nicht diese eine große. Für die große Grenze galt ein Gesetz, das ich anerkannte. Ich blieb, weil mich Chile, Vietnam und Südafrika bestärkten, in der richtigen Welt zu leben, für die richtige Welt zu kämpfen. Weil Solidarität für die DDR zwar oft ein leeres Portemonnaie, aber dennoch nie ein leeres Wort war. Weil mir die Russen näher waren als die US-Amerikaner – und mir in Kabul sowjetische Panzer hilfreicher schienen als die CIA. Ich blieb, weil ich mir sagte: Wenn nun jeder abhauen wollte, was dann ... Ich blieb, weil ich in der Partei Leute kannte, die ich nicht enttäuschen wollte, selbstlose Menschen mit Überzeugungskraft und einem einzigen Privileg: sich mit Lust und Pflichtempfinden Größeres abzufordern als andere. Ich blieb, weil die DDR international mehr und mehr anerkannt wurde. Weil der Westen so verflucht offen oder so verflucht tückisch seine Feindschaft zeigte, die es uns schwer machte, die Muskeln locker zu lassen. Ich blieb, weil es doch seinen Sinn behalten musste, dass Brecht, Eisler, Seghers, Arnold Zweig einst in dieses Land gekommen und Christa und Gerhard Wolf, Volker Braun, Heiner Müller, Christoph Hein, Thomas Langhoff und andere in ihm geblieben waren. Weil ich mir, im Grunde, keine Gedanken machte. Weil mich der Gedanke überzeugte, im Sozialismus würde die unwürdige Arbeit für viele abgeschafft, vor allem für Arbeiter. Weil mich materieller Mangel nicht bedrückte. Weil ich an keinem großen Mangel litt. Weil ich mich, bevor ich mich in die Karriere stürzte, sehr wohl aus allem heraushielt, und dies auch reibungslos möglich war. Weil die Dinge, die für eine Änderung besagten Blickwinkels wichtig hätten sein können, an mir vorüberrauschten, etwa, als ich eine Weile in Leipzig lebte, die Sprengung der dortigen Universitätskirche – die ich mit eigenen Augen sah, so wie ich vorher in der Stadt den offenen und konspirativen Studentenprotest (Flugblätter, Transparente während Konzertveranstaltungen) miterlebt hatte; spurlos, eindruckslos. Oder die Prager Ereignisse 1968 – Hintergrundgeräusche, mehr nicht. Ich blieb in der DDR, weil ich zu den Menschen gehöre, die in jeder Situation, die zu einem Wechsel rät, eher bleiben und abwarten. Ich blieb, weil ich zum Abenteuer unfähig war. Weil ich ein Gewohnheitsmensch bin, weil mir die DDR also, wie so vieles, eine Gewöhnungssache war. Ich blieb, weil ich mich fügte, ohne dies als Selbstbeschränkung zu empfinden. Weil ich mit Langeweile gut zurechtkomme. Ich sage grundsätzlich lieber Ja als Nein – vielleicht der genetisch festgelegte Grund, warum ein Mensch zum Querulanten wird, ein anderer aber zur Stromlinie neigt; der eine aufsässig, der andere unterwürfig; der eine ein Oppositioneller, der andere ein Duckmäuser; der eine läuft weg, wo der andere mitläuft. Die frühe Festlegung wie die Linien in einer Hand. Die Neinsager und die Jasager: das Naturell als Keimzelle der politischen Bildung.

Während meiner Oberschulzeit floh ein Klassenkamerad über die tschechoslowakische Grenze, er wurde gefasst, verurteilt. An einem der Vortage seiner Flucht hatten wir uns, mehrere Internatsschüler, mit ihm gestritten, er teilte uns seinen Plan mit, wir erwiderten barsch, scherzhaft, ohne jeden Hintersinn: Ein Glück, dann seien wir ihn endlich los, er möge uns doch bitte eine Karte schreiben, wenn er angekommen sei. Er kam nicht an, aber er sagte im Verhör, wir hätten von seiner Flucht gewusst. Wir gerieten in den Verdacht der Beihilfe, nur mit Mühe gelang es einigen mutigen Lehrern, uns gegen den Druck höherer politischer und pädagogischer Instanzen an der Schule zu halten, wir durften das Abitur ablegen. Aber ein bereits bestätigtes Volontariat an der Erfurter Bezirkszeitung »Das Volk« wurde mir verweigert, ich habe noch den Satz eines dortigen stellvertretenden Chefredakteurs im Ohr: »Wir werden dafür sorgen, dass Sie niemals Journalismus betreiben, denn was Sie getan haben, gleicht dem Schuss eines Offiziers in die eigenen Reihen.«

Was geschieht da nur in einem Menschen? Er darf nicht das Gewünschte studieren, er muss eine blöde Zeit lang in die Produktion, er lernt den Staat als einen Gewalttäter kennen, der im privaten Lebensziel herumwühlt. Er kommt zudem aus einem Elternhaus, in dem die DDR gleichgültig hingenommen oder, mitunter, gehasst wurde. Mein Vater stammte aus Hamburg, dort lebte seine Mutter. Uns wurden zwar regelmäßig bis 1961 Westreisen erlaubt, aber als die Mutter starb, durfte mein Vater, er war Lehrer, nicht zu ihrer Beerdigung fahren. Fremde Leute trugen sie zu Grabe. Seitdem der Hass des Vaters. In Hamburg hatten meine Eltern am Abschiedstag jeder jährlichen Reise eine heftige Diskussion, ob man nicht endlich »drüben« bleiben solle, immer siegte meines Vaters diszipliniertes Wesen, wir fuhren zurück nach Thüringen.

Was habe ich beizeiten verdrängt, dass es mein kritisches Nachdenken über diesen Staat nie beförderte? Aus den angedeuteten Erfahrungen geht der eine als Gegner des Systems hervor, und der andere stürzt sich in den Fanatismus der Sache, die doch nie die seine war. Als der Erfurter Zeitungsfunktionär meinte, er müsse das DDR-Pressewesen vor mir schützen, konnte er kaum ahnen, dass ich ihn in der Militanz übertreffen würde.

Am Ende: viele Gründe für mich, in der DDR zu bleiben. Hätte ich die hochmoralischen davon ernst genommen, hätte mich vielleicht ein Erschrecken gepackt, wie wenig festen Grund sie haben durften. Was mich irgendwann angezogen hatte, wäre plötzlich identisch geworden mit dem, was hätte abstoßen müssen.

Jetzt erst, im gefahrlosen Danach, kriecht eine Überlegung in mir hoch, ich kann mich nicht gegen diesen Unsinnswunsch wehren: mir eine ausgewechselte Existenz herzudenken. Ein anderes Leben ist möglich. Dieser Satz, der Zukunft meint – mir gerät er dauernd zur Umkehrsehnsucht, zum Wunsch nach anderer Vergangenheit, aber Günter Eich hat so sehr recht: »Solange man auch trödelt, es wird nicht früher.«

FÜR EINE SACHE LEBEN? Die Friedrich-Ebert-Stiftung bittet mich um einen Text zum Geburtstag von Egon Bahr. Die geplante Sammelschrift soll, wie es im Anschreiben heißt, »Gedanken Ostdeutscher bündeln«. Schreibend gerate ich tiefer ins Eigene, als ich es vorhatte.

Er war zu DDR-Zeiten gleichsam der Feind in meinem Bett. Denn, nach einem alten Kalauer des Stalinismus: Der Klassengegner schlief nicht – und so nahmen wir sozialistischen Agitatoren im Gegenzug auch die revolutionäre Wachsamkeit in einen zähen Vierundzwanzig-Stunden-Dienst. Merkwürdig nur, dass dieser Mann trotz seiner anstrengenden Wühltätigkeit immer verschmitzter zu werden schien; wir dagegen wirkten zusehends verschwitzter. Permanenter historischer Siegestaumel schlaucht.

Begegnet bin ich ihm nie. Als ich in den achtziger Jahren die Chefredaktion der »Jungen Welt« übernahm, wäre mir solche Nähe auch kaum in den Sinn gekommen. Es herrschte Arbeitsteilung in der DDR-Propaganda. Mochte »Neues Deutschland« die friedenspolitischen Annäherungen von SED und SPD mit der hohen, also nichtssagenden Kunst des Kommuniqués begleiten – in der »Jungen Welt« dagegen durfte und sollte Klartext erscheinen. Unsere Artikel folgten dem Auftrag unmissverständlicher Ab-

grenzung: Zu keinem Moment würden wir jener sozialdemokratischen »Aggression auf Filzlatschen« auf den Leim
gehen, den Bahr ausdauernd mit angerührt hatte. Mit unserer Zeitung war ein Medium installiert worden, das zwar
ebenfalls streng darauf achtete, im Sinne der Partei kein
politisches Porzellan zu zerschlagen, aber neben der offiziellen Verlautbarungsprosa des »Neuen Deutschlands«
erlaubte sich das Imperium einen vermeintlich jugendli-
chen Überschwang, ganz im Geist der reinen Lehre. Einen Überschwang freilich, der am wenigsten auf das Denken und Fühlen jener jungen Menschen zielte, die doch
längst frech oder frustriert, gleichgültig oder aus anderen
Gründen außerhalb der Staatsräson lebten. Der Hallenser
Kulturredakteur Christian Eger spricht in seinem Buch
»Der kurze Sommer der Ostalgie« von einer Generation,
der sämtliche Lautsprecher, die im Lande aufgestellt waren, nichts mehr zu bieten hatten. Der Autor – Jahrgang
1966, Pionier, FDJler (»Jugend braucht keine Jugendbe-
wegung«) und NVA-Soldat, der 1989 mit einer Kerze in
der halleschen Marktkirche stand, »bekleckert mit Wachs«
– erzählt von einem Alltag der DDR, den wir nicht zur
Kenntnis nahmen, eine Art Ausreise ins Inland, eine
Fluchtbewegung, um den Kopf zu retten in eine andere
Geistes-Gegenwart hinein und jenseits dessen, was die
»Junge Welt« ihren Lesern vor-schrieb. Eger: »Wer mit diesem Staat nichts zu tun haben wollte, verzog sich aufs
Land oder unter die Leselampe.«

Im Grunde musste man die »Junge Welt«, das Blatt der
parteilich organisierten Jugend, auch unter meiner Leitung als eine Beruhigungstablette für marxistisch-leninis-
tische Hardliner nennen, denen Kopf und Herz mitunter
wehtaten ob des pragmatisch sich windenden Eifers, mit
dem die Parteiführung um Leute wie Bahr buhlte. Da tat
es den Linientreuen doch gut, wenn die FDJ deutlich blieb
und sich zum Beispiel nicht als zu kulturlos empfand, Sozialdemokraten in zynischer Witzelei als Enkel von »Blut-

hund Noske« zu bezeichnen. Das war sie, die Beruhigungstablette: Versorgung mit jenem Frostvokabular, das jedes Feindesdenken frisch hielt. Als Zeitung arbeiteten wir gewissermaßen jener ideologischen Verweichlichung entgegen, die Realpolitik genannt wurde.

Bahr zitierte gern Brandt: »Frieden ist nicht alles, aber ohne Frieden ist alles nichts.« So? Ich erinnere mich an eine Gratulationscour bei Erich Mielke (immer, wenn ein Politbüromitglied runden Geburtstag hatte, trat auch die Leitung der FDJ, als »Kampfreserve der Partei«, an die reich gedeckten Tische), und bei dieser Gelegenheit hielt der wahre Minister des Inneren eine kurze Rede. Sie glich einer berlinschnauzigen Vergatterung, und in diesem Bellen, das auch ich devot über mich ergehen ließ, fiel ein Satz, der die Glückwunschansprache unserer Delegation korrigierte. Im Grußwort der Staatsjugend waren dem MfS-Chef weitere Erfolge im Kampf für Frieden und Sozialismus gewünscht worden. Diese Reihenfolge: Frieden und Sozialismus. Nun des Ministers forsche Korrektur: »In diesem Haus, Genossen und Jugendfreunde, heißt es immer noch und immerfort: Für Sozialismus und Frieden!« Der Sozialismus sei zweifelsfrei wichtiger als der Frieden, denn ohne Sozialismus gäbe es nur faulen Frieden auf der Welt, also müsse jedes »Friedensgedusel« darauf geprüft werden, ob es uns Kommunisten denn diene.

Ich glaube sogar, er drückte es noch brachialer und zuschlagwilliger aus, es hätte wahrscheinlich zur Szene gepasst, wenn er eine Pistole gezogen, unter unserem garantierten Beifall in die Luft geballert und womöglich darauf verwiesen hätte, diese Waffe schon erfolgreich in den dreißiger Jahren benutzt zu haben, ein paar Straßenzüge weiter, am Bülowplatz, als er zwei Schutzpolizisten erschoss. Zu befürchten wäre gewesen: Wir hätten an dieser Stelle ein weiteres Mal und wieder sehr gern applaudiert.

Was Mielke gesagt hatte, war sozusagen Küchengeplauder, während draußen Bahr und seine Gesprächspartner der SED am Tisch der Diplomatie, über Jahre hinweg, Kompromisse und Verträglichkeiten auftafelten. Wir in der »Jungen Welt« leisteten uns abseits des Offiziellen eine frohgemute kaltkriegerische Hitze und fügten die Mauer weiter zur uneinnehmbaren Bastion in den Köpfen – wo dagegen das Paktieren der Pragmatiker unweigerlich darauf hinauslief, das tatsächliche Bauwerk ein Quäntchen durchlässiger zu machen. Wir meinten Wahrheit zu befestigen, wo Diplomaten notgedrungen die Wirklichkeit verhandelten. Wo diese Leute taktisch arbeiteten, da verteidigten wir die Strategie jener seltsamen Dialektik, die letztlich aller DDR-Politik zugrunde lag: Immer hat marxistisch-leninistisches Denken die Lehre von der Schuld der anderen zu bleiben, es gibt über jede Sache zwei Ansichten – unsere und eine falsche.

Es bleibt für mich irritierend, über einen Mann nachzudenken, der an der Vertreibung ausgerechnet jenes Systems aus der Geschichte beteiligt war, für das ich lebte. Eine Wendung, die mir inzwischen zweifelhafter denn je vorkommt: für eine Sache leben. Der Vorsatz leitet nicht selten das große Schrecknis alles Ideologischen ein: Man lebt für eine Sache, indem man irgendwann fraglos und zweifelsfrei in ihr aufgeht. Daraus folgt nicht nur Selbstverlust, sondern meist auch Gefährdung und Züchtigung anderer Menschen, die nicht gewillt sind, einem solchen Weg der soldatischen Selbstauflösung zu folgen. Ich habe meinen Journalismus damals zu großen Teilen, ohne es so zu nennen, als eine derartige Züchtigungsmaßnahme verstanden – in die mitunter auch westliche Funktionäre wie Bahr als Bausteine eingebaut und benutzt wurden, dann, wenn diese Leute zufällig in unsere Friedenspolitik passten, oder wenn sie unserer Abneigung gegen Gorbatschows Perestroika Nahrung gaben oder wenn sie sich kritisch zu ihrem eigenen bundesdeutschen Staat und dessen mitunter gar zu willfährigen atlantischen Bindungen zu Wort meldeten.

Züchtigung. Ein Wort auch für innerredaktionelle Verhältnisse? DDR-Zeitungen wurden wie Armeeeinheiten geleitet. Alle Diskussion mündete in die Alleinentscheidung des Chefredakteurs. Dies ist keine sozialistische Erfindung gewesen, aber es kommt auf die Denkräume vor solchen Entscheidungen an; Zensur und Selbstzensur sorgten für die merkliche Aushöhlung des freien Begehrens und Aufbegehrens. Innerhalb der bestehenden Ordnung aber herrschte durchaus eine Atmosphäre der agilen Ideensuche, und ich meine sagen zu dürfen, dass viele Redakteure gern zur Arbeit kamen, die sie, nach klarer Deutungsvorgabe, beim lesbaren Wort zu nehmen suchten. Züchtigung freilich gab es: stasiabgesicherte Festlegung, wer ins Ausland reisen durfte und wer nicht. Blauhemdpflicht, wenn man höhere Funktionäre der FDJ zur Berichterstattung begleitete. Zu lange Redakteurshaare versuchte ich von Obrigkeitsaugen fernzuhalten, sogar die Bundjacke eines Mitarbeiters, die ein kanadisches Ahornblatt zierte, erregte auf den Redaktionsgängen mein Ungemach.

Der Irrsinn des Stalinismus besteht eben darin, dass er Menschen braucht und findet, die ans Humane des Ideals ebenso fest glauben, wie sie vom Recht überzeugt sind, im Namen des Ideals immer auch mal, wenn nötig, ein wenig Willkür praktizieren zu dürfen. Zum Beispiel habe ich Menschen zum Schweigen gebracht, indem ich bestimmte kritische Leserstimmen nicht veröffentlichte. Den Vorlagen für Sekretariatssitzungen im FDJ-Zentralrat waren monatlich Briefe an die »Junge Welt« beigegeben, vielen Beschwerden wurde zwar per Weisung an regionale Leitungen ernsthaft nachgegangen, aber gewünschte Öffentlichkeit wurde den Autoren sehr oft verweigert. Und war da auch nur ein Anflug von systemkritischen Tönen festzustellen, kamen die Briefe in einen bestimmten Hefter, er lag in einem Schränkchen meines Arbeitszimmers, einmal in der Woche klopfte es, und der für unsere Redaktion zuständige MfS-Mitarbeiter holt diese Briefe ab, ein stiller, scheuer junger Mensch, Eifer schien ihm abhold zu sein, trotzdem tat er seine zweifelhafte Pflicht, zu der ich keine Fragen hatte. Da wanderte das Vertrauen von Briefschreibern in eine Zeitungsredaktion ab in jene Institution der unbarmherzigen Prüfung, das war Auslieferung an die Stasi, und selbst da, wo arge Beschimpfungen vorlagen: Es waren doch nur Briefe – wir aber griffen sofort zu auf jede anrüchig scheinende Gefühls- und Gedankenwallung, machten sie dingfest; in jedem einzelnen Falle würde nun die Motorik der Überprüfungen eingeschaltet, und aus einem Briefschreiber war womöglich schneller, als selbst ich das ahnte, ein Bespitzelter geworden. Züchtigung. Beschädigung. Dieser MfS-Mensch, uns nur unter dem Namen »Otwin« bekannt, ging in der Redaktion ein und aus, las in Kaderakten, erkundigte sich nach besonderen Vorkommnissen, ließ vor Beginn politischer Großveranstaltungen das Telefon auf dem Tisch des diensthabenden Tageschefs an ein Aufnahmegerät anschließen und teilte mir ansonsten mit, wer von den Redakteuren mal wieder nicht in den Westen reisen durfte. Letzteres war selten der Fall, niemand in der Redaktion hatte übrigens etwas dagegen, im Antrag für so eine Dienstreise als »treuer und ideenreicher Propagandist für die Politik der SED und den Marxismus-Leninismus« bezeichnet zu werden.

Es gab wohl auch die Züchtigung durch Vorbild: Ich schrieb bei jeder Gelegenheit, und wahrscheinlich rettete diese Selbstsucht einige Redakteure vor jener Blamage, der ich mich heute überführt weiß: Ihnen blieben Texte erspart, die ich bei ihnen in Auftrag hätte geben können. Aber es muss wohl so gewesen sein, dass ich meine eigene Schärfe für nicht steigerbar hielt, in ihr aber den unbedingten Maßstab für die politische Qualität der »Jungen Welt« sah. Also verfertigte ich die waffenstarrendsten Kommentare in den meisten Fällen selbst.

Einer der besten Reporter unseres Blattes schickte sich eines Tages an, den raffinierten, aber doch von uns längst durchschauten Ostvertragsarbeiter und Konvergenzler Bahr zu interviewen. Ein für mich schockierendes Unterfangen, das ich in letzter Minute (da war sie verlässlich zur Stelle, die Wachsamkeit!) unterbinden konnte: Womöglich würde dieser Gewiefte von der westdeutschen Gegenseite in der »Jungen Welt« ebenfalls eine Möglichkeit sehen, sich unverblümter zu äußern, als es im SED-Zentralorgan je möglich gewesen wäre. Meinen unversöhnlichen Klassenstandpunkt ließ ich mir jedoch nicht antasten; Egon ja, aber nur Krenz, nicht diesen!

Bahrs zahlreiche Kontakte zum Politbüro, so irritierend vertraulich sie auf ideologisch Gefestigte wirken mochten – uns festigten sie durchaus im Machtbewusstsein. Ja, dieser Mann agierte nicht nur mit Tabakspfeife, sondern auch ungewollt mit Betonkelle, bei der wir ihm unsichtbar die Hand führten: Denn wenn einem Funktionär der Partei oder des Jugendverbandes in irgendeiner größeren oder kleineren politischen Runde alle Argumente ausgegangen waren, diese späte öde DDR zu verteidigen (es widerfuhr mir im Laufe der uns wegrennenden Zeit immer öfter!), dann blieb als letztes Pfund, auf jene zahlreichen Politiker des Westens zu verweisen, die sich in der Nähe Honeckers doch wohl aus gutem Grunde die Klinke in die Hand gaben. Bahr ganz vorn mit dabei. Ein Architekt der bundesdeutschen Ostpolitik, deren mögliche Risiken und Nebenwirkungen ich als publizistischer Grabenhüter mit dem bereits beschriebenen Argwohn betrachtete, zugleich aber: ein willkommener Joker zum Stabilisieren unserer Selbstüberschätzung. Und also war ausgerechnet dieser Egon Bahr bisweilen die tröstliche Verdrängungshilfe gegen unseren wachsenden Orientierungsnotstand in einer – im wahren Sinn des Wortes – sich mehr und mehr verflüchtigenden DDR.

Die Sinnverkapselungen und daher verkrampften Windungen unserer Agitation und Propaganda nahmen im

Krieg gegen eine mehr und mehr sich öffnende Welt zu; man kann es, von heute aus gesehen, das unterirdische, noch bewusstlose Grollen der Globalisierung nennen, gegen das wir uns wehrten, und der erfolgreiche SPD-Politiker Bahr personifizierte jene Bedrängung, in die der »Sozialismus« zusehends geraten war: Denn mit der geschickten sozialdemokratischen Loyalität gegenüber der DDR, die uns außenpolitisch schmeichelte und aufhalf, sickerten doch zugleich Auflösungsstoffe ins ideologisch festgezurrte Landesinnere. Wie das eine genießen, ohne das andere hinnehmen zu müssen? Das perfekteste Spagat im Stadium der größten Verkalkung, das war unser eigentlicher Beitrag zur olympischen Geschichte des Turnens! Nur mit stärkstem ideologischem Doping zu bewältigen.

Bahr gehörte als geschickter Großmissionär seiner Partei zu denen, die Menschen wie mich zwangen, in dieser Bedrängung immer kenntlicher, also dogmatischer zu werden. Denn auch ich wusste, was vielen klar war: Die Öffnung dieses »Sozialismus« war wohl nötig; das führte auch in mir dazu, von Gorbatschow ab und an ein wenig verwirrt zu werden, in Momenten der Schwäche und Müdigkeit, da man sich vorzustellen wagte, wie die Uniformknöpfe im Hirn wegplatzen. Aber dann siegten doch wieder die Gewohnheit des Gehorsams und die Einsicht in die erdrückende Konsequenz: Ja, ein Schritt nach vorn ist nötig, aber doch viel zu wenig – zwei Schritte nach vorn jedoch wären tödlich geworden.

Also blieb auch ich stehen und bezeichnete dieses Verharren lauter denn je als Teil des unaufhaltsamen Fortschritts. Hielt den Staat noch für perfekt, da er eigentlich schon plusquamperfekt war. Am Ende würde der Kommunismus sein Lehrziel auf eine bittere Weise erreicht haben: Millionen Menschen sahen rot.

Als sich nach dem Zerfall der DDR die Rauchschwaden jener Freudenfeiern verzogen, mit denen die Verwestdeutschung besiegelt wurde, da kam etwas quälend Kleinmütiges ans Licht: Ich, der ich den Klassenkampf doch gnadenlos gewinnen wollte, war plötzlich froh, ihn ungeschoren überstanden zu haben. Was keinesfalls bedeutete, in jener Vor-Zeit unglücklich gewesen zu sein. Ich war ein durch meine Arbeit sogar äußerst glücklicher DDR-Bürger; heute freilich wissend, dass es ein Glück gibt, dessen energetische Zufuhr aus Charakter und Seele härtenden Ausblendungen erwächst. Es ist immer Angst vor der Freiheit, die für eine totalitäre Versuchung anfällig macht. Mein Verhältnis zum Sozialismus entsprach dem Mantel, den man zuknöpft, aber erst beim letzten Knopfloch merkt man, dass schon der erste Knopf falsch zugemacht wurde. Trotzdem wärmte der Mantel.

Klassenbewusstsein, das Gesetz der Geschichte – zwei Worte wie Injektionen, die zu einem erhebenden, verführerischen Rausch führen können. Ein Rausch, der vielleicht in einer Flucht vor der eigenen Nichtigkeit wurzelt, und die Flucht besteht darin, diese Nichtigkeit ins Abenteuer einer Weltgeltung zu steigern: Die kurzschlüssige Annahme, als Marxist alles auf einen Begriff bringen zu können, wird fröhlich und verbissen zugleich als Dienst an der Menschheit missverstanden. Man glaubt tatsächlich, die hohe Idee und das eigene kleine Leben zur widerspruchsfreien Einheit zusammenführen zu können. Das ist zunächst eine großartige Vorstellung, weil sie über das geringe Dasein hinausführt, und hierin lag wohl immer schon ein Kern des fatalen kommunistischen Überlegenheitsgebarens, auch gegenüber dem sozialdemokratischen Pragmatismus.

Am Ende jedoch stand ich vor den Verwüstungen eines falschen Gebotes zur Konsequenz: Denn wer das Utopische nicht nur denken, sondern schon leben will, der muss, um so überhaupt leben zu können, dieses Utopische versklaven. Er muss es aufs Maß der eigenen Gegebenheiten herunterdrücken. Sonst bliebe es das Unerreichbare, ewig Verschwommene, auf Dauer Entrückte und also Quälende. Wir aber wähnten uns doch bereits als Sieger der Geschichte, da war nichts mehr unerreichbar, nichts mehr verschwommen, sondern alles schon so beschlossen, dass nichts mehr quälte. Dies Gefühl vom Siegen, das ein Schon-gesiegt-Haben ist, stellt sich rasch ein, wenn man nur Scheuklappen trägt, die den Vorwärtsblick verengen. Mit ihnen denkt und sieht man sich all das, was man in der Enge leben darf, in etwas Erhabenes hinein.

Die Idee, die mit Marx und Lenin verband, schrumpfte auch bei mir unmerklich zur kleinen artigen Idee der freiwilligen Unterwerfung – unter eine Parteidisziplin, die wir die wahre Freiheit, also freiwillige Einsicht in die Notwendigkeit nannten, um so der Unterwürfigkeit einen Anstrich philosophischer Grundierung zu geben. Irgendwann wurde der schöne Entwurf, und dies ohne Mühe, mit dem schnöden Möglichen innerhalb einer gelähmten politischen Doktrin verwechselt. Das hehre Denkbare reduzierte sich auf Politbürobeschlüsse, und allein schon deren Befolgung lebte man, nach außen hin (Journalismus war in diesem Sinne reiner Außen-Dienst), als das höchst Errungene.

Das war der Missbrauch der Philosophie: Sie wurde mit Marxismus gleichgesetzt, und: Sie wurde mit einer Politik gleichgesetzt, die sich aus dem Primat der sozialen Verhältnisse das Recht nahm, den Einzelnen auf genau jenes Maß zu bringen, das der gesellschaftlichen Machthabe nutzte.

Die Einheit und Geschlossenheit der Partei: Keiner ist mehr er selbst, aber jeder ist wie der andere. Die Bereitschaft: Ich will (mit verwirklichen, was Marx dichtete), sie bedeutete Identität mit dem Satz: Ich muss (mit verwirklichen, was Honecker sagt).

Das Sein bestimmt das Bewusstsein? Das Bewusstsein war es, unter dem das Sein zur besten Papierform auflief, ohne sich real auch nur ein Quäntchen zu ändern. Kein

Wort weiß das besser zu fassen als: Erziehungsdiktatur. Die DDR als Heimat, die hauptsächlich ein Heim war, ich arbeitete als Heimerzieher. Die Wirklichkeit war einem Plan unterworfen, dem sie nicht folgen konnte. Menschen, über die etwas in der Zeitung stand, waren durch uns zu Wesen geworden, die allzu oft diese Wirklichkeit verließen, einen Artikel lang, sie kehrten der Realität den Rücken und schauten ins Gesicht der Reporter und Fotografen, die sie nicht einfach nur ins künstliche Licht setzten, sondern ins Lichte ...

Stanislaw Lem hat in einem Brief dieses Phänomen beschrieben, das jedes Soll auf Haben umbucht: »Hat man als gläubiger Anhänger einer totalitären Idee erst einmal angenommen, dass alles perfekt *ist*, dann wird man überall, noch im Kruden, die Perfektion sehen; Unordnung, Nonsens, Blödsinn – all das hört auf zu sein, was es ist, nämlich einfach chaotische Beliebigkeit; es wird zum Rätsel, zum Geheimnis, zu etwas, von dem der Glaube sagt und bewirkt, dass wir es jetzt wie durch dunkles Glas sehen – und darum nicht mehr in der Lage sind, es zu begreifen. Eben dieser Glaube, doch nicht irgendwelche Foltern, bewirkten beispielsweise in den berüchtigten Schauprozessen, dass die Angeklagten abstruseste Verbrechen gestanden, dass sie in der Affirmation der Anklage ›aufs Ganze‹ gingen.«

Man wird mir erneut vorwerfen dürfen, hier zu übertreiben. Vergleiche mit früheren Phasen des folternden, mordenden Stalinismus seien nicht angebracht; der unhistorische Blick, der von konkreten politischen Bedingungen absehe, beleidige zwangsläufig ein hehres gesellschaftliches Bemühen – das Berlin Honeckers sei schließlich nicht das Moskau Stalins gewesen.

Was aber ist ein gesellschaftliches Mühen noch wert, wenn man eines Tages nicht mehr wahrhaben will, dass Menschen viel Klugheit, viel List, viel Kraft und oft alle Selbstüberwindung verschwenden müssen, um dem System das wirklich Gewollte nur immer in Kleinstmengen – abzutrotzen. Meine Arbeit bestand darin, die Müdigkeiten zu übermalen, meine Befriedigung erwuchs aus dem Beherrschen der diesbezüglichen Technik. Mir gefiel, das Dienerliche meiner Existenz zu einer sinnvollen Aufgabe zu erklären, die sich auch noch den Kitzel einer Vorreiterschaft gefallen ließ, da sie von vielen Menschen missverstanden, nicht begriffen wurde. Ich würde diese Menschen zu meiden wissen. Avantgardismus bedarf der Fähigkeit zu Einsamkeiten. Als Filmredakteur war ich nur ins Kino gegangen, als Chefredakteur und FDJ-Leitungsmitglied würde ich nur dorthin gehen, wo mitgespielt wurde, was wir täglich inszenierten.

Der Gedanke, dem Leben auf diese Weise fatal auszuweichen, kam mir nicht, ich fühlte mich als ein Mensch, der wusste, worauf es ankam. Meine Frau arbeitete an einem Kinder- und Jugendtheater und ertrug den Schwung der Verachtung, mit dem in der Kantine ab und zu die aktuelle Ausgabe der »Jungen Welt« auf einen Tisch geworfen wurde. Das angreifende Unbehagen dieser Geste wurde gleichzeitig wieder abgeschwächt durch die mitleidigen Blicke der Kollegen. Es war ein glücklicher Umstand, dass ich täglich erst sehr spät nach Hause kam. Familienleben als Waffenstillstand. Den brauchte ich auch, denn jeder Tag war kampf- und feindbestimmt, und schon in den eigenen Reihen geriet jedes nur gering verfängliche oder vorsichtig schräge Zeitungswort in den Verdacht, dem Feind Munition liefern zu wollen. Der Betrug am Informationsbedürfnis der eigenen Bevölkerung wurde mit der Notwendigkeit begründet, dem Gegner keine Blöße geben zu dürfen. Nackter als diese Philosophie stand nichts in der kontrollierten Landschaft.

Überhaupt schrillte jenes Telefon, das die Chefredaktion direkt und abhörsicher mit der Abteilung Agitation der SED verband, meist nur dann, wenn das eigene Blatt wegen kritischer Äußerungen – die ja trotz aller Ergebenheitsadressen, eingebettet darin, durchaus vorkamen – am anderen Morgen in der Westpresse zitiert worden war. Man nahm in der Parteiführung die DDR-Blätter mitunter einzig und allein über die Reaktionen der bundesdeutschen Medien wahr.

Allerdings offenbarten Kommentarkunststücke westdeutscher Zeitungen, wie krampfhaft auch die andere Seite ihren Deutungskampf führte, wie manisch also Medien der DDR abgesucht wurden nach vermeintlichen Konfliktkonstellationen auf machthabender Ebene. Da konnten selbst unsere Phrasen und zufälligen Formulierungen aufsteigen zu Kassibern der Systemkritik, herausgeschmuggelt aus dem Führungskreis.

Das »Handelsblatt« Düsseldorf schrieb im Februar 1988, »der Chefredakteur der einflussreichen FDJ-Zeitung ›Junge Welt‹ hat indirekt, aber für interessierte Funktionäre klar erkennbar, seinen Generalsekretär korrigiert. In einem Leitartikel zu einem Referat Honeckers schrieb der Chefredakteur, nicht zufällig sei ›erneut das Engels-Wort von der Partei der Neuerer‹ gefallen. Dabei lag ihm Honeckers Redetext vor, der dieses Wort Lenin zuschreibt. Was im Westen kaum der Rede wert wäre, ist für die DDR ganz ungewöhnlich. Auf diese Weise korrigiert ein marxistisch-leninistischer Funktionär vor der Öffentlichkeit nicht einmal indirekt seinen Generalsekretär! Er tut es selbst dann nicht, wenn der sich beim Zitieren der fast wie ein Heiligtum behandelten Texte sozialistischer Klassiker geirrt haben sollte – es sei denn, die Stellung des Generalsekretärs gilt nicht mehr als ganz so stark wie früher, und es gibt Rückendeckung im Politbüro.«

Wie gern würde ich meinen allgemeinen Ruf mit schüchternen, aber unanfechtbaren Zeugnissen der Aufsässigkeit zu mildern versuchen, indes, solche Aufsässigkeit liegt nicht vor – hier kam ein beflissen astrologischer Westkollege seiner Berichterstattungspflicht aus den Tiefen des Kaffeesatzes nach. Der Verweis auf Engels war eine kleine naseweise Nebenbemerkung, mehr nicht, bedeutungslos, folgenlos, ohne List ausgeführt und schon gar nicht mit solchen Signalabsichten, die »Rückendeckung« gar vom Politbüro erhielten. Wir lasen das »Handelsblatt« und lächelten.

Aber so war die Lage: Journalismus als unablässige Suche nach freigelegten Flanken des Gegners, nach Lindenblättern, nach verborgenen Stellen der Verwundbarkeit.

Man mag es verwunderlich nennen, dass trotz des geistigen Zuschnitts der DDR-Presse »Neues Deutschland«, »Junge Welt« und andere Zeitungen und Zeitschriften doch mit großem Eifer, mit immer wieder hoffender Geduld und einer nicht erlahmenden Neugier gekauft und gelesen wurden. Die »Junge Welt« hatte 1989 eine Auflage von über 1,5 Millionen Exemplaren täglich, weit mehr als »Neues Deutschland«, eine Zahl, die offiziell nicht genannt werden durfte, da im Land selbstredend nichts höher und begehrter zu gelten hatte als die Zeitung der Partei. Aber auch andere Blätter wurden in beträchtlichen Mengen gedruckt, und an den Kiosken, besonders der Urlaubsorte, standen Warteschlangen; jede kleinste Differenzierung zwischen den gesteuerten »Presseorganen« stieß auf gesteigertes Interesse, die Menschen wühlten sich ins kleine offene Feld zwischen den Zeilen, ein bisschen Farbe musste doch im bittersten Grau des vielen Papiers zu finden sein. Ständig hungrige Sehnsucht nach ein wenig Öffnung schuf eine Sphäre der Neugier, der Bereitschaft für kleinste Gewinne; die Abwesenheit von Welt schuf höchst empfindliche Empfangsnerven, man gierte nach Information, und vielleicht liegt hier ein Grund für etwas, das nach dem Ende der DDR offenkundig wurde – dieser seltsame Widerspruch zwischen der Unbeholfenheit Ostdeutscher und ihrer doch gründlichen Kenntnis etwa des literarischen, filmischen, geistigen Westens. Währenddessen viele Bundesdeutsche, satt von Welt, kaum den Blick herübergewandt hatten ins feststehend Ärmliche des ostdeutschen Ghettos.

In der Nachwendezeit tauchte in Interviews und auf Podien dann auch wieder dieser Egon Bahr auf, von Beginn der neuen, erweiterten Bundesrepublik an ein Mann scheinbar aus anderer Zeit; er wurde zum kritischen Bedenker neudeutscher Verhältnisse und deren ungesunder Rasanz. Ein Politiker wie er sah durch den rundum grassierenden Abriss des Ostens offenbar auch die eigene Lebensleistung gerügt. Er, der die DDR mit zerbröselt hatte, indem er sie ernst nahm – er musste nun gleichsam mit dem nachträglichen Vorwurf des »Vaterlandsverräters« fertig werden, denn die SPD, so hieß es bei der CDU und einstigen DDR-Oppositionellen, habe das System der SED auf unzumutbare Weise stabilisiert und verlängert. Bahr war da wieder angekommen in jener ihm sattsam bekannten CDU/CSU-Kampagne aus früheren Jahren, die sein Parteifreund Hermann Scheer als »Smog hemmungsloser Denunziationen« bezeichnet hatte. Auch Bahrs Freund Günter Gaus, einst Ständiger Vertreter Bonns bei der DDR, erfuhr diese Verdächtigung; zwei Journalisten, zwei Diplomaten im SPD-Dienst – der eine in der Fessel jener noblen Eitelkeit, die noch gröbste Verletzungen in Stil umzulenken wusste, der andere, Bahr, von direkterem lyrischen Geblüt: »Die sollen mich am Arsch lecken!«

In hartnäckiger Streitlust entwickelte Bahr eine nachträgliche Sensibilität für die DDR (und auch für deren Funktionäre), die mich, offen gesagt, verstörte oder zumindest vorsichtig machte. Wohlgemerkt: Er tat etwas höchst Anständiges, das in den Euphorien fürs kommende Westdeutsche und in den Verdammnissen des vergangenen Ostdeutschen einer mutigen Entgleisung gleichkam – er differenzierte. Und in seine Verteidigung politischer Mählichkeit beim Schaffen einer freien, selbstbestimmten europäischen Mitte durften sich einstige SED-Strikte eingeschlossen fühlen, die dieser politischen Mitte zwar immer entgegengearbeitet hatten, aber von einer offiziellen bundesdeutschen Geschichtsschreibung nun nahezu pauschal zu Rostdeutschen erklärt wurden. War just dies das Verstörende? Dass fortan Leute wie ich anstrengungslos einen Anwalt ausgerechnet in jenem Manne sehen durften, den wir einst als filzlatschenden Aggressor bezeichnet hatten?

Eines Tages sah ich ihn bei einem Fernsehgespräch mit der Bürgerrechtlerin Marianne Birthler. Ich hatte das Gefühl einer sphärischen Störung zwischen beiden. Ich weiß nicht mehr die Details des Streits, auf jeden Fall ging es um DDR, Unrechtsregime, Stasi: kurz, um die Vergangenheit in der Gegenwart. Wieder war da die Gelassenheit eines Routiniers, der aus dem größeren Zusammenhang kommt, aus gelebtem Vertrauen in die Ausgewogenheiten, aus berufsbedingt verinnerlichter Fähigkeit, das schreiend Gegensätzliche einer politischen Lage geradezu körperverträglich zusammenzudenken. Ein robuster Sesshafter zwischen allen Widersprüchen. Frau Birthler dagegen war, die DDR betreffend, Vertreterin einer einzigen Widerspruchsseite, daher entschlossen einseitig und polemisch festgelegt. Ich verstand sie an diesem Fernsehabend eher als Bahr, gerade weil – so widersinnig es klingen mag – er es war, der Leute wie mich in Schutz nahm gegen die Fortschreibungen von Unversöhnlichkeit und Sühnezwang.

Dieses Fernsehinterview schien mir Ausdruck des Konflikts zu sein, in den die Funktion des Mannes eingebettet war. Den alten Spruch »Teile und herrsche!« hatte Bahr in Richtung DDR so modifiziert: Teile den fremden Standpunkt und herrsche somit! Er hatte die SED gewissermaßen derart geschickt kritisiert, dass die sich nicht zu brüsker Verweigerung ihm gegenüber genötigt sah. Nach außen aber, und das konnte schon der Prenzlauer Berg sein, musste das für viele als unbotmäßige Anbiederung gegenüber den Kommunisten erscheinen. Wer in dieser Republik unglücklich lebte – und »was weiß ein Fremder« (Peter Handke), wie und womit eine jede Seele ihr Unglück definiert! –, der konnte kaum Muße für den langen Bahr'schen Atem aufbringen, nein, der musste auf seine Ungerechtigkeit gegenüber verhandelnder Politik und auf seine Ungeduld bestehen, das triste ummauerte Leben endlich los zu werden.

Die Anwürfe von ehemaligen Oppositionellen des Ostens gegen Bahr durfte dieser, in gutem Recht der Selbstverteidigung, mit seinem bereits zitierten, unflätig deutlichen Satz beantworten: »Die sollen mich am Arsch lecken.« Mir aber fällt es noch immer schwer, mich in der Geleitschutzofferte, die von diesem Mann ausgeht, wohlzufühlen. Bahr verbietet sich mir als Autorität gegen störrische Ex-Bürgerrechtler, die in gleich gutem Recht noch immer nichts von einstiger Realpolitik verstehen wollen, obschon viele von ihnen jetzt selber mittendrin stecken. Denn was geschieht allzu oft, wenn wir auf ehemalige geistige, politische Feinde treffen, die in ihrer Erinnerung an unsere repressive Praxis etwas hartnäckiger sind als uns lieb ist? Es geschieht, was der Aphoristiker Horst Drescher notierte: »Menschen, die man auf dem Gewissen hat, bleiben einem irgendwie unsympathisch; unsympathisch auch dann noch, wenn man ihnen sozusagen schon lange verziehen hat, dass man sie auf dem Gewissen hat.«

Weil das so ist, waren wir natürlich glücklich, wenn wir mit solchen Einst-Gegnern wie Bahr und Gaus oder auch Friedrich Schorlemmer und Wolfgang Ullmann rechnen durften, die uns nicht dauernd unsere Zuständigkeiten aufrechneten. Man lobt diese Großmütigkeit, geradezu Barmherzigkeit, weil einem erspart bleibt, was das Bitterste ist: sich anders zu erinnern als einem lieb ist.

Einem Sozialdemokraten nachzusinnen, heißt für mich aber zuvörderst: auf Grundfehler des Marxismus zu sehen und sie verhängnisvoller zu nehmen als die Gebrechen einer Politbürokratie der letzten Stunde. Denn was als Sozialismus galt, war nicht guter Anfang, den lediglich eine verderbte Praxis ans Ende brachte. Solche Begründung

suggeriert, man hätte die Verderber bloß rechtzeitig aus-
wechseln müssen. Nein, bei aller sozialen Befreiung, die
über die Arbeiterbewegung in die Welt kam und als Idee
auch künftig in ihr bleibt – Marx war in seiner Utopie des
Kommunistischen Manifests in erster Linie großartiger
Poet denn Anleitungskonstrukteur für eine politische Pro-
grammatik. Dass in der DDR viele Lebensläufe gescha-
hen, die letztlich, trotz allem Idealismus, trotz aller Redlichkeit, trotz aller Ehrlichkeit, mit einem Quantum Last
aus Falschem und Sinnlosem beschwert bleiben – es gehört zur Tragik jeder geschichtlichen Bewegung: Was Verdienst werden will, wird eines Tages, wenn die Siege aus-
bleiben, nur Schicksal.

Der Mensch ist, wie er ist, sagt Bahr, und sein Freund
Gaus spricht vom alten Adam und der alten Eva. Lägen die
Dinge so ganz anders, wie Marx, dieser wunderbare Dichter des faktisch Unmöglichen, sich die Dinge zurechtge-
dacht hat, dann wäre zum Beispiel die gesamte antike Welt
von Homer bis Horaz, von Alexander bis Cäsar, von Tha-
les bis Marc Aurel für uns Heutige, für uns längst glücklich ins Bessere Geänderte, ein Buch mit sieben Siegeln –
doch ist diese Welt nach wie vor das Lexikon, das uns erklärt. Iphigenie wohnt im Nachbarhaus, sechster Stock.
Catilina gibt dem »Spiegel« ein Interview. Alles beim Alten. Und also bleibt alles möglich: Der Feind findet Platz
in einer Festschrift für den Feind.

UND MORGEN WAR KRIEG. Wir waren als Zeitung lini-
entreu, aber im Rahmen dieser Treue doch auch jenes er-
wähnte Quäntchen aufsässig, das die Fügsamkeit erträglich, ja wegen der permanenten Not zur List auch
begreiflich machte. Die »Junge Welt« war das Pflichtblatt
des Jugendverbandes, und trotzdem wurde sie, wie schon
erwähnt, von vielen Menschen gern (und weit lieber als
das ND) gelesen: sei es wegen der Sportseite, sei es wegen
der Literaturbeilage, sei es wegen der Lebensberatung

»Unter vier Augen« oder ungewöhnlicher Interviews (etwa mit Boris Becker, der eine Verwandte in der DDR besuchte; ein geheim gehaltener Termin, über den uns aber die Staatssicherheit informierte). Immer wieder war zwischen die plakative Ergebenheit ein Journalismus gestreut, der sich von der allgemeinen Ödnis der sonstigen Gazetten merklich abhob.

Wechselbäder zwischen disziplinierter Hörigkeit und punktuellem Aufmüpfen kann jeder schildern, der in der DDR Journalist wurde, um es zu bleiben. Die Spannungen ausgehalten, auch mit ihnen gespielt zu haben, gehörte zu den Realien eines Lebens, dessen gesellschaftliche Grundordnung man akzeptierte. Aus diesem Einverständnis wuchsen unzählige Ausdrucksformen von Anpassung, Gewöhnung, Verdrängung, Trotz und Illusion. Der kleine Frieden, geschlossen im Dienst des großen Ideals, hatte Millionen Gesichter, und seine emotionale Treibstoffzufuhr erfolgte auf den fernen Schlachtfeldern des antiimperialistischen Kampfes; daraus erwuchs ein romantisches Gefühl, das freilich kleingedampft wurde zur langweiligsten Losung, die man jungen Menschen anbieten kann: »Dein Arbeitsplatz – Dein Kampfplatz für den Frieden!« Deren Hoffnung: Ein ökonomisch kräftiger Sozialismus sei der beste Beitrag, die Welt besser zu machen. Aber diese Losung umschrieb hauptsächlich die Order gegen die Sehnsucht nach Welt: »Hier geblieben!«

Trotzdem: Jeder kleine Frieden mit dem System hatte seine besagte Würde. Sie zu erzählen, gehört zu den Schwierigkeiten in jenem größer gewordenen Deutschland, das ebenfalls seine Apologeten hat, die aber eines nicht schaffen: dass der ketzerische Gedanke einer sozialeren Gesellschaft jenseits des Marktes von allen als vermeidlich angesehen wird und fortan, wie eine beschlossene Sache, als abgeschrieben gilt.

Die »Junge Welt« war ein Forum für viele, die sich mit dem Staat und seiner Politik eins wussten. Es waren nicht wenige. Auch dieser Umstand prägte meine sehr stabile Überzeugung, als Chefredakteur in jeder Anfeindung eine Bestätigung zu sehen. Die Anfeindungen begannen dort, wo Menschen mit dem Detail, mit der alltäglichen Erfahrung gegen das Große und Ganze angingen. Von jenem selbst gewählten Maß, mit dem man sein eigener Kontrolleur, seine eigene Staatssicherheit wurde – davon hing letztlich Karriere ab; einmal dieses Maß überzogen, helfen einem später bei der Bilanz weder der Hinweis auf politische Zwänge noch die nachgelieferte Beteuerung, nicht oder nicht rechtzeitig informiert gewesen zu sein.

Mitunter freilich hatten die Anlässe kritischer Kraft wenig mit vorsätzlichem Reformdrang zu tun, sie folgten privaten, zufälligen Impulsen.

Zum Beispiel fand alljährlich in den DDR-Kinos das politisch hoch gehandelte »Festival des sowjetischen Films« statt. Als 1988 mit Gorbatschows Glasnostpolitik sehr kritische Streifen auf dem Programm standen, wurde die FDJ beauftragt (es war wohl auf dem Flughafen Schönefeld, beim Warten der Staatsspitze auf einen hohen Gast, als Honecker den FDJ-Chef Eberhard Aurich ansprach), im Namen der Jugend Unmut über diese Filmauswahl zu artikulieren und gleichsam gegen das Festival zu protestieren. Daraufhin könne der Staat dann zensorisch reagieren, ohne sich selber als Befehlsgeber des Verbots offenbaren zu müssen. Aurich lehnte das ab. Zunächst liefen die Filme an, es schien Honecker wohl doch für Momente zu heikel, offen gegen die Kunst des Brudervolkes einzuschreiten. Aber jene aggressive Nervosität, die zu jener Zeit auch zum Verbot der Zeitschrift »Sputnik« führte, setzte sich rasch durch. Fast zeitgleich wie das Moskauer Readers Digest, in dem Historiker mit dem Stalinismus abrechneten, verschwanden die Filme. (Die sonst so dienstbare FDJ war jedenfalls dieses eine späte Mal nicht gewillt gewesen, Stimmengeber für eine neuerliche kulturelle Säuberung zu sein.)

Logisch, dass keine Filmrezensionen in der DDR-Presse erscheinen durften, das galt auch für die »Junge Welt«. Zufällig befand ich mich während dieser Zeit auf einer Kur im Erzgebirge. Ich wusste nichts von dem, was in Berlin entschieden worden war. Eines Abends wurde für die Patienten der sowjetische Film »Und morgen war Krieg« gezeigt, einer der inkriminierten, heftig antistalinistischen Streifen. Ich war erschüttert, setzte mich nach der Vorführung hin, schrieb eine Kritik, übermittelte sie telefonisch nach Berlin. Ohne Nachfragen funktionierte das strukturelle Gefüge: Der Chefredakteur schickt uns etwas, selbstverständlich wird das abgestimmt sein, denn unbedachte Handlungen stehen nicht im Funktionsplan eines Leiters. Also war die Rezension am anderen Tag in der Zeitung zu lesen.

»Das Schuljahr 1940/41 beginnt. Die Klasse 9b tastet sich hinein in die ersten Tage nach der Kindheit. Aufgeregt und unschuldig wird all den unbekannten Wahrheiten entgegengelebt, die junge Menschen mit jedem beginnenden Morgen erwarten. Da ist der neue Direktor, bei dem Prinzipien und Menschlichkeit kein Gegensatz sind. Zum Entsetzen der Klassenlehrerin lässt er Spiegel für die Mädchen aufhängen, im Schulgebäude. Einer mit Kommissarsjacke und Akkordeon, fest im Charakter. Der Diktatur des eigenen Gewissens zu dienen – am Ende wird das den Ausschluss bringen aus der geliebten Partei; aber seine Schüler werden es sein, die ihm gegen das Gift der Bitternis von jener Kraft und Zuversicht zurückgeben, die er einst ihnen verlieh.

Da ist der Flugzeugkonstrukteur. Bei ihm erfahren die Schüler von Majakowski und werden in der Gewissheit gefestigt, dass der Lyriker Jessenin kein ›versoffener Kulakensänger‹, sondern ein großer Dichter ist. Eines Tages wird der Flugzeugkonstrukteur (eben noch eine Persönlichkeit der Stadt, beliebt, geachtet) unter dem Verdacht – ja, unter welchem Verdacht eigentlich? – verhaftet. Als er so überraschend zurückkehrt wie er abgeholt wurde, hat seine Tochter, die Komsomolzin, den psychischen Druck nicht ausgehalten. Sich nicht loszusagen von ihrem Vater, dafür blieb ihr nur eine Möglichkeit: in den Tod zu gehen.

Da ist die Parteiarbeiterin, Mutter der Komsomolzin Iskra aus der 9b. Eine Kommunistin, die sich zerarbeitet in fragloser Pflichterfüllung. Nächte aus Referaten, Tage aus Referaten; eine herbe, strenge, schöne Frau, die in Stiefeln lebt, Mutter ohne Chance zur Mütterlichkeit. Aber eine von jenen namenlosen Heldinnen, ohne die der Sozialismus nicht Sozialismus wäre, mit zweifelsfreiem Glauben an die proletarische Revolution, ach, Brecht fällt mir ein: Die für Freundlichkeit kämpften, konnten selber nicht freundlich sein; auch der gerechte Zorn auf die Ausbeuter verzerrt die Züge.

Es ist eine schwere Zeit. Die Sowjetunion ist ungeübt im Aufatmen. Stets ist der Feind allgegenwärtig. In die Wachsamkeit schleicht sich Misstrauen ein. Wer ist ein ehrlicher Frager, wo überschreitet der Zweifel die Grenze zum Verrat? Das Gute ist immer auch das Harte. Die Genüsse des Lebens, das ist wie ein Versprechen, aber leider nur immer für später. Doch Iskra und ihre Freunde leben jetzt! Sie müssen sich zurechtfinden in der Welt der Erwachsenen, in der schwierigen Konfrontation von gesellschaftlicher Pflicht und sehr persönlichem Glücksanspruch.

Was einen so aufschreien macht: wie diese Komsomolzen die Ehrlichkeit verteidigen, ein Stück Zukunft des Sozialismus sind; du bist ihnen so nahe, dass du glaubst, vielleicht sind wir das selber – und dann hörst du das Lied ›Unsterbliche Opfer‹; es ziehn die Söhne los, die Jugend ermordet, von deutschen Faschisten – von diesem grausamen Ende her wird der Film erzählt. Du möchtest die Ahnungslosigkeit schützen, die auf der Leinwand herrscht. Denn von Anfang an weißt du, dieses zähe, rigorose, von Lust aufs Leben bestimmte Sehnen und Schreien nach

Lauterkeit und Schönheit wird zerstört. Es ist, als risse man der Welt ihre Wurzeln aus. Das ist das Schlimmste. Das gräbt sich tief ein. Und morgen war Krieg. Und gestern wird nie Frieden.«

Noch heute begegne ich diesem letzten Satz wie einem Gespenst. Er attestiert der Vergangenheit das Unvergängliche: die Kraft, uns mit geschehenem Leid zu bedrängen. Das war die Öffnung ins Grauen der eigenen Geschichte. Ein Jahr zuvor hatte ich dem künstlerischen Fanal dieser freien Denkungsart, dem sowjetischen Film »Reue«, mit Freuden Jauche über den Kopf gegossen. Willfähriger kann ein Gemüt nicht sein.

Es war, nach Veröffentlichung der Kritik »Und morgen war Krieg«, bei einigen grimmig verwunderten Anrufen aus höheren Büros sowie der Anweisung an mich geblieben, gefälligst den Ärzten zu folgen und nicht weiteren inneren Impulsen, zum Stift zu greifen. Auf jeden Fall staunte wieder mancher, was sich die »Junge Welt« so erlauben dürfe.

Dieser marginale Fall ist wahrscheinlich hochzurechnen auf zahlreiche kulturpolitische Vorgänge in der DDR; wer sie erklären will, stößt auf ein undurchdringliches Gestrüpp aus klarer Linie, subjektiver Machtfülle, wechselnden Launen, zufälligen Konstellationen, unterschiedlich ausgeprägten Listigkeiten angesichts feudalistischer Hierarchien. Wer was wann veröffentlichen, wer wohin ausreisen durfte – aufgehoben war jede Entscheidung in einem Nebel, der keine Schlussfolgerungen für verlässliche Kriterien zuließ. Die Freizügigkeit glich einem Roulettespiel, es schuf für Betroffene einen Zustand unablässiger Unsicherheit, Anspannung und des Ausgeliefertseins an die Stimmungswechsel einer notorisch misstrauischen Partei. Die sich aufrieb zwischen erzieherischer Kälte, furchtsamem Sinn für eine sich wandelnde Realität und der Unfähigkeit, das tödliche Verhängnis dieser Zwischenexistenz auch nur annähernd zu begreifen.

Oberster Medienbestimmer war Joachim Herrmann, in der SED-Führung der Mann für Agitation und Propaganda. Ich nahm an den Beratungen »seiner« Agitationskommission beim Politbüro teil; dort versammelten sich, meist dienstags nach der wöchentlichen Sitzung der Parteispitze, die Chefs der wichtigsten aktuell arbeitenden Medien. In der Regel warteten wir mehr als eine Stunde auf Herrmann, der dann jedes Mal hektisch, mitunter geradezu hysterisiert panisch von Honecker kam, er monologisierte nun zwei oder drei Stunden (!) über akute Medienfragen, gab uns Anweisungen, die man sämtlich auf das groteske Prinzip der SED-Informationspolitik zurückführen konnte: Die Leute sollten nicht erfahren, dass sie nichts erfahren sollen. Es handelte sich um eine Vergatterung auf höherer Ebene; ich habe eine Runde folgenschwer eingeschüchterter, resigniert lederner, mechanisch nickender, emsig notierender und vor allem motorisch schweigender staatlicher Leiter in Erinnerung, mich inbegriffen, die sich im allerhöchsten Falle vielsagend spöttische Blicke zuwarfen, und dies im Gefühl, damit aber geharnischt auf die Pauke gehauen zu haben. Opposition mit der Augenbraue.

Zu diesen Sitzungen hatte der Chefredakteur des »Neuen Deutschland« den Aufriss der Seiten eins und zwei des kommenden Tages auszubreiten, Herrmann fuhrwerkte mit dem Stift darin herum, gab der Überzeugung Ausdruck, die »Junge Welt« werde das gewiss »pfiffiger« machen, der ND-Chef ergab sich längst wie ein gewohnt Gequälter in diese Verachtungspfeile Herrmanns, der einer seiner Vorgänger war, ich sonnte mich im Lob. Alle standen wie Lehrlinge um den Tisch herum, Feldherren beim Grundwehrdienst, der DDR-Fernsehchef ebenso wie der Generaldirektor der Nachrichtenagentur ADN. Gestandene Leute doch, die sich ständig das Gestammel dieses ungeschlachten Berliners anhörten, dann in die Redaktion zurückrasten und nach Herrmanns Rezept den agitatorischen Einheitsbrei zusammenrührten.

Nicht ein einziges Mal stand ich während dieser Sitzungen auf und ging. Was das Zentralkomitee anwies, erfüllte ich. Mich musste man nicht einschüchtern. Insofern fehlt jedes Recht nachträglicher Geißelung dieses überforderten Mannes, der seine Überforderung in ein giftiges Vokabular zu übersetzen wusste, das vor niemandes Ehre Halt machte. Er belferte und beleidigte.

Ein Glück für die »Junge Welt« war übrigens der Umstand, Diener zweier Herren zu sein. Da seit Mitte der achtziger Jahre im Politbüro Egon Krenz für die Jugendpolitik verantwortlich zeichnete, war er für die FDJ zuständig und in diesem Zusammenhang letztlich auch für das, was in unserer Zeitung stand. Mancher Artikel, der ins Kritische, thematisch Umstrittene ausbrach, entging offizieller Rüge, weil ein Politbüromitglied vom anderen vermutete, der wisse um diesen Text, habe ihn womöglich gar genehmigt. Krenz wollte es wohl nicht darauf ankommen lassen, dass er von mir auf eine vorwurfsvolle Anfrage hin die Antwort bekäme: »Mit Genossen Herrmann abgesprochen!« Umgekehrt verhielt es sich ebenso, und deshalb klingelte es bei uns in der Redaktion mitunter überraschend lange überhaupt nicht – jenes spezielle Weisungstelefon, das jede Chefredaktion mit dem »Großen Haus« verband und dessen Hörer man weit von sich hielt, wenn am anderen Ende der Leitung Herrmann schnarrte und hämmerte.

Bizarrerweise trug unsere journalistische Praxis der Verherrlichung dazu bei, Menschen zu sensibilisieren, freilich auf andere Art, als die Propaganda sich das erhoffte. In seiner Biografie über Franz Fühmann schreibt der Essayist Gunnar Decker, Jahrgang 1961: »Wir strukturell Ungläubigen ertrugen die bigotten Biedergeister nicht mehr, die allzu Mittelmäßigen ohne eigene Meinung, ohne Anspruch an Geist und Form. Uns wurde jeden Morgen beim Lesen des ›Neuen Deutschland‹ und der ›Jungen Welt‹ schlecht, und wir fragten uns, ob es nicht besser sei, keinen Sozialismus mehr zu haben als diesen – und erschraken zugleich sofort davor, hier ein Tabu berührt zu haben: ein Ende des so lange – auch gegen innere Widerstände – eingeübten Alltags für möglich zu halten ... Wohl selten hat eine Generation Bücher so verzweifelt ernst genommen, in ihnen jenen geistigen Beistand gesucht, jenen wahren Ton, der im veröffentlichten DDR-Selbstbild nicht vorkam.« Und er nennt – gegen Journalisten, Funktionäre und Lehrer – die Künstler und Pfarrer als letzte »und fast einzige Verteidiger eines halb schon eingeschlafenen Autonomiewillens des Einzelnen«.

Hätte ich solche Sätze zu jener Zeit gehört, da sie gedacht wurden, ich hätte eine sehr eigene Meinung dazu gehabt, ich hatte mich sehr wohl inmitten Geist und Form gefühlt, und jener angemahnte wahre Ton, ich gab ihn doch mit an, er schallte nach vorn und ließ sich nicht verunreinigen von knirschenden Geräuschen aus den trüb beleuchteten Nebenstraßen.

Außer der Aggressivität, mit der unsereins auf Widerstände reagierte, gab es auch die gelassene Arroganz. In den frühen achtziger Jahren trat mein Schwager aus der Gewerkschaft aus, ein redlicher Arbeiter in Fürstenwalde an der Spree, er war fasziniert von »Solidarnosc« und ertrug den gewerkschaftlichen Claqueur-Dienst für jene Partei nicht mehr, der er nie angehörte. Erzogen von einem Vater, der im Zweiten Weltkrieg Deserteur war, den die Russen trotzdem misstrauisch und arg in die Mangel nahmen, der sie aber lieben lernte, weil wiederum sie sein Schachspiel und sein Akkordeonspiel mochten; der spätere Betriebsdirektor und erfolgreiche DDR-Fußballmeisterspieler und hohe Sportfunktionär, ein treuer Genosse. Aber als treuer Genosse sagte er seinem Sohn, als der den Wehrdienst an der Grenze antrat, zum Abschied: Ich bitte dich nur um eines – niemals zu schießen. So ging das zusammen, die Herausbildung politischer Bindungen und die davon nicht angefressene Herzensbildung. Als in diesem wunderbaren Menschen der Krebs erwachte, war es die Lunge, die schmerzte, es war die Wendezeit, und er sagte nur, der Schmerz säße genau dort, wo das Parteiabzeichen seinen festen Platz hatte. Und er lachte dabei, als habe er einen verbotenen Witz gerissen.

Ja, so ging das zusammen, die kommunistische Überzeugung und die Lauterkeit, und so, wie der kapitalistische Firmenbesitzer, der einen Sohn wahrhaft und konsequent christlich erzieht, im Grunde einen Antikapitalisten heranziehen wird, so konnte es geschehen, dass die Übertragung und Vermittlung des kommunistischen Gedankenguts einen Sohn heranzog, der eines Tages, weil er sich selbst und anderen gegenüber ehrlich bleiben wollte, die Einheitsgewerkschaft und damit ein klein wenig den Staat verließ.

Wie gesagt, die gelassene Arroganz. Ich war nicht mal empört über diesen Schritt eines nahen Verwandten, ich ging einfach davon aus, dass meine journalistische Arbeit im Finden der Gegenbilder bestand; trat da einer aus, würden für Zeitungstexte zwei gefunden, die zu uns stießen. Zwei gegen einen, die Welt kommt schnell wieder in Ordnung, unser Papier war nicht geduldig, es wartete nicht die behäbige Wirklichkeit ab, der hielten wir unsere Blätter vor den Mund. Nie schien dieser Satz wahrer zu sein: Zeitungspapier ist zum Einwickeln da.

GEWINNEN? ÜBERSTEHEN. In seinen Reden sprach Erich Honecker sehr oft davon, der Sozialismus habe »historisch recht«. Das verwies auf den langen Zeitraum des Kampfes, es kennzeichnete das systematisch praktizierte Unrecht in der DDR-Gegenwart als notwendiges Durchgangsstadium und war gerichtet gegen jede Illusion von wirklich freiem Leben. Diese Starrheit der Alten, mit der sie ungerührt an der wachsenden Unzufriedenheit der Bevölkerung vorbeiregierten, hatte wohl ihren Grund darin, dass sie, zu Hitlers Zeit, als ein Häuflein der Klarsehenden vorbeileiden mussten an großer, begeistert fügsamer Spaliermasse. Sie hatten als die ersten Opfer der Nazis schon einmal recht, und zwar gegen ein ganzes Volk, und ihre Opferschaft, verbüßt in Lagern und Emigration, hatte all dem vergeblichen Warnen ein schmerzvolles, blutiges Zeugnis der Berechtigung ausgestellt. (Günter Gaus schrieb: »Unter alten Kommunisten in der DDR habe ich immer wieder das Bedürfnis gefunden, das, was man nach so vielen Opfern politisch in die Hand bekommen und was man daraus gemacht hat, vor kritischen Nachfragen zu schützen. Schnelle Urteile über diese Einstellung, die einen Teil Selbstbetrug enthält, hat jeder selbst zu verantworten. Solche Urteile in Westdeutschland hängen ab vom unterschiedlichen Grad Respekt vor der Widerstandsleistung der deutschen Kommunisten.«) Nun, nach dem Krieg, waren sie an der geschenkten Macht, und kein zweites Mal würden sie vom Richtigen abgehen, und das Richtige schien zu sein: jetzt, im internationalen Klassenkampf, erneut gegen einen Großteil Volk recht behalten zu müssen und auf diesem Recht beharren zu dürfen – solche Einsamkeit waren sie gewohnt, das erschütterte sie nicht. Es war möglich, für das Volk zu arbeiten, indem man gegen das Volk regierte. Das musste das Volk aushalten, und man selber, ausgestattet mit der erwähnten schlimmen Erfahrung, würde das Volk bis zu dessen endgültiger Umerziehung allemal aushalten.

Der Journalist Gerhart Eisler führte Anfang der fünfziger Jahre einen aus den USA zu Besuch gekommenen Verwandten auf den Berliner Friedrichshain, sie sahen von da oben aufs frühabendliche Panorama Ostberlins, und Gerhart Eisler sagte, auf die Arbeiterwohnungen zeigend: »Hinter jedem Fenster, in dem jetzt ein Licht angeht, sitzt jemand, der uns die Kehle durchschneiden will.« Der von der SED arg schikanierte Filmregisseur Frank Beyer wird sein Leiden an der DDR, das auch ein Leiden mit der DDR war, später in die Worte fassen: »Was viele von uns daran hinderte, radikal mit dem System zu brechen: Wenn man den Stalinismus bekämpfte, bekämpfte man unweigerlich Antifaschisten.«

Erfahrung mit dem Gehasstwerden hatte die alten Kommunisten befähigt, über viele Fehler ihres Sozialismus tapfer hinwegzusehen und diese Defizite im Hinblick auf die Utopie, für die man unter Krupp und Krieg einst litt, zu relativieren. Ein solches Grunderlebnis hatte ich nicht. Weshalb dann nach dem Ende der DDR etwas geschah, das offenbar zu den psychologischen Merkwürdigkeiten zählt, wenn Menschen über Nacht die Welt wechseln müssen, dann aber sehr bald empfinden: Ich musste nicht, ich durfte. Von einem Feindbild hatte ich mich befreit, ein anderes jedoch drohte sich vor mir aufzubauen: ich selber in der Gestalt dessen, der ich bis gestern so leidenschaftlich war.

Plötzlich verstand ich immer weniger, wie ich früher so hatte handeln können, wie es weiterhin, schwarz und weiß, zu lesen bleibt. Möglicherweise hatte es mit jener bloßen kalten Kopfsteuerung zu tun, mit der meine Generation in Reih und Glied der Funktionärsmannschaften eingetreten war. Es fehlte jenes im Herzen eingegrabene biografische Grunderlebnis, das den Älteren, den Kommunisten, gerettet aus sozialem Elend und aus Krieg und Kerkern, noch geholfen hatte, ihr Ideal in rüder Realität unantastbar zu halten.

Vielleicht fehlte uns Jüngeren überhaupt das Herz; es ist nämlich das Herz, das hellhörig macht, nicht das Ohr. Aber du kannst in einen Sog von Nützlichkeit hineingeraten, der das Herz taub macht. Nur noch hörbar: der flache Atem eines ständigen Einsatzlärms.

Im Juni 1986 schrieb die Hamburger »Zeit«, es war in der Reportage- und Porträtserie »Reise ins andere Deutschland«: »Schütt ist auf dem besten Wege, in der Nach-Honecker-Ära in die Parteielite aufzurücken. Die ›Junge Welt‹ ist dafür ein prachtvolles Sprungbrett. Sie ist eine beachtete Tageszeitung, weil sie einerseits zur parteifrommen Bewusstseinsbildung der Jugend beiträgt und sich andererseits Freiheiten herausnehmen darf, die im drögen DDR-Journalismus auffallen ... Für einen Eiferer wirkt Schütt zu ernsthaft. Sein Enthusiasmus ist rastlos und ungebrochen, weil er keinerlei Bedürfnis nach großen Gesellschaftsreformen verspürt. Nicht der Prager Frühling und auch nicht die polnische Gewerkschaftsbewegung kommen für ihn als Leitbild in Betracht. Das ungewollte, unübersehbare Modell bleibt die Bundesrepublik – für ihn ein negatives Modell: ›Bei Ihnen können die Menschen nicht zwischen Wichtigem und Unwichtigem unterscheiden. Für alles gibt es zu viele Alternativen.‹ Die Nach-Honecker-Generation erbt die alten Probleme unter neuen Auspizien. Sie wird daran gemessen werden, ob sie es schafft, den DDR-Deutschen die Vorzüge ihres Staates und die Nachteile des anderen Deutschland bewusst zu machen. Sie begibt sich illusionslos und ohne Sentimentalität an die Arbeit. So lässt sich auch die Frage beantworten, wann der Sozialismus zu Ende entwickelt ist und wann die Diktatur des Parteiapparates vielleicht endet: Sobald die DDR nicht mehr dazu gezwungen ist, sich an der Bundesrepublik zu messen.«

Der Sozialismus ent-wickelte sich schon drei Jahre später, die DDR wurde unerwartet rasch von aller alternativlosen Last (und alternativen Lust!) befreit, sich an der Bundesrepublik zu messen. Und dann also dies Seltsame: Ich sah, meiner Nebelmaschine entledigt, diese DDR in mir erschreckend schnell ins glücklich Erledigte abrutschen. Zufällig las ich eines Tages Shakespeares »Sonette«, im 129. Stück war das Erstaunliche beschrieben, was mich hin- und herriss: »Den Geist versprühn in schändlicher Verschwendung,/ Ist Lust im Tun; nur Lust, bis man es tat;/ (...)/ Beim Kosten Seligkeit, gekostet, Tand;/ Erst Glücksverheißung, dann nur Traumgestalt./ Das weiß man, doch weiß keiner, wie man flieht/ Den Himmel, der uns in die Hölle zieht.«

Hatte ich mich denn früher so sehr im politischen Recht geglaubt, dass ich annehmen durfte, diesem vermeintlichen Recht nichts wirklich Eigenes, nichts mehr von mir selber hinzutun zu müssen? Außer Akklamationen? Wahrscheinlich. Ich reihte mich nur ein. Ich ließ geschehen. Wenn auch weit vorn, ich trieb dahin. Mein Weg in die Arbeiterklasse: Ich wurde Leiharbeiter. Nur so konnte es passieren, dass einem nun, da der Staat untergegangen war, zwar vieles, aber doch nichts wirklich von einem selbst fehlte. Als sei man in jenem früheren Engagement, das die freiwillige Blindheit streifte, der Sklave eines Vorverständigungssystems gewesen, an das die Identität notgedrungen, aber nur zeitweise abgegeben wurde. Das eigene Innere in Staatsdiensten – war es nur etwas, das man diesem Staat geborgt hatte? Nun aber, nach dem Ende der DDR, erlebte ich die schöne Wucht eines ungeklärten, mystisch bleibenden Zeitsprungs – in dem dieses Innere in seiner eigentlichen Gestalt wieder von mir Besitz ergriff. Ich würde nicht mutiger sein als früher. Ich würde nicht disziplinloser sein als früher. Ich würde unrebellisch bleiben. Aber ich hätte keine Macht mehr.

ELENDSVERBAND AUS ICH UND ICH. Soll Günter Gaus nur Strawalde sagen oder: Herr Strawalde? Nur Strawalde, sagt der Mann in dunkelblauem Hemd und Lederjacke. Ein sehr ernster Mensch, souverän misstrauisch. Leichtfertigkeiten werden dem nicht unterkommen beim Interview, in Gaus' TV-Reihe »Zur Person«. Aber er kann herrlich wäldlerisch werden, als wohne im Maler und Filmemacher ein Holzfäller (starke Hände!), und als kämen die Erzählungen dieses Lebens aus der freien Natur, hätten erdigen Geschmack und würzigen Geruch. Selten sah man bei Gaus einen Menschen so über die Mutter, den Vater reden. »Wenn mir was Schönes passiert, denke ich an meine Eltern.«

Dieses Interview sehend, denke ich an die Art, in der ich mich von der DDR abwende, und setze meine Lebensbilanz in Beziehung zu so einem Menschen, der doch alle Gründe zur Verachtung des Systems hätte – und der doch so ganz anders redet. Warum nur? Er war an keiner Verheuchelung beteiligt, das ist schon alles. Er blieb ganz bei sich, als das einen Preis hatte. Ich dagegen versuche, mich so, wie ich gern gewesen wäre, nachzuholen. Jetzt, da es nichts mehr kostet – ein wenig am Rande und doch in einer Wohlgenährtheit, die von mittiger Existenz gespeist wird. Das ist, was an Unterschied besteht.

Jetzt dieser Strawalde, der Mut macht, den realen Elendsverband aus Ich und Ich nicht zu verlassen. Ein Selbstbestrafer, wie ich beim Gaus-Gespräch merke. Er vernagelt sich den freien Kopf lieber mit Brettern, damit der nicht zu frei und leichtlebig werde; lieber dies, als die Finsternis, die in einem selber wohnt, aus den Gedanken weichen zu lassen.

Gaus fragt, und Strawalde sagt öfter, als Antwort könne er »ganze Romane« ausbreiten. Vielleicht schreibt er sie ja noch. »Eher nicht.« Strawalde ist ein Dorf in der Oberlausitz, dort – »in der Kindheit geschah das ganze Leben« – wuchs er auf, Jürgen Böttcher, einer der bekanntesten DEFA-Filmregisseure, viel gerühmt und viel geschmäht, immer an seiner Sehnsucht gehindert, Spielfilme zu drehen. So aber kam die DDR wenigstens zu einigen ihrer ehrlichsten, berührendsten und bleibenden Dokumentarfilme.

Begonnen hatte Böttcher als Maler, wurde in diesem seinem zweiten Talent zu Strawalde. Der Siebzehnjährige trat in die SED ein, weil er »wiedergutmachen« wollte. Das Jungvolktrauma, die bittere Scham, (fast) einer dieser Feldzugdeutschen gewesen zu sein. »Ich komme aus einer Mördergrube.« Selbstbewusstsein und Kraft sogen ihre Nahrung aus einem unbändigen Reuewillen. »Verrücktheit« nennt er das.

Mir ist sie nahe, diese verfluchte Ohnmacht, geschehene Dinge nicht umkehren zu können. Ich will nicht den stimmigen Begründungen folgen, die rundum raunen und es gut meinen: Es gab doch damals einen Sinn, der zu verteidigen war; man lebte doch nicht im luftleeren Raum, die großpolitische Lage schnürte naturgemäß ein; eingreifen macht so schuldig wie ausreißen, und so hätte an jedem Weglaufen der gleiche Makel geklebt, wie er nun am Mitlaufen klebt.

Ich sehe mir die Münder an, aus denen das kommt, und die Lippen scheinen noch immer zu zittern vor Angst, da könnte sich ein Geständnis auf die Zunge schieben, nämlich: schlicht und einfach versagt, sich eingerichtet und somit zugelassen zu haben, dass im Namen des Ideals nicht nur gewirkt, sondern auch gewütet wurde. Man war eine politische Kampfmaschine? Nein, höre ich, das ist zu grob gesagt, man war ein Rädchen, und am liebsten war man eines, und man redet sich dies hinein in die Erinnerung, das sich weit hinten drehte im Motorendickicht, und weil man das Rädchen von außen nicht sah, meint das Rädchen nun behaupten zu dürfen, es habe womöglich gar nicht dazugehört.

Ich war kein Rädchen, ich bestand auf Hör- und Sichtbarkeit.

Mit der Zeit verfügte ich als Chefredakteur über jenes Maß an Eifer, das ein Geschäft erträglich macht, indem es erlaubt, sich an den handwerklichen Möglichkeiten der redaktionellen Arbeit zu berauschen. So wie sich ein Koch in seiner Küche in die Rezepturen und Zubereitungstechniken verliert, ohne immer daran zu denken, wem das fertige Gericht serviert würde. Ein Kollege aus dem »Neuen Deutschland« sagte zu mir: »Wir kippen das Ungenießbare in die Zeitung, und schon auf den ersten Blick ins fertige Produkt wird klar, dass nichts zu erwarten ist, so ehrlich sind wir immerhin – ihr in der ›Jungen Welt‹ aber versucht noch, jede langweilige Rede, jedes öde Protokoll optisch aufzuziegeln, und genau das ist es, was die Leute auf die Palme bringt.« Ich hielt das für zynisch, ich hätte so nicht arbeiten können, ich hatte Ehrgeiz, der den Puls jagte, ich war nicht Journalist geworden, um unauffällig zu bleiben.

Strawalde hatte einst Angst, von den Opfern, die nach dem Ende des Krieges im Osten Sieger sein durften, zur Rechenschaft gezogen zu werden. Und er wollte diese Angst unbedingt haben. Er wollte sie immerwährend frisch. Er gab sich ihr hin. Er suchte sie. Er dachte sie sich herbei. Mit aller Gewalt. Er wollte belangbar sein. Parallel dazu die Filmerlebnisse: Pudowkin, Eisenstein, das Werk Brechts, die Begegnung mit kommunistischen Charakteren, die aus den Konzentrationslagern gekommen waren. Die DDR hat ihn später »beleidigt, niedergehalten, da war so viel Ungeheuerliches«, aber nie wäre er auf die Idee gekommen, in den Westen zu gehen, »wo die IG Farben herrschen«. Im Osten sei er gestartet, also habe er es als Gegebenheit hingenommen, bis zum Ende zu bleiben. »Lieber hier hart büßen als im reichen Westen sein!«

Er hat den Sozialismus »als gerechte Strafe« empfunden und es gutgeheißen. Was ich mir in meinem Leben fortwährend schönsah und schönschrieb, das kehrte er ins Hässliche um: Tag und Nacht diese hellen fröhlichen Gegenden, in denen hier gelebt werden muss!, Morgenrot bis nachts, das hält doch keiner aus in diesem Loch! Gerade deshalb: Halt aus!

Vielleicht beschäftigen mich Menschen wie Strawalde, weil ich etwas suche, das meine Abkehr ebenso bestätigt, wie es einstige Gründe für die Hinwendung zur DDR befestigt.

Strawalde: den Sozialismus erleiden, ihm nicht entfliehen, immer weiter in den Osten der Welt schauen, dorthin, wo das Leid noch größer war. Einen Dostojewski konnte es nur in Russland geben. Dagegen wirkt US-amerikanische Kultur flach, unschuldig. Heiner Müller sah auch lauter Unschuldige, wenn er durch westdeutsche Innenstädte ging, und er wandte das Gesicht ab.

Was war das, die Schuld in den östlichen Gesichtern? Die Schuld, irgendwann seinen grenzsprengenden Träumen freiwillig untreu geworden zu sein? Sich belassen zu haben in dem, was an Mangel ausgebreitet war? Sich im Zynismus von Brecht noch wohlgefühlt zu haben, der auf die Frage nach seiner Lieblingsfarbe geantwortet hatte, er liebe alle Farben, Hauptsache, sie seien grau? Die Schuld der einen, geblieben, die Schuld der anderen, fortgegangen zu sein? Die Schuld, dem gebietenden Staat nicht genügt, oder die andere Schuld, einem Staat fortwährend genügt zu haben?

Die DDR, das freiwillige Gefängnis. Böttcher gesteht einen »masochistischen Zug«. Er ist ein Mensch, der dem Empfinden einer Misere keine Relativität erlaubt. Immer zuständig sein. Wissend, dass alles, was einer tut und sagt, Eingeständnis sein muss, oder es ist nichts.

»Nun geht das Leben allmählich zu Ende«, sagt Gaus, und Strawalde schaut, als wolle er sagen: »Na, aber schönen Dank auch!« Freilich, er habe, über siebzig, »zum Tod Kontakt«, lang sei ihm inzwischen nachts die Strecke bis zum Schlaf geworden, aber der unerfassbare, niemals erinnerliche Moment kurz vorm Einschlafen – »zauberhaft«. So, stelle er sich vor, könnte es wohl sein, wenn der Tod kommt. Vom Ende der Träume her ist alles unverhältnismäßig, scheint dieser Künstler zu sagen. Das Leben braucht Protektion. Nur alles Elend ist von selbst. Also klammern wir uns an dessen Gegenteil. An den Sinn. Der freilich ist nicht von selbst. Aber Denken zum Sinn hin ist oft auch nah am Elend. Böttcher schmeckt jetzt geradezu ab, »dass die Worte Sinn und Sinnlichkeit so nahe beieinanderliegen«.

Seine Filme zum Beispiel wollten, dass das Leben gut wegkomme. Das heißt: »Wunder sind in den kleinsten Ecken zu finden.« Schwer arbeitende Menschen als Einmaligkeit, und dabei aber, damals, so viel Beleidigung durch den Staat, der doch ihrer sein sollte. Böttchers Wäscherinnen, seine Ofenbauer, seine Martha (die letzte Trümmerfrau): Er hat sie nicht schlechthin porträtiert, er hat ihnen gehuldigt.

War's ein gutes Leben im Sozialismus? Pause. In der Antwort dann kommt das Wort »beschissen« vor, aber es wird besiegt durch ein bedachtes: »Doch, doch.« Dieser gesellschaftliche Großversuch sei ja auch ständig der Umklammerung durch einen starken kapitalistischen Gegner ausgesetzt gewesen, von Beginn an. Grausam. Hoffnungslos. Er nennt Isaak Babels »Reiterarmee« als großes Lese-Erlebnis. Jetzt, im neuen Europa, sei »alles zurückgesetzt in ein altes System, aufpoliert als liberal«. Fester, offener Blick: »Aber es wird wieder Rebellion geben, irgendwann.« Sagt es in diesen heutigen Kapitalismus hinein.

Er fühlt sich als Teil einer Generation, die gescheitert ist. »Hilflosigkeit, Ekel« manchmal, das bitterste Gefühl. So von ihm ausgesprochen, als sei es tröstendes Morphium – »man macht's ja zum Glück nicht mehr lange«. Aber da sind die Kinder, die Enkel; also weg mit Morphium! Es bleibt diese »grauenhafte« Ohnmacht, gegenüber dem Markt und dessen »Vergewaltigungscharakter« sowie einem politischen System, in dem »ein Verbrecher wie Kissinger« Friedensnobelpreisträger sein darf.

Strawalde (»Lassen Sie mich das bitte noch sagen, Herr Gaus!«) erzählt erregt von der Art, wie er vor der Wende gleichsam als Geheimtipp gehandelt, danach aber, als Konkurrent, von Galerien »zum Nichts erklärt« wurde, und das einzig aus Gründen des Geschäfts. Die tiefste Demütigung seines Lebens. Unverzeihbar. In der DDR hätten Funktionäre wie Kurella, Abusch, Sindermann ihn bekämpft, weil er nicht dienen mochte, aber sie versagten ihm, noch in der Ablehnung, wenigstens nicht die Anerkennung als Künstler.

Das erinnert mich an den Schauspieler Dieter Mann, der in den letzten Jahren der DDR Intendant des Deutschen Theaters Berlin war und mir in einem Interview sagte: »Ich habe mit dem Kulturminister Hans-Joachim Hoffmann viele Gespräche über Ideologie, über Stücke führen müssen. Das war nicht immer angenehm, aber es war aufreizend schön, denn man musste sich gut vorbereiten. Man musste sich für ein solches Gespräch wappnen, und zwar nicht mit dem Taschenrechner, sondern mit dem, was man mit Theater wollte, und mit dem, was man gelesen hatte, und das durfte durchaus auch mal Lenin sein. Aber ich hatte mit dem Minister nur ein einziges Gespräch über Geld. Nicht über meins, das war staatlich reguliert, sondern über Geld fürs Theater.«

Letzte Frage an Strawalde: Gibt es noch das Unbedingte, das zu schaffen sei, das eine entscheidende Bild, den einen entscheidenden Film? »Na, Sie sind gut, Herr Gaus!« Strawalde lacht, und der Böttcher in ihm lacht auch, als stünden da zwei junge Kerle im schönsten Beginn aller Arbeit. »Ich mach' doch noch einen irrsinnigen Spielfilm, ist doch klar! Eine Liebesgeschichte!« Der Film wird »befremdet aufgenommen werden, aber er wird in der Welt sein«.

Sagt's, blickt Gaus an, wie einer nur trotzig blicken kann. Sozusagen: Vergiss Gott, fang selber an! Die Chance einer Weltschöpfung hast du immer, Mensch. Du kannst die Bibel blass werden lassen vor Neid, denn die Bibel handelt doch auch von nichts anderem als der verletzten, aber großen Menschenliebe zwischen Gut und Böse. Und Strawalde ist jetzt wieder Jürgen Böttcher, weil er ja über Film redet, und in seinem Lächeln lächelt er alle Wörter herbei, die ihm wichtig sind, und die wohl in diesem Film einen Ausdruck finden werden, und den er drehen wird, und sei er dann auch schon neunzig, vielleicht. Oder auch schon tot, was macht das schon. Diese Wörter heißen: Mitgefühl, Mitleid, Brüderlichkeit, Barmherzigkeit. Es waren die Hauptwörter dieses klotzigen, vehementen, zarten Interviews, und Strawalde hat sie ausgesprochen, wie man sie aussprechen muss: wie Tätigkeitswörter.

ZU HAUSE IN ISRAEL? Ja: brüderliches, schwesterliches Willkommen zu Hause, so begrüßt uns die Reiseleiterin Mirjam, kaum dass wir israelischen Boden betreten haben.

Zu Hause? Ich bin nicht zu Hause, ich komme von zu Hause. Aber, wenn auch gequält: Ich lächle. Denn ich bin umgeben von siebzehn Menschen, die mich in den Sog ihrer offenkundig wirklich heimischen Gefühle hineinziehen. Obwohl auch sie ganz woanders beheimatet sind – in der Berliner Kirchengemeinde Altglienicke.

Mirjams Begrüßung und meine Irritation bekräftigen die von Grund an gesetzte Merkwürdigkeit dieser Unternehmung: Berliner Christen, manche schon das achte Mal, gehen seit dem Ende der DDR auf geliebte biblische Fahrt durchs Gelobte Land; jede Reise ist ein Ritual der vertrauten Gemeinsamkeit von Sinn und Seelen – nur diesmal hat die Vorsehung diesen Leuten einen Fremdkörper beigemischt. Mich. Einen, der sich bislang Atheist nannte, und dies so schematisch, wie man in seinen Kreisen halt die Menschen in Klassen, Schichten, Gruppen einteilte. Einen, der doch gar nicht Atheist genannt werden dürfte, denn selbst die Ablehnung Gottes setzt Interesse voraus, mich aber interessierte das Thema lange Zeit überhaupt nicht.

Mit vierzehn Jahren hatte ich, im thüringischen Ohrdruf, Konfirmation und Jugendweihe begangen; an zwei aufeinanderfolgenden Wochenenden, eine bedenkenlose Selbstverständlichkeit. Die Dankeskarten für die Geschenke zum christlichen wie zum weltlichen Fest waren in frappierend übereinstimmender Weise ausgestattet, Schrift und Text gleich, nur das eine fett gedruckte Wort machte den Unterschied zwischen beiden Karten: Konfirmation war ausgetauscht mit Jugendweihe. Fassliche Erinnerungen an diese Termine habe ich keine. Es gibt einen Opportunismus, der wird ohne Sinnesorgane absolviert. Ich weiß in dem Zusammenhang nichts von Benachteiligungen derer, die sich der Jugendweihe in unserer Kleinstadt damals verweigerten, ich weiß aber auch nichts von besonderem schulischen Zuspruch für die beizeiten Strammen des Systems, und in mir selber war nichts geweckt worden, das mich zur eigenen Kenntlichmachung trieb. Ich schlurfte als Jugendlicher entspannt durch die kleinstädtische Mitte zwischen den Waldrändern und durfte ohne Beeinträchtigung davon ausgehen, ein grundsätzlich Unbehelligter zu sein.

Passte ich mich wirklich früh an? Eher nicht, denn Anpassung setzt das Bewusstsein voraus, sich durchaus anders verhalten zu können, diese Distanz zum Geforderten aber aus bestimmten Gründen gezielt aufzugeben. Ich spürte zu nichts einen Gegensatz – Ausdruck vielleicht einer wahrhaft glücklichen Kindheit, unabhängig davon, welche charakterlichen Folgen solche Unberührtheit später haben kann? Jedenfalls musste ich nicht lavieren, um ein Gefühl, das quer zur Welt stand, unter den obwaltenden Umständen zu unterdrücken. Ich hatte solch ein Gefühl nicht.

Der österreichische Essayist Franz Schuh schreibt von Menschen, die pflanzlich ins Leben wachsen. Diese Formulierung erschreckte mich zunächst, inzwischen erkenne ich mich in ihr. Es ist die Beschreibung jener Bewusstlosigkeit, deren Triebe in jede Form hinein gedeihen und die dann überall zurande kommen, ohne dass sie von sich selber absehen müssten. Weil man selber – formlos, taub – keinen Kern ausbildet?

In solcher Veranlagung und Geschlagenheit sehe ich mich als Ebenbild meines Vaters. Was ich von früher Zeit weiß, sind die traurigen Augen meiner Mutter, die vom Schicksal erzählten, einen wenig mutigen Menschen geheiratet zu haben. Ihre eigene, weit stärkere Courage freilich war keine politische, sondern eher ein Mut der listigen Bewirtschaftung jedweden Mangels. Sie blieb – als Köchin und dann als Verkäuferin – in jeder Lage gleichsam eine pfiffige, beschaffungssichere Marktfrau. Und wenn sie ihren Mann auch der übertriebenen, oft unangebrachten Scheu bezichtigen mochte: Immerhin teilten beide, in einer Innigkeit, die schon wieder etwas Rührendes hatte, das gemeinsame Schicksal, staatliche Auflagen und gesellschaftliche Regeln geduldig hinzunehmen. Sie fragten das Leben nicht nach den großen Möglichkeiten, sie antworteten ihm mit ihren kleinen Erfolgen, es auszuhalten. Zum Frieden gehörte auch das Einverständnis mit jener erwähnten Doppelzüngigkeit von Jugendweihe und Konfirmation. Eine Doppelzüngigkeit ganz aus fraglosem Schweigen; der Vater tolerierte Mutters Bestehen auf der kirchlichen Zeremonie, die gehörte im Ort zur althergebrachten Tradition; Mutter wiederum wandte nichts ein gegen das SED-Begängnis, es gehörte im Ort zur neueren Tradition und ließ sich bei der Familie eines Lehrers nicht umgehen.

Ich selber hatte keine Fragen. Die Christenlehre hinterließ nichts in mir, die sogenannten Jugendweihestunden bewirkten kaum mehr; meine überdurchschnittliche Auffassungs- und Verarbeitungsgabe machte mich, zu beiden Gelegenheiten, überheblich im Maß meiner fortwährenden gedanklichen Abschweifungen. Ich nahm an allem teil, war aber an nichts beteiligt; wenn es freilich darauf ankam, hatte ich die richtige Antwort parat – das entscheidende, auch schulische Prinzip. Solche Absicherungstechnik ließ mit der Zeit meine Aufmerksamkeit dafür sinken, ob das Richtige, das ich von mir gab, nicht doch nur das war, was man von mir erwartete.

Also gut, willkommen in Israel – zu Hause. Das ist die Geste, die Mirjam erwartet.

Eine starke Jüdin von siebzig Jahren. Sie ist Reiseführerin aus Passion. Wer ihr zuhört, ahnt, dass Überleben eine quälende Trauer auslösen kann: Warum ich? Und weil es keine Antwort auf diese Frage gibt, muss sich der gequälte Mensch die geschenkte Daseinsberechtigung mit einer abgeltenden Mühe erarbeiten, muss Trauer gleichsam pa-

triotisch abarbeiten, in Übereinstimmung mit jener Toten-
gemeinschaft, der er nicht angehört. Und so führt Mirjam
durch religiöse Stätten Israels, aber sie erzählt von längst
Vergangenem, als entspringe es eigener Erfahrung. Geschichte nicht nur als abrufbare Information, sondern
gleichsam als nationalgenetische Injektion, die das einzelne Leben mit dem Gestern und Morgen des großen Ganzen verknüpft. Wer diese Frau hört, begreift etwas vom hy-
pothetischen Ziel der israelischen Staatsgründung: die
Vernichtung der europäischen Juden als Letztbegründung
für eine so heilige wie harsche Behauptung des Staates.
Die versuchte Tripolarität von Volk, Religion und Nation.
Ein schwieriges Unterfangen, dies gelebte Ideendrama von
der endgültigen Heimkehr, bei dem sich Glaubensregeln,
Staatsbürgerschaft und eine vom Gemeinsinn gespeiste
Ideologisierung auf komplizierte Weise verknüpfen.

Mirjam. Ein deutsches jüdisches Mädchen, das nach der
Deportation der Mutter in ein Konzentrationslager glück-
licherweise nach Schweden gebracht werden kann. Mit einem Schiff, nach dem Krieg, wird es nach Palästina übersetzen, gemeinsam mit sechshundert Frauen und hundert
Männern. Eine Qual aus Enge und Sturm, die fünf ewige
Wochen dauert. Als sie die Küste ihrer Hoffnung erreichen, werden die Flüchtlinge von den Engländern abge-
wiesen. Fahrt nach Zypern. Dort wartet auf die Juden – darunter mehr als tausend Waisenkinder – das Schlimmste:
ein Lager, mit Wachtürmen und Stacheldraht. Das Holo-
caust-Syndrom lebt. Durch einen Tunnel unterm Zaun
flieht eine Gruppe Gefangener, darunter auch Mirjam.
Zwei Tage, zwei Nächte Höllenangst in diesem »Grab«:
Warten aufs Schiff nach Palästina. Baumeister des Tun-
nels: Oskar, damals schon »der Mann meines Lebens«,
wie Mirjam ihn bis heute nennt.

Die Frau mit zwei Kindern, elf Enkeln und zwei Uren-
keln erinnert sich an die Empfindung, mit der sie damals
frierend und hungrig den Boden bei Caesarea betrat: »Ich

hatte das erste Mal das Gefühl, willkommen zu sein. Und seitdem habe ich Angst, dass unser Volk die Freiheit wieder verliert. Wir alle haben wahnsinnige Angst. Davor, dass alles wieder anfängt, wo es vor zweitausend Jahren begann.« Leben gegen die Vertreibung, Leben fürs Heimgekehrtsein – mit diesem Gefühl führt sie Touristen durchs Land. »Mein Beruf ist es, Verständnis zu wecken – für unsere Angst.«

Willkommen zu Hause? Mirjam hatte recht. Nicht nur, dass es eine bedenkenswerte Metapher bleibt, wenn ein Jude einem Deutschen sagt: Willkommen! Aber wer nach Jerusalem gelangt, ist auf besondere Weise angekommen am Ausgangspunkt aller Gegenwart: Hier lernt der Mensch, der das große, aber vergebliche Miteinander ersehnt, wie man nicht daran verzweifeln muss, dass es im günstigsten Falle nur immer den Status quo eines erträglichen Nebeneinanders geben kann. Dieser Status quo muss bewahrt werden, um – wenn schon nicht Frieden erreicht werden kann – so doch wenigstens den wertvollen Nichtkrieg zu behaupten.

Ich höre der Jüdin Mirjam zu, ich begreife die Wurzeln ihres erzählerischen Patriotismus, und mich irritieren die angenehm leisen, nachdenklichen Gespräche, zu denen sich die Reisegruppe abends zusammenfindet. Die meisten – Handwerker, Arbeiter, Rentner, ein Staatsanwalt, eine Ärztin – kommen aus dem Osten Berlins, man kennt einander; es besteht auch da, wo man sich über Komplikationen des Alltags unterhält, eine lebensbejahende, lebensgenießende Grundstimmung. Man hat wohl beizeiten gelernt, sich dem Leben gegenüber nicht anmaßend zu verhalten und sich selbst nicht als Richter der Dinge zu verstehen.

Wir reden über die sich häufenden ethischen Verlustanzeigen dieser Welt; Reiseleiter Klaus-Dieter Lydike von der Pfarrgemeinde Altglienicke spricht von einem Wunder, das wir nicht vergessen sollten – er meint den friedlichen

Untergang der DDR. Es tut mir längst nicht mehr weh, wenn er von seinem »Hass auf dieses Regime« erzählt, vom endlich erfüllten, lang gehegten Herzenswunsch, der Staat möge untergehen. Lydike, 1936 geboren, ist ein konsequenter Mensch gewesen, immer. Den Unterschied zwischen Christen und Kommunisten benennt er ironisch so: »Die Christen sagen: Was mein ist, ist auch dein! Die Kommunisten: Was dein ist, ist auch mein!« Er hat sich der SED-Diktatur verweigert, aber ebenso einer »Kirche im Sozialismus«, die sich pragmatisch um Kompromisse mühte. Und eine jetzige reiche Kirche ist seine Sache auch nicht. Entschieden lebte er ein sozial schwieriges Leben, lange Zeit auf engstem Raum mit neun Kindern, mit einer Frau, die nach einer Schluckimpfung an Kinderlähmung erkrankte. Den Söhnen des offen Staatsunwilligen wurde das Studium verwehrt. In den Westen aber ging der Pfarrer nicht. Er wartete auf jenes Wunder, das im Herbst 1989 kam. Und seither fährt er jedes Jahr nach Israel.

An einem der Abende sitzen wir in unserem Hotel in Jerusalem, Klaus-Dieter Lydike erzählt von einem Dezembertag 1989, als er mit anderen Bürgern in der Zentrale der Staatssicherheit in der Berliner Normannenstraße war. Das Herz schlug ihm heftig in jener Stunde. Er hatte Angst, musste sich Mut andenken, erinnerte sich an einen seiner Verwandten, der auf der »Republikflucht« erschossen wurde, dachte an Freunde und Bekannte, die vom Regime aus politischen Gründen zu langen Haftstrafen verurteilt worden waren. Dann stand der Pfarrer also unvermittelt im Zentrum des »Spinnennetzes«. Es kam zu offenen Gesprächen mit den teils verschüchterten, teils arroganten Beamten. »Einer sagte zu mir, als flehe er um Gnade, unter den Nazis habe er seinen Vater im KZ verloren.« Möglich, so Lydike, »dass dieser Sohn mit der Absicht in den Apparat gegangen war, Ähnliches möge sich nie wiederholen. Aber es gibt ein Räderwerk der Macht, das schleift die edelsten Motive.«

Warum erwähnt er das jetzt, hier in Jerusalem?

»Weil ich damals dieses mir verhasste Stasi-Gebäude betrat – und plötzlich sah: Die das Kainszeichen tragen, sind Menschen. Mittäter, Schuldige, Werkzeuge, ja – aber eben Menschen. Dieser eiskalte Dezembertag offenbarte mir das großartige Mysterium des DDR-Untergangs: Gebundene sind frei, Hoffnungslose schauen nach vorn, aber auch dem Geschlagenen bleibt Leben. Das war einer jener Momente, in denen ich mir sagte: Mag der Zeitwind noch so stark gegen die Vertreter des Systems stehen – es muss strenges Recht, aber es darf keine Rache geben! Wir müssen miteinander reden. Es sind immer die Abpanzerungen, die einen Neuanfang unmöglich machen; sie müssen aufgebrochen werden.«

Hat er deshalb einen SED-Journalisten, und nun ND-Redakteur, zur Reise nach Jerusalem eingeladen?

Ich sehe wieder jenen Abend vor mir, ein paar Jahre zuvor, in der Altglienicker Kirche in der Rosestraße, an die Tische auf dem Podium waren mit Reißzwecken Titelseiten der »Jungen Welt« geheftet, die fetten Schlagzeilen glühten, als wären es noch immer heutige, das schlug noch einmal, im dicht besetzten Saal, in voller roter Wucht auf die Augen der Zuhörer. Ich hatte Angst, die Stimme klemmte, ich antwortete eingeschüchtert auf alle wütenden Anwürfe und Abrechnungen, ich spürte in diesen Stunden: Man kann jemanden mit einer Frage auch anspucken. Ich versuchte, nichts abzuwischen.

Und ich fühlte mich unwohl. Und wieder nicht nur wegen meiner journalistischen Vergangenheit, sondern wegen meiner unbestreitbaren Versuche, auf eine journalistische Zukunft zu bestehen. Die Menschen in der Kirche von Altglienicke schauten mich an, als sei es sehr dreist, die Freiheit nun ausgerechnet mitten unter jenen genießen zu wollen, denen man sie genommen hat.

Wo ich mich fortan, nicht nur an diesem Abend, selbstkritisch äußerte, spürte ich jenen neuen Vorwurf, der mich seit dem Ende der DDR begleitet: Da gräbt einer in seiner Seele, aber nur, um sich auf hoffentlich gelingende Art zu veräußern. Da quält sich einer zutiefst aufrichtig, und zwar für die Verwertung seiner Unehrlichkeit. Denn wäre er ehrlich sich selbst gegenüber, endlich, so müsste er doch schweigen, endgültig. Aber, so der Anwurf, er leidet unter einem Schreibzwang und hat sich selber als letzten Stoff entdeckt; die Lücken in seinem Charakter sind die Marktlücke. Der einstige Scharfmacher nun als Reue-Knäuel; der ehemalige Stürmer jetzt als beflissener Rückzieher – er gleicht dem Wohlhabenden, von dem Joseph Roth schrieb, er werfe einem Bettler die Almosen so geschickt hin, »dass es Gott unbedingt sieht«.

In der nächsten Ausgabe der örtlichen Kirchenzeitung würde stehen, der SED-Mann Schütt habe einen »einsichtigen Eindruck« gemacht, das aber unterstreiche nur die »Fragwürdigkeit der Veranstaltung, denn solche Roten bleiben weiterhin die gefährlichsten«.

ES LEBE DIE VERGANGENHEIT? Die Galerie der alten Meister ist weg! Wie viele Arten es doch gibt, die DDR zu vernichten!

So stand es in den erregten Gesichtern, und man schüttelte aufgebracht die Köpfe, als zur Jahrtausendwende, nach der Ära des Intendanten Thomas Langhoff, am Deutschen Theater Berlin aus den Wandelgängen des Hauses die Porträts all jener Schauspieler verschwanden, die lange Zeit das Profil des Hauses geprägt hatten. Auf diese Weise, so zürnten die alteingesessenen Ostdeutschen, verletzte das westlich gewordene Leben rüde seine Traditionspflicht! Wahrscheinlich wären in westdeutschen Städten Theaterbesucher ebenso empört gewesen, wenn Zugereiste dort eine ehrwürdige Bühnenstätte ohne ersichtliches Gefühl für Gewesenes »besetzt« hätten. Ein schönes Beispiel für des Menschen Unlust, den natürlich bestellten

Günstlingen der jeweiligen Stunde einen voraussetzungs-
losen Neubeginn zuzugestehen.

Äußerst sinnfällig erzählt also die jüngere Geschichte
des schönsten ostdeutschen Theaters, wie Erklärung und
Verklärung der DDR »inniglich verknotet« (Fontane)
sind.

Deutsches Theater Berlin in der Schumannstraße, unweit des Bahnhofs Friedrichstraße. Eine magische Platz-
landschaft. Bescheidene wie anmutige Klassizität, kein
Raum mit imperialer oder monumentaler Gebärde, sondern bürgerliche Stätte, ganz im Sinne der Aufklärung,
schlicht die Fassaden, zart die Farben, einladend die beiden Eingänge, ins große Haus und in die Kammerspiele.
Schwellenangst kommt hier nicht auf. Gleich um die Ecke
die Pass-Stelle der ukrainischen Botschaft, dort stauen
sich schon früh am Tag sehnende Menschen; man sieht,
wie sehr der Traum von der Bewegungsfreiheit, weil er regelmäßig neuer amtlicher Stempel bedarf, diese Anste-
henden zu unterwürfiger Geduld verformte. Hier die Realität eines noch immer geplagten Freiheitsdranges, wenige
Meter weiter der schöne Schein, der alle Horizonte heiter
spielend überschreitet; im Grunde wissen die einen nichts
wirklich von den anderen.

Was gerade um uns herum ist, das nennen wir abschät-
zig den Zeitgeist; was aber war, das nennen wir ehrerbie-
tig den Geist einer wahren Zeit. Natürlich: Nur sie ist unsere Zeit gewesen, leider verstrich sie gnadenlos. So haben
wir in rasender Gegenwart stets einen Grund für stille
Trauer. Als seien wir selber Unveränderte und hätten demnach ein Recht auf die Unveränderbarkeit aller Dinge um
uns herum. Noch die ehrlichste Trauer hat deshalb im Verhältnis zum Bestehenden immer etwas Hochmütiges. Melancholie ist stets auch die kulturvoll verbrämte Art, in der
sich Ignoranz gegen fortlaufendes Leben äußert. Und so
bleibt auch das Theater der Vergangenheit stets das wahrhaft gloriose.

Ja, Beispiel Deutsches Theater Berlin. Es war zu DDR-Zeiten wahrlich nicht nur sozialistisches Staatstheater, es war königlich gutes Theater. Wer heute an jenes DT der vierzig zentral gelenkten Jahre denkt, erinnert sich mit Recht (und Wehmut, natürlich!) an Zeiten, da in der Schumannstraße 13 a die Wurzellosigkeit ein unbekanntes und Schauspieler ein majestätisches Wort war. Es gab die romantische Produktionsweise, jene schöne Kehrseite der behäbigen Planwirtschaft: die Zärtlichkeit, die Ruhe, die Unerbittlichkeit einer lange möglichen, auf lang gewollten künstlerischen Entfaltung. Die Zärtlichkeit kam vom Publikum, die Ruhe vom Zeitbesitz. Die Unerbittlichkeit aber kam von den Regisseuren, die damit freilich auch nichts weniger als Zärtlichkeit ausdrückten, gegenüber den Dichtern zuallererst. Damals lebte das Theater (gut!) davon, dass das Sagen der Wahrheit immer ein wenig abenteuerlich war; heute scheint das Theater manchmal mehr als nur ein bisschen daran zu sterben, dass die Wahrheiten einander aufheben. Damals kam die Wahrheit im klassisch kostbaren oder betont unauffälligen Gewand der List, heute aber ist sie nackt, denn sie muss mit allen teilen, »nichts ist ohne sein Gegenteil wahr«, sagt Martin Walser. Pluralismus mutet an wie Wert und Watte zugleich. Weiche Mitte besitzt etwas hochgradig Unbefriedigendes.

Zumeist waren Aufführungen am Deutschen Theater bestürmende Schauspielerfeste. Der spinöse, nervvibrierende Düren. Die preußisch präzise Keller. Der asketisch verschlossene Hentsch. Der erdige Böwe. Die mütterliche Grube-Deister. Der feurig schlaksige Lang. Der traurig komische Ludwig. Die noch im Verkrähten so damenhafte Macheiner. Der sonderbar verträumte Baur. Der hochgemut-galant nölige Esche. Der plebejische Franke. Der scharfumrissene Grosse. Der geistglühende Kaltnadelspieler Mühe. Jeder Name ruft das Bedauern darüber wach, wen alles man unerwähnt lassen muss.

Es gab eine anrührende Vertrautheit zwischen Bühne und Publikum, gewachsen über die Jahre; im anderen Teil Deutschlands vielleicht nur mit Peter Steins Westberliner Schaubühne oder Dieter Dorns Münchener Kammerspielen vergleichbar. Edle Gegenden. Aber stärker als dort wirkte hier, am Deutschen Theater, die Spannung zwischen einer Hochkultur der Repräsentation und einer intelligenten Unterwanderung offizieller Denkdoktrinen, vielleicht ein Merkmal speziell der DDR-Schauspielkunst: Selbst unverwechselbare Protagonisten, ja Stars stellten sich, im sehr kreatürlichen Bedürfnis nach Wirkung, dennoch kaum egozentrisch vor jenen gemeinsamen Auftrag, der Aufklärung und Botschaft hieß. Niemand musste sein, wie man im Westen zu sein hat: Noch so sehr in Gemeinschaft aufgehend, bleibt hier doch der Zwang, an den Verkauf seiner selber zu denken. In der DDR war die Bühne kein Markt.

In den besten Aufführungen des Deutschen Theaters spielten sozialistisches Weltbild und träumerische Weltoffenheit klug und kühn eine Doppelrolle. Die Kunstabsicht verschmolz sehr oft mit den Erwartungen von Menschen, die während der Aufführungen nicht lauter Einzelne waren, sondern ein Publikum bildeten – aus Liebe zur Aura, aus gemeinsamer Lust, eine Grenzenlosigkeit zu diskutieren, die man nicht kannte, aber doch verstehen und erfühlen wollte. Jede Theaterkarte fürs Hohe Haus war ein Reisepass in Gegenwelten. Theater letztlich als offenste Form dieser geschlossenen Gesellschaft. Eine Verschworenheit, die sich am Ende, in jener nicht mehr zu heilenden Agonie der DDR, zum direkten politischen Impuls aufschwang (Schauspieler dieser Bühne gehörten zu den wesentlichen Initiatoren der legendären Demonstration am 4. November 1989 auf dem Alexanderplatz). Ein intellektueller, emotionaler Aufschwung – um dann schnell, mit dem Zusammenbruch des Staates, zu ermatten und sich schließlich zu erledigen.

Freilich: Immer erst später weiß man, dass alles Beglückende bloß existiert, weil der Schein unser Bewusstsein nicht minder stark bestimmt als jenes Sein, das doch meist weniger Beglückendes parat hat. Mit anderen Worten und gegen die eigene wohlige Erinnerung gerichtet: Auch das Deutsche Theater war, selbst zu besten Zeiten des Gemeinsinns, keine Insel der Glückseligen. Hier musst du boxen oder untergehen, hatte der alte Kurt Böwe zum jungen Ulrich Mühe gesagt und dessen Ensemble-Gläubigkeit heilsam erschüttert. Im Deutschen Theater gipfelten die künstlerischen Karrieren jenes kleinen Landes, das sich nach Brechts Worten den Mühen der Ebenen hingegeben hatte: Das DT war Olymp, aber jeder Olymp ist auch Begrenzung. Hohe Ebenen sind klein. Denn einen Schritt weiter kam nur noch die Mauer. Wer am »Deutschen« angekommen war, blieb. Der Höhepunkt war also auch der Endpunkt.

Mochte die künstlerische Dichte der Akteure noch so beeindruckend sein: Es gab keine unabhängige Öffentlichkeit, die beobachtete, einschätzte, zuordnete; es gab keine Verbindung zu anderen deutschsprachigen Bühnen. Das Deutsche Theater war ein einsames Haus, am Ende damit geschlagen, sich einzig an sich selber messen zu müssen. Wie lange schafft man es, so wach zu bleiben, dass man diese Isolation der eigenen Größe auch als großen Verlust fühlt? Vielleicht hat die Zeit dem Theater zur rechten Zeit geholfen, indem sie die DDR abschaffte. Jetzt war man im wahren Sinn des Wortes heraus-gefordert: Von außen kamen neue Forderungen. Mit obligater Nebenwirkung: Was vorbei ist, wird irgendwann schöner, als es je sein konnte. Diese Trauer darf nicht auf sich beruhen lassen, wer noch bereit sein möchte für Zukunft. Als er sofort nach der Öffnung der Mauer das Theater in Richtung Westen verließ, bekannte Ulrich Mühe: »Die Botschaften, die wir in unseren Aufführungen geheimbündlerisch untergebracht hatten, waren nun nass gewordener Sprengstoff.« Das Theater hatte dem Publikum geholfen, auf die Straße zu finden und musste nun erschrocken hinnehmen, dass es nicht zurückkehrte.

Kaum ein Kollege verstand damals, dass Mühe aus diesem Grunde das Deutsche Theater verließ. Ausgerechnet dieser Große, Singuläre, Begünstigte – ein Verräter? Nein, jemand, der sich von einer Krise nicht überraschen lassen wollte, sondern sie sich selber schuf. Mühe sagte irgendwann den schönen Satz: »Die Grauheit der DDR, die wir als Künstler ja gar nicht so sehr empfunden haben, hatte doch auf uns alle abgefärbt und auch uns allabendlich Geschminkte grau gemacht – heute bin ich ein fröhlicherer Mensch.« Er musste daraufhin sehr erstaunte und verständnislose Stimmen hören: Ausgerechnet er – er konnte doch reisen! Um im Westen drehen zu dürfen, war er sogar in der privilegierten Lage gewesen, die Bürokraten unseres Stacheldrahtes mit seiner künstlerischen Kraft zu erpressen – er hatte erfolgreich mit immerwährendem Weggang gedroht, falls man ihm den Pass verweigere. Ja, wird Mühe antworten, aber allein schon diese Möglichkeit zu haben, ohne ihrer aber jemals ganz gewiss zu sein, sei Ausdruck eines Willkürsystems gewesen, das zur Anpassung erzog.

Es gab in den ersten Jahren nach dem Mauerfall die Tendenz, Erinnerungen an DDR-Zeiten mit polemisch-politischen Hintergründen zu füttern und jede Veränderung – eben auch die Entfernung der Fotos alter Garden – einzig als Affront gegen östliche Identitäten aufzuziegeln. Aber was von den Seelenbeleidigten als Ost-West-Konflikt frisiert wurde, war vielleicht – hier wie anderen Orts – nur Ausdruck von gewöhnlicher Menschenart. Wir haben das Beste unserer Zeit gesehen, sagt Gloster in Shakespeares »König Lear«; der Satz stimmt, weil er jeden Weltenlauf trifft; aber es stimmt auch, dass es der Satz eines Mannes in den späten Jahren ist, da man ohnehin mehr aus Gewesenem als aus Erwartbarem besteht. Wer das Theater liebt, lebt vor allem mit »seinen« Schauspielern von einst – so, wie man der Musik seiner Jugend nicht entrinnt; jedem bleibt die Welt in einem Moment stehen, den er fortan als glückliche Zeit bezeichnet. Im Wechsel der Gesichter aber blitzt alle Verletzlichkeit und Vergänglichkeit des Komödiantentums auf, und man muss begreifen, was man nicht begreifen möchte: Der Vergehensmoment ist Teil der Einzigartigkeit dieser Kunst. Ihr schlimmster Teil. So wird die Erinnerung Zuschauender irgendwann übermächtiger als die Wahrnehmungskraft für den Wandel. Man schaut durch die neuen Gesichter hindurch weiter auf die lieb gewordenen Gesichter von damals, auch wenn sie gar nicht mehr da sind. Wir wollen nicht zugeben, dass auch mit uns etwas Unerwünschtes geschehen ist: nämlich ebenfalls Verwitterung, Vergehen. Dagegen wehren wir uns; wir verwünschen das gegenwärtige Theater, indem wir uns störrisch zurückwünschen. Wir sagen zum Theater nicht gern: lange vorbei, deine große Zeit – weil es ein Satz wäre, der auch uns beträfe.

Längst liegt auch das Deutsche Theater, wie der gesamte Osten, in einer Gegend, die nach allen Himmelsrichtungen offen ist. Hier kommt man nicht mehr nur glücklich an und bleibt, hier ist man stärker als früher eingebunden in die permanent drohende Kurzfristigkeit und Brüchigkeit von Bindungen; auch hier hat sich durchgesetzt, dass noch die Besten sich als sehr Vorläufige in ständig wechselnden Verhältnissen empfinden müssen. Der unliebsame Druck heutiger Marktverhältnisse und die damit möglicherweise verbundenen (künstlerischen) Verluste sind allen ernsthaft Beteiligten wohl bewusst. Aber ein Zurück in jene Einheit von Bühne und Publikum, resultierend aus gemeinsamer, gemeinsinniger Verschwörung gegen eine offizielle Denknorm, gibt es nicht mehr. Was es noch gibt, ist der Phantomschmerz.

An alten Wohnhäusern studieren wir bisweilen jene abgeschabten Buchstaben, die an Kolonialwarenläden und

Kohlehandlungen erinnern. Wir lassen uns von der falschen Vermutung überwältigen, diese Signale kündeten von »guter alter Zeit«. In der Tilgung solcher Inschriften erkennen wir eine Ahnung von der groben Art, mit der auch unser eigenes Dasein eines Tages betrachtet wird: als eine mehr und mehr verblassende Spur auf bröckelndem Untergrund. Mit Wehmut setzen wir uns gegen das verletzende Urteil zur Wehr, das jede Gegenwart über jedes Gestern spricht. Leider wächst aus dem Anspruch, just unserer Geschichte möge doch ein wenig Gerechtigkeit widerfahren, meist nur eine neue Anmaßung – die nicht weniger unangenehm ist als die Kälte von Abrissexperten. Diese Anmaßung sucht nach ewig wetterfesten, unangefochten prangenden Schrift- und Bildzeichen, und wer mit neuen Zeichen auftritt, auf den wird aggressiv oder beleidigt reagiert: Wir haben eine schönere Vergangenheit verdient!

WARUM ADOLF D. GENOSSE WAR. In meinen Händen ein Brief des Theaterregisseurs Adolf Dresen. Er wollte mir nur kurz Informationen zu einem Text nachliefern, den er für »Neues Deutschland« geschrieben hatte, und nun ist da zu lesen, was ihm wohl das Herz überlaufen ließ: »Es sind so viele Fragen, auf die man zusammen eine Antwort leichter finden kann als allein. Die aktuelle Frage, warum in dieser reichen Bundesrepublik weder für Sozial- noch für Kulturausgaben Geld da ist, scheint mir die allerwichtigste. Da gibt es offenbar eine neue Form der Ausbeutung – nicht der Arbeiterklasse, die es in der alten Form nicht mehr gibt, sondern des Gemeinwesens überhaupt. Sie geschieht dadurch, dass die Steigerung der Arbeitsproduktivität Arbeitskräfte freisetzt, die als Arbeitslose dem Staat anheimfallen; der Staat selbst wiederum verarmt (was nicht hindert, dass die Staatsdiener sich finanziell schadlos halten). Das wären so Fragen. Man muss wohl weder die Marktwirtschaft noch die Demokratie ablehnen; man muss aber das ablehnen, was hier dafür ausgegeben wird. Ja, man muss Marktwirtschaft und Demokratie gegen das verteidigen, was hier stattfindet.«

Der ganze Dresen in einem einzigen Brief von 1995: Aus der Information, um die man ihn gebeten und mit der er sich hätte begnügen können, wird in nahezu kreatürlichem Reflex ein Gedanke, und was sich darin offenbart, ist ein beseelter Problemschaufler, ein blickoffener Gesprächsenthusiast, ein neugierbesessener Mensch, mit dem Zwang geschlagen, sich fortwährend geistig auseinanderzusetzen. Mit dem Scheitern vor allem, »wir sind dazu verpflichtet, es ist Arbeit an der Gesellschaft«.

Was heißt: Scheitern? Ein weiterer Brief, von Adolf Dresen an Christa Wolf, belegt jene heitere Ernsthaftigkeit, mit der Dresen gegen den »landläufigen DDR-Optimismus« anlebte und auch »gegen den jetzt gängigen West-Optimismus, bei dem es allen immer ›ganz ausgezeichnet‹ und ›super‹ geht. Diese Ästheten lieben es zwar, auf der Bühne alle Müllhalden auszukippen, leben aber zugleich in antikem Mobiliar und fahren teure Autos. Oft genug musste ich mir damals wie heute anhören, dass ich ein Pessimist sei – ich habe noch nie verstanden, was daran gut sein soll, dass man glaubt, alles würde schon gut werden – wenn wir es nicht gut machen. Es schien mir immer eine Art Fatalismus oder auch eine Art Faulheit zu sein.« Scheitern: die humane Aufgabe. Also: für das ungeeignet zu sein, was der Zeitgeist unter Erfolg versteht.

Ein listiger DDR-Mensch. Über Proben am »Michael Kohlhaas« 1976 hat er mir in einem Interview erzählt: »Es hatte bis dahin keine besonderen Probleme gegeben. Aber nach dem Biermann-Debakel las nun jeder die Geschichte von Kohlhaas anders. Sie wirkte wie ein ›Jetzt ist es genug!‹« Intendant Gerhard Wolfram, der die Grenzen dessen, was wir uns politisch leisten konnten, schon ziemlich ausgeschritten hatte, presste die Lippen zusammen. Er sagte nichts. Er war in dem Dilemma, dass er den Kohlhaas in dieser Zeit nicht herausbringen, dass er ihn aber ebenso wenig mehr absetzen konnte – das Hohngelächter, das dem gefolgt wäre, konnte er sich ausrechnen. Es begann eine anstrengende Zeit. Nach der Probe war Versammlung, nach der Versammlung Probe. An eine Probe erinnere ich mich besonders. Ich war gefragt worden, ob einige Genossen des ZK daran teilnehmen dürften. Es waren ziemlich viele Leute, mindestens zwanzig. Sie saßen höflich ein paar Reihen hinter mir, und ich tat etwas, was meine Art sonst gewiss nicht war – ich probierte einen ganzen Vormittag, fünf Stunden lang, an einem einzigen Satz, und keiner wusste schließlich mehr, worum es da überhaupt ging, auch ich selbst nicht. Als die Genossen sich schließlich höflich verabschiedeten, sagte mir einer mit einer Art verzweifelten Anstrengung, so schwierig hätte er sich diesen Beruf nicht vorgestellt.«

Adolf Dresen, geboren 1935 in Eggesin, durch die Schule des Studiums ebenso gegangen wie durch die Schule der Strafexpeditionen in die Produktion, ist ein begnadeter Provinzmensch geblieben. Aber immer jene Spur zu weltoffen, die zwangsläufig in Enttäuschungen führen muss. Immer jene Spur zu ehrlich und hartnäckig, die einsam machen kann. So einer findet schwer Zugang zu allem Geschmeidigen; er quälte sich, Halt und Freundschaft suchend, gern mit Verbindlichkeiten und Verlässlichkeiten herum; Pullover, kariertes Hemd und Turnschuhe waren ihm stets näher als Anzüge. Ans Deutsche Theater holte ihn Wolfgang Heinz, der dann mit ihm jenen legendären »Faust I« erarbeitete, mit Düren und Franke: dieses Ereignis, das dem Publikum deftig nach Volksbuch roch, der Kulturpolitik jedoch nach Verrat am Humanismus. Ein müder, verzweifelter, desillusionierter, fahrig-unheldischer Faust widerspiegelte das Geistes- und Gefühlsniveau einer Ordnung, die Ulbricht gerade als jenen Ort gefeiert hatte, an dem Goethes Utopie gleichsam praktisch und parteitagsbeschlussgemäß vollendet würde.

Die Aufführung wurde ein Skandal. Das Staatstheater DT hatte gegen das Staatstheater SED rebelliert. Es war die Zeit, da Dresen auch dieses Gedicht schrieb: »Als die Interventen in Prag einmarschierten/ verteilte Brasch am Prenzlauer Berg Flugblätter:/ Wollt ihr euch denn alles gefallen lassen?// Das Schlimme war nicht, daß sie ihn nach drei Tagen abholten/ Das Schlimme war, daß er nach drei Tagen merkte, ja/ Sie wollen sich alles gefallen lassen.«

Und die Einheit von Wirtschafts- und Sozialpolitik? Für ihn ein Hecheln am Hintern westlicher Schaufensterkultur. In nacheiferndem Liberalismus sah er eine wesentliche Ursache für die Wertezerstörung im deutschen Osten. »Saturiertheit tritt an die Stelle von Emanzipation, Fettlebe anstelle wahrer Lebendigkeit«, schrieb er an die Betriebsparteiorganisation des Deutschen Theaters. »Wenn wir den Westen einholen wollen, werden wir ihm immer hinterherhinken. Ich persönlich bedanke mich für das Paradies der Autos, Kühltruhen und Farbfernseher. Ich wäre stolz auf eine Armut, die sich mit menschlicher Würde deckt. Spätestens an dieser Stelle sehe ich, Genossen, wie Sie in schallendes Gelächter ausbrechen über so viel Donquichoterie. Lachen Sie. Ich gestehe Ihnen, dass ich in den Strategien, Finten, Taktiken, auf die Sie sicher stolz sind, das nicht mehr finden kann, um dessentwillen ich Genosse sein wollte.«

Von solchen Menschen muss man auch erzählen, wenn man von der DDR erzählt.

Der Kommunist, der zugleich Bürger gewesen ist: Wunderbares »Sie« im zitierten Brief, solch eine Anrede inmitten der Genossenkultur, gesetzt gegen jene militante Verkumpelung, die jede Distanz zwischen Menschen ausschaltet, letztlich auch den Respekt. Dresen bat mit diesem Schreiben um seine »Entlassung« aus der SED. Abgelehnt. Ein Jahr später, 1977, wurde er im Zusammenhang mit der Biermann-Ausbürgerung dann ausgeschlossen (mit seiner eigenen Stimme). Ausschluss, nicht Entlassung

– das Handlungsgebot hatte der Partei zu gehören, nicht dem Einzelnen. Noch im Gram ist Dresen stets groß, hassfrei geblieben. »Für eine Opposition von innen gab es einigen Spielraum. Ich habe sogar erlebt, dass Leute der Bezirksleitung, sogar des ZK uns zwar offen kritisierten, aber heimlich halfen.«

Er verließ das Land. Ein Trauriger, aber doch nach wie vor ein Suchender, der nie mit Verdammungen zurückblickte. Häme, Unverzeihlichkeit sind dem Manne stets fremd gewesen. Deshalb, weil er aus guten, hand- und vor allem herzfesten Gründen im kleineren deutschen Staat gelebt hatte und nicht aus jener so sattsam bekannten »Überzeugung« heraus, deren Brüchigkeit dann, wenn sie sich im Zuge wechselnder Obrigkeiten als Opportunismus entlarvt hat, durch Hass und Selbsthass kompensiert wird.

Im Gespräch, wie da der strubblige Dresen auf die Stuhllehnen schlug, wie er aufgedreht lachte. Wie er fast schüchtern, wie ein Ertappter, zugab, die Giehse immer besser gefunden zu haben als die Weigel. Mit welcher Begeisterung er von der »Kapital«-Lektüre erzählte und vom Spaß, allein schon mit genauer Kenntnis von Marx die meisten populär-drögen Marxismus-Lehrer an der Universität überlistet zu haben. Und: wie selbstverständlich, wie gelöst, wie heiter er alles Vorläufige pries. Als einzig bleibende Möglichkeit, wenn man sich der Frage zu nähern versucht: »Wer bist du? Welcher Sinn wäre festzumachen?« Die Gottesfrage, die Kommunismusfrage. Wenn die vermeintlich sicheren Antworten verloren gehen, dann erst ist der Mensch auf gutem Wege. Dresen, der geradezu kindliche Analytiker – zugleich ein Hartholzkopf im unablässigen Studieren; in den siebziger Jahren waren immens schürfende Manuskripte entstanden, in denen er fulminant Wissenschaftstheorie, politische Ökonomie, Marx-Kritik betrieb. Texte, mit großer Streit-Sehnsucht in kleine Kreise geworfen (die großen Kreise gab es nicht);

mit schön rücksichtslosem Pathos verwickelte er jeden nur Ergreifbaren in Diskussionen. »Eine Kritik des Stalinismus vom Marxismus aus kann es nicht geben, denn der Stalinismus ist nicht nur Deformation, sondern Konsequenz des Marxismus.«

Adolf Dresen starb im Juli 2001 im Alter von 66 Jahren. Sein Tod fiel in die Theaterferien und bat also: Nur keine Umstände, lasst euch in eurem Sommer nicht stören. Was bleibt – vom Aufgeschriebenen und von jenem Gelebten, das Freunde als Bild mitnehmen werden ins Künftige –, es steht in einem Gedicht Dresens: »Wenn eure Rechnungen aufgegangen sind, stehe ich noch immer da, blöde wie ich bin/ Meine stupide Existenz lähmt eure Elektronengehirne/ Ich bin der grinsende Fehler in jedem Resultat.«

Vom Jenseits erwartete er nichts, keine Hölle, keinen Himmel. Nur: »dass ich mich ein wenig ausstrecken kann.«

BRIEFE EINER NORDDEUTSCHEN FREUNDIN. Mich berührt bei einem Mann wie Adolf Dresen, wie schon bei Strawalde, diese noch nachträgliche Treue, die man zum sozialistischen Gedanken, zum Leben in der DDR aufbringen kann, unanfechtbar bleibend durch das Nichts oder Jetzt, das daraus wurde – dieses Jetzt aber aufnehmend und es doch zugleich kritisierend wie einen fernen Gegenstand.

Ich blicke auf die DDR wie in einen Abgrund, und Augen schauen zurück, die mich bitten möchten, gerechter zu sein. Aus einem kleinen Dorf hinter Schwerin kommen von einer wunderbar klugen alten Frau seit Jahren regelmäßig Reaktionen auf meine Artikel. Versuche, im Gespräch mit mir die DDR einen Ort bleiben zu lassen, der ihr lebenswert wie kein anderes Deutschland war. Und bleibt. Noch nie habe ich diese über achtzigjährige Frau J. gesehen, ich lese ihre Briefe wie das Archiv einer Erfahrung, der meine Abkehr (die Republikflucht!) fremd bleiben muss.

*

»Wir sind aus Fügung und Gnade auf der Welt, heißt es in Ihren Zeilen an mich. Mir klingt das überzogen. Wessen Gnade? So ungerecht verteilt diese Gnade, schon bei Geburt. Welche Fügung? Sind wir nicht vielleicht einfach nur da – wie ein Schmetterling, ein Elefant, wie Vogel, Baum und Gras? Kommen, gehen, ohne höheren Sinn als den des Weitergehens. Jedes Darüberhinaus: nur eine Behauptung, um Führungsansprüche gleich welcher Art zu beanspruchen? In jeder Sternwarte ist zu erfahren: eintausend bis eintausendfünfhundert Sterne seien täglich am Nachthimmel auszumachen, aber Millionen weitere gäbe es. Und da sollen wir bedeutend genug für die unsterbliche Seele sein? Das kann ich nur als ein kirchlich mit Bedacht gebotenes Bibelprogramm sehen. Die Erfindung Gottes als Moralformel – aus meiner Sicht hat sie das meiste Unheil über die menschenbewohnte Welt gebracht. Sprechen zu einer Allmacht, Hilfe erhoffen aus dem Irgendwo, das doch nie einer Entsetzlichkeit Einhalt gebot, einer Instanz den unerforschlichen Ratschluss zuzudichten ... Selbstbewusstsein aus Gottvertrauen, warum sollte das wertreicher sein als die Kraft, ohne Gottgegebenheit – zu glauben?«

*

»Was für ein Sprung von uns Alten aus dem DDR-Anfang, denen der Antifaschismus nicht verordnet werden musste, bis zu den jungen Leuten heute, die ihre Entsprechung in ›Tokio Hotel‹ finden. Nichts ist davon zu verurteilen. Spiegelung von Zeit. Ja, wir hörten damals Ernst Busch und haben geweint, jubelten dem Alexandrow-Ensemble zu, gingen ohne Zerrissenheit, wohin man uns mit politischer Begründung schickte. Ich arbeitete damals im Radio, habe die erste Sendung des Schweriner Rundfunks mitgesprochen, in einem Raum der Post, etwa drei mal vier Meter groß. Heute betont jeder Schauspieler, mit welchem Spaß eine Produktion zustande kam – wir gingen einfach, machten, schwiegen. Wir hatten einen Spaß, der kam aus dem Glück, nun, nach diesem Krieg, sich arbeitend erschöpfen zu dürfen.«

*

»Wir haben anfänglich Nikolai Ostrowski wirklich ernst genommen: ›Das Wertvollste, was der Mensch besitzt, ist das Leben. Es wird ihm nur ein einziges Mal gegeben. Und benutzen soll er es so, dass er sterbend sagen kann: Meine ganze Kraft, mein ganzes Leben habe ich dem Herrlichsten, der Befreiung der Menschheit, gewidmet.‹ Daher umso härter zu ertragen die Enttäuschung über jedes Abrutschen ins Engstirnige, ins Verkrampfte ... Mag sein, es entsetzt Sie: Das Positive der DDR sehe ich bis heute darin, dass es statt des Wortes Konkurrenz das Wort Wettbewerb gab – obwohl gerade das der Untergang war. Diese Konkurrenz aber bringt, was immer sie sonst auch bringen mag, leider alles Miese im Menschen zutage. Wir haben in der DDR die Konkurrenz nicht als Weg zum Verderb hin begriffen, und wenn wir es nicht begreifen, dann dürfte sich Ihre pessimistische Sicht erfüllen. Es wird natürlich nicht begriffen werden, obwohl wir doch unseren Intellekt immer so hoch bewerten.«

*

»Bis zu gewisser Grenze ist doch verständlich, dass Menschen, die jahrelang ›Nackt unter Wölfen‹ leben mussten, ein feindstrotzendes Bild alles Bürgerlichen verinnerlicht haben – mit all den unklugen Folgeerscheinungen. Zum Schweigen Gezwungene, jetzt endlich zu Wort Kommende – die nun alles dirigieren wollten, obwohl jeder andere auch gefordert war: Denke mit, plane mit, regiere mit! Sie zogen sich selber die Gardine zu. Letztlich waren viele Millionen Bürger nutzbringender in ihrer Aufbauleistung als die Parteielite. Und diese Bürger waren doch auch die DDR!«

*

»Nur wenige Menschen können offenbar, ganz nach oben gekommen, noch ertragen, andere in ihrer Umgebung trotzdem überlegen zu sehen.«

*

»Gottes Diener hätten, so lese ich bei Ihnen, Gott längst mundtot gemacht. Handhaben es Staates Diener anders mit dem Volk?«

*

»Wären Sie in den achtziger Jahren lieber Chef in einer Westzeitung gewesen? Sie hätten dann sicher ein Sommerhaus auf Sylt oder eine Ferienwohnung im Tessin, wären ein anderer. Nach fast zwanzig Jahren Einvernahme (Einheit, sagen Sie) ziehe ich für mich (nur für mich!) das Fazit: Letztlich habe ich mein Leben so lieber: wenn auch nicht komfortabler, so durfte ich es doch mit den irrigen Vorstellungen von möglichst mehr Gerechtigkeiten leben. Wenn eines überhaupt am vergangenen Jahrhundert zu lieben ist, dann dies: wenigstens den Versuch einer gerechteren Ordnung gewagt zu haben. Bekämpft andauernd und mit allen Mitteln. Und eben auch daran gescheitert, dass wir es nicht schafften, brauchbar für die meisten Menschen zu bleiben. Da sehe ich die Schuld.«

*

»Beginnen wir bei Gott als Täter. Wegen geringfügigen Ungehorsams vertrieb er Adam und Eva aus dem Paradies. Ist die Welt nicht voller unerlöster Opfer, die uns alle sehr kaltlassen? Die gegenwärtige Welt wird wohl erst Ruhe geben, wenn alles verhöhnt ist, was je gegen konservative Kräfte aufstand. Ist das eine wünschenswerte Welt?«

*

»Ich empfand in der DDR jene fröhliche Mittelmäßigkeit, die mich den inszenierten Helden und Vorbildern nie nahekommen ließ. Eine Erfahrungssache. Als ich zehn war, gab mir bei Eröffnung der Schweriner Festhalle der ›große Führer Adolf Hitler‹ die Hand (wir waren mit der Klasse zum Winken bestellt), und er streichelte mein Gesicht. Ich hatte blonde Zöpfe, sehr deutsch wohl das alles – meine Eltern waren entsetzt ob des nachfolgenden Zeitungsfotos, meine Lehrerin war begeistert, die Mitschüler waren neidisch. Mir war solcherlei fürs weitere Dasein ganz und gar genug. Ich komme wunderbar mit meiner Mittelmäßigkeit zurecht, die Raum lässt für ein bisschen Rumspinnen, Natur und Sonnenschein. Leichter lässt sich's da schaffen, ohne zu ermüden. Irgendwann merkt man, der Welt ist es gleichgültig, ob ich sie und mich mit Anstrengungen überhäufe.«

*

»In einer dpa-Meldung las ich, es gebe in Westeuropa und Nordamerika zusammengenommen dreimal so viele Astrologen wie Naturwissenschaftler, in Frankreich etwa fünfzigtausend berufsmäßige Hellseher. Zustände im sogenannten Informationszeitalter.«

*

»Ich schäme mich nicht für mein Leben in der DDR, nicht mal für meine Fehler. Sich jetzt krümmen, weil wir etwas gewagt haben? Den Weg sehen Sie als falsch an, ich nur die Mittel. Für mich ist Jetziges, auch wenn es sich in Manchem leichter lebt, ein Zurück in die Vergangenheit, die Kriege brachte. Nach Ihrer Ansicht ›macht es für einen Linken doch erst heute Spaß, ein Linker zu sein‹, wenn Sie denn noch einer wären. Ach, auch Spaß entwickelt sich anscheinend zur Droge. Die einen bauen Minarette, die anderen Kaufhaustempel, einige liebten 1.-Mai-Vorbeimärsche. Da ist bei allem, genau besehen, kein großer Unterschied im Gefüge. Das ist mir bis ins Letzte erst sehr spät bewusst geworden.«

*

»Nicht der Sozialismus hat uns ruiniert, wir sind es, die ihn ruiniert haben, es war aber auch so, dass wir ihn schon in seinen Irrsinnsauswüchsen zu übernehmen hatten. Trotzdem, ist das eine vernünftige Schlussfolgerung, deshalb nun alles Weltverändernde vergeblich zu finden?«

*

»Amüsiert hat mich Ihre ironische Feststellung, die DDR habe es nicht mal geschafft, tragisch unterzugehen. War es nicht eher der einzige Augenblick sozialistischen Verhaltens? Zugunsten der Menschen? Zugunsten friedlicher Verläufe?«

*

»Ich habe mir einige Gespräche auf dem ›Blauen Sofa‹ der Frankfurter Buchmesse angehört. Heiterer Höhepunkt war für mich das restlos verblüffte Gesicht der Interviewerin, als Jakob Hein auf ihre mitleidige Frage nach zuvor erfahrener Unterdrückung antwortete, er habe sich in der DDR zwar manchmal belästigt, aber nie bedroht gefühlt.«

*

»Auf meinem Tisch liegt jetzt ›Das Schloss‹ von Kafka. Für mich außer den Briefen an Milena die erste Begegnung mit ihm, in meinem hohen Alter. Nach dreißig gelesenen Seiten packt mich das Bedürfnis, ein Weilchen zu meinen im Herbstlaub leuchtenden Bäumen herauszugehen, nur langsam komme ich in dem Buch voran. Kafka sei die Axt für das gefrorene Meer in uns. Vielleicht habe ich kein gefrorenes Meer in mir, hatte es nicht mal in härtesten Zeiten, und die hatte ich wahrlich. Wer Träume hat, braucht der eine Axt? Bei George Tabori las ich, Kafka sei der einzige, dem er immer glauben könne. Solche Ansicht überfordert mich.«

*

»Wer erst einmal Terror benutzen muss, gerät zwanghaft in einen Sog, der nicht mehr zu bremsen ist – wie aber anders? Mit welcher ... na, sagen wir Selbstverständlichkeit kreidet die bürgerliche Gesellschaft die Fehler derer an, die den ungeheuerlichen Mut und Willen hatten, tatsächlich Veränderungen auf den Weg zu bringen, die ganze Welt gegen sich, Interventionstruppen von überall her, Hunger, Hunger ringsum und ohne Vorbild, wie ein Staat zu gestalten wäre, in dem ›die Köchin mitregiert‹. Für den Anfang des zwanzigsten Jahrhunderts war die Vorstellung der Elektrifizierung eines riesigen Landes noch so Unbegreifliches (sicher auch als gedankliches Hellwerden gedacht), dass es durchaus als Etappensieg des Sozialismus aufgefasst werden konnte. Heute machen sich die darüber lustig, für die der zu akzeptierende Widerstand gegen Hitler mit Stauffenberg begann – und dann schnell wieder aufhören durfte.«

*

»Sie schreiben mir, das Ende der DDR sei nur für Menschen schmerzlich, die noch immer glauben, sie hätten erlebt und erfahren, was doch nur geträumt war. Ich weiß, Sie beziehen das auf die Weltanschauung, aber so steht es nicht da, es setzt also Unmut frei. Soziale Sicherheit, kostenlose Bildung und medizinische Versorgung waren nicht geträumt. Ich finde durchaus, es gäbe einiges, das nach 1989 zu schonen gewesen wäre, vor allem Menschen ... und Sie wissen das.«

TREUER GENOSSE. Der Arbeiter, der als sehr alter Mann, wohlverdient, und wie es im Staate Sitte war, mit einem kleinen Blumenstrauß aus den Kämpfen des Jahrhunderts verabschiedet wurde, er sagte: »Ich habe sehr viel durchgemacht, aber wie man sieht, machten mich schlimme Erfahrungen nicht bitter, nur hin und wieder etwas unwirsch.«

Man weiß gar nicht, ob das nun für oder gegen diesen Menschen spricht.

DER PALAST DER REPUBLIK. »Es gäbe einiges, was zu schonen wäre, und Sie wissen das«, schrieb mir die norddeutsche Freundin. Ich denke an ein langes Gespräch mit dem österreichischen Schriftsteller Robert Menasse. Eines Wieners Erinnerungen an den Osten.

»Wir fuhren als Studentengruppe in die DDR, es war in den siebziger Jahren. Ich spürte in den wenigen Tagen in Ostberlin schrullig geordnete Verhältnisse, die mich aber merkwürdig besänftigten. Ich besaß eine große Liebe zur Literatur und die Sehnsucht, in einer Welt zu leben, in der so eine Liebe Bedeutung hat. Ein Mädchen aus der DDR, in das ich mich verliebte, ließ mich genauer erkennen, was ich meinte. Sie war Sekretärin. Ich konnte mir damals nicht vorstellen, dass es in Wien eine Sekretärin gebe, die Christa Wolf oder Egon Erwin Kisch oder sonst wen dieser Kategorie liest. Ute las ganz selbstverständlich große Dichter und brannte vor Begierde, darüber zu reden. Und noch etwas: Der landläufige Österreicher intellektueller Prägung glaubt ja seine Weltläufigkeit dadurch zu beweisen, dass er sich über Österreich lustig macht. In Österreich ist entweder ein unreflektierter Dumpfsinn am Werk, der alles hinnimmt, oder aber der Herr Karl wird Herr Doktor Karl, und dann wird alles in Grund und Boden verachtet. In der DDR jedoch traf ich – sei es gesteuert gewesen oder spontan, ich weiß es nicht – ununterbrochen Menschen, die einen gewissen Stolz darauf zeigten, dass da eine menschlich gerechte Gesellschaft aufgebaut werde. Da war zum Beispiel ein Mann, ich bilde mir ein, er hieß Landauer. Sagen wir: Er hieß Landauer. Dieser Herr Landauer war irgendwie abgestellt, um uns Studenten, damit wir nicht in alle Richtungen zerstieben, gewissermaßen als Rudel zusammenzuhalten und unter Kontrolle zu nehmen. Mit ihm fuhren wir zum Alexanderplatz, es entstand gerade, auf einer riesigen Baustelle, der Palast der Republik. Ich habe noch nie in meinem Leben einen Menschen zehn oder zwanzig Minuten einen so poetischen Monolog vor einer Baustelle über eine Baustelle halten hören.«

Auf meinen Einwand, es könne sich um einen bestellten Propagandisten gehandelt haben, antwortete Menasse: »Das weiß ich nicht, vielleicht ein Scheißopportunist, ja, aber es gibt Wirkungen, die führen in der Erinnerung ein Eigenleben, und man wird die Rührung nicht los, und also ist man geneigt, das Gute in einem Menschen und die Ergriffenheit davon für wahr zu halten. Ich weiß nur, dass Herr Landauer aus einer Baustelle ein rhetorisches Kunstwerk machte. Diese Hingabe blieb mir unvergessen. Wir waren auch auf dem Dorotheenstädtischen Friedhof, am Grab von Hegel, am Grab von Brecht. Eine Studentin von uns stolperte ausgerechnet an Hegels Grab und brach sich am Einfriedungsstein die Hand. Ich habe gesagt, du, das ist Hegels Grab und nicht das von Wittgenstein: ›Die Welt ist alles, was der Fall ist.‹ Intellektueller Zynismus. Aber infolgedessen bekamen wir einen kleinen Einblick ins sozialistische Gesundheitssystem. Wir sind zur Charité gefahren, für mich zunächst eine gespenstische Situation. Da steht ein Mensch mit einer gebrochenen Hand – wie ist das jetzt mit der Sozialversicherung? Es gab kein sozialpolitisches Abkommen zwischen Österreich und der DDR, wie würde die Sache finanziell ausgehen? Da war ein Arzt, der sagte nur, man müsse die Patientin sofort versorgen, aber er wisse nicht, wie man das dann bürokratisch in den Griff bekäme. Ich erzähle Ihnen jetzt kein Märchen, aber eine Krankenschwester kam und fragte mich nach einem Schilling? Ich: Wie bitte? Die Schwester: Na, Sie haben doch in Österreich den Schilling, geben Sie mir eine Schillingmünze. Ich griff in die Tasche, und die Frau sagte zum Arzt, wortwörtlich, es sei doch sozialistische Pflicht, einem verletzten Menschen zu helfen, dabei legte sie die Schillingmünze auf den Tisch und meinte: So, bezahlt ist das Ganze auch. Die Symbolkraft der Westwährung erwies sich als ausreichend. Es war ein ganz eigentümlicher Moment.«

»Herr Menasse, mit dieser sehr schönen Erinnerung reihen nun auch Sie sich ein in die Unverbesserlichen, die eine Diktatur unverzeihlich schönreden.«

Robert Menasse erwiderte: »Jedes Leben ist immer auch Leben gegen die historische Tendenz, gegen die historische Lehrmeinung. Erfahrungen stimmen nicht automatisch mit dem überein, was die Geschichtsschreibung in ihren mutwilligen Austrocknungen weitergibt.«

Die Wahrheit über die DDR? Erfühlbar am Beispiel jenes Palastes im Zentrum Ostberlins, den es seit Ende

2008 nicht mehr gibt: Besagter Herr Landauer hatte gewiss ebenso vielen Menschen aus dem Herzen gejubelt, wie die ehemalige Bürgerrechtlerin und jetzige CDU-Politikerin Vera Lengsfeld aus dem Herzen zürnte, als sie Anfang 2009 einen Brief schrieb, den ich im erzkommunistischen Blättchen »RotFuchs« fand:

»Der Palast der Republik hat nie Anziehungskraft für die ›Bevölkerung‹ der DDR besessen. Die stand immer außen vor, wenn es Funktionärsfeten im Palast gab, egal ob die Bauarbeiter, die Jugend oder andere als Aushängeschild herhalten mussten.

Die Palastrestaurants waren teuer und deshalb meistens halb leer – mit Ausnahme der Eisbar – und für die Bowlingbahn musste man sich Jahre vorher anmelden, um einmal die Kugel schieben zu können.

Der Bau war auch deshalb für die ›Bevölkerung‹ völlig ungeeignet, weil er zu über 70 Prozent aus Verkehrsfläche besteht. Im Foyer konnte man sich nur kurz aufhalten – es fehlten Sitzgelegenheiten und alles, was zu einem Treffpunkt für Menschen gehört.

Mit dem Palast der Republik haben sich SED-Funktionäre ein Denkmal gesetzt, und nun soll die DDR-Bevölkerung herhalten, um einen Bau zu bewahren, der schon von seiner verfehlten Anlage her niemals auf eine wirtschaftliche Grundlage gestellt werden kann, der überflüssig ist wie ein Kropf und genauso hässlich.

Ich erinnere mich genau, mit welcher Erbitterung die Bevölkerung den Bau verfolgt hat. Aus dem ganzen Land wurden Bauarbeiter abgezogen. Nötige Krankenhausbauten wurden gestrichen, im ganzen Land verfielen die Häuser, um Geld für Honeckers Prunkpalast zu haben. Wenn die Mitglieder Ihrer Initiative damals in der DDR gelebt haben, müssen sie die verbitterten Witze und Kommentare doch gehört haben, mit denen das Bauvorhaben begleitet wurde. Der Palast gehörte abgerissen, selbst wenn er nicht asbestverseucht wäre, denn er steht für die menschenverachtende Politik des Honecker-Regimes, die sich nicht an den Bedürfnissen der Menschen orientiert hat, sondern Menschen als bloßes Material für seine Politik betrachtet hat ...«

Die Wahrheit über die DDR. Ein Meinungsgewimmel.

WIR UND DIE JAKOBINER. Reden sind Pflichtpapiere der Langeweile geworden. Als maßgebliche Äußerungsform der Politik wurde die Ästhetik des öffentlichen Vortragens ins Abgeschliffne, Konturenarme gedrängt. Fertigteilmontage. Nähme man die politische Rede als Wegstrecke, ergäben sich als Eindruck nicht farbige, wechselreiche Landschaften, sondern nur betonierte Einbahnstraßen, reichhaltig versehen mit Leitplanken und Gebotsschildern für korrekte Satzfolgen.

Zum Glück reden auch Schriftsteller, und die Vergabe von Preisen hat den anregenden Nebeneffekt, dass sich die Geehrten mit Dankesworten öffentlich kundzutun haben. Ein Preis, der nach Georg Büchner benannt ist, stellt hierbei höchste Ansprüche. Seit jeher sind diese Preisreden vor der Darmstädter Deutschen Akademie für Sprache und Dichtung Glanzstunden des gewagten, pointierten Denkens an den Naht- und Bruchstellen von Mensch und Gesellschaft. 2007 erhielt der Erzähler und Essayist Martin Mosebach den Georg-Büchner-Preis. Die »Frankfurter Allgemeine Zeitung« sprach anschließend davon, des Autors Dankesrede garantiere »erhitzte Diskussionen«, ihren Abdruck betitelte das Blatt: »Saint-Just. Büchner. Himmler.«

Mosebach zitiert die flammende Terrorrede von Saint-Just in »Dantons Tod«. Dessen massenmörderische Doktrin: Geschichtemachen erlaube, einem Naturgesetz gleich, das Schlachten von Millionen. Saint-Just: »Soll eine Idee nicht ebenso gut wie ein Gesetz der Physik vernichten dürfen, was sich ihr widersetzt? ... Der Weltgeist bedient sich in der geistigen Sphäre unserer Arme ebenso, wie er in der physischen Vulkane oder Wasserfluten gebraucht. Was liegt daran, wenn sie nun an einer Seuche oder der Revolution sterben? Das Gelangen zu den einfachsten ... Grundsätzen hat Millionen das Leben gekostet, die auf dem Weg starben. Ist es nicht einfach, dass zu einer Zeit, wo der Gang der Geschichte rascher ist, auch mehr Menschen außer Atem geraten?« Mosebach: »Wenn wir diesen Worten nun noch das Halbsätzchen einfügten: ›dies erkannt zu haben, und dabei anständig geblieben zu sein‹, dann wären wir unversehens einhundertfünfzig Jahre später, und nicht mehr in Paris, sondern in Posen, in Himmlers berüchtigter Rede vor SS-Führern.«

Ob dieser Assoziation also regte sich Unmut. Ist es statthaft, die Vorgeschichte hitlerscher Vernichtungsprogramme bis in die Aufklärung zurück zu verlängern, sie mit Französischer Revolution in Verbindung zu bringen? »Weil die Aufklärung zur fast ausschließlichen Bezugsgröße der europäischen Gesellschaften geworden ist«, so die FAZ, habe Mosebach einen »hochempfindlichen Punkt« berührt. Der Berliner Historiker Heinrich August Winkler: Nach Mosebachs Auffassung markierten Aufklärung und Französische Revolution den Beginn eines »Irrwegs« – dieser Standpunkt sei schlichtweg reaktionär: »Ich würde von Geschichtsklitterung sprechen«.

Mosebachs Kurz-Schluss von Saint-Just auf Himmler klittert nicht, er ringt sich zu einer erschütternden Logik durch. Wenn der Schriftsteller Imre Kertész Auschwitz nach wie vor als Möglichkeit sieht, dann muss es im Umkehrschluss weit zurückführende Wurzeln für jenes Verhängnis geben, das die bürgerliche Wirklichkeit auch nach so langer Zeit nicht zum festen Boden werden ließ, sondern nur immer Decken aus dünnem Eis schafft. Mosebach weist darauf hin, dass die gedachte Utopie der Revolutionäre hoch über alles Bestehende hinwegschoss, das sie für nichtig hielt und deshalb vernichtete. Als diese Utopie stürzte, zeigte sich, dass auf dem Grund und im Untergrund das neue Bestehende schon ausgebildet war – die Masse der bürgerlichen Wirklichkeit, die jederzeit umschlagen konnte ins Grausamste. Und sie schlug bekanntlich um. Und sie kann es wieder. Selektion ist ein Wort der Gegenwart, ein Blick aus der reichen in die arme Welt genügt.

Der Schriftsteller diskreditiert die Aufklärung? Wenn, dann nur nach dem Maß, mit dem diese sich selber aushöhlte, indem sie den Gedanken heiligte, alles sei denkbar. Wo alles denkbar ist, bietet der Gedanke der Machbarkeit seine eiligen Dienste an. So eilig, dass hundertfünfzig Jahre Differenz wie ein Anschluss wirken. Der Theaterregisseur Matthias Langhoff, Sohn von Wolfgang Langhoff, sagte mir in einem Interview: »Einerseits war die Kunst, das philosophische Denken, mit Drang zum Epochenwechsel, eine überaus gewalttätige Avantgarde in alle Richtungen, und andererseits gab es die Ungeheuerlichkeit der Politik, die sich dieser Avantgarde bediente. Ich sage jetzt den vielleicht schlimmsten Satz meines Lebens: Auschwitz ist ein entsetzliches Verbrechen, aber es ist auch ein entsetzlich avantgardistischer Gedanke. Ich habe Schwierigkeiten, so einen Satz zu sagen, aber ohne diese Zuspitzung komme ich mit den gedanklichen Verbrechen der Avantgarde nicht zurecht.«

Was Mosebach aufdeckt, ist dieser Skandal der Gleichzeitigkeit von Fortschritt und Terror, von Aufschwung und Niederriss, von Diktatur und Normalität. Der Historiker Karl Schlögel schrieb über das entsetzliche Moskauer Säuberungsjahr 1937: »Da steht in der Zeitung neben der Verkündung der Todesurteile die Ankündigung eines Klavierwettbewerbes. Oft sind die Gefängnisse in Sichtweite neu errichteter Schulen, und jeder weiß, was die schwarzen Lieferwagen transportieren.«

Am Schluss von »Dantons Tod« ruft Lucie Desmoulins, Frau eines der von den Jakobinern Hingerichteten, das wohl auch für sie tödliche, also tragisch rettende: »Es lebe der König!« Für Mosebach »der knappste, auf eine poetische Formel gebrachte Protest, dass Menschen Nichtse seien oder zu Nichtsen gemacht werden sollen«, was stets auch (auch!) im Namen der Aufklärung geschah. Der König als Symbol für die Welt, die sterben musste. Die Revolution als die kommende Welt, die sich aber ebenfalls, schon in ihren blutigen Geburtsstunden, dem Verdacht aussetzte, Leben sei auch fürderhin nicht lohnenswert. Das ist reaktionär? Das ist auf traurigste Weise wahr. Der Ruf nach dem König ist das Absurde, Frevelhafte, das aber angesichts geschlossener ideologischer Systeme stets das einzige, leider ans Tragische ausgelieferte Menschliche bleibt: auf letzte Weise »Ich« zu sagen; auf letzte Weise der Welt, wie sie ist, zu entsagen; auf letzte Weise eine Selbstbehauptung zu wagen, die mit dem gleichgeschalteten Lauf der Dinge nicht mehr zu vereinen ist (und sind Gleichschaltung und Aussortiertwerden denn weniger verbrecherisch, wenn sie inmitten der Demokratie stattfinden?).

»Ich«: Das ist immer nur möglich als Wort gegen das Bestehende, indem es keinen Unterschied mehr macht, ob man »Ja« zum Bösen oder »Ja« zum Guten sagt. Lieber den König anrufen als den Fortschritt, also lieber tot ins Zurück, als leidend in die Zukunft? Eine bittere Entscheidungssituation. Ein Zurück lässt die Revolution nicht zu. Aber die Praxis der Vernunft selbst hat bei ihren Versuchen, die Welt besser zu machen, just auch jenen anderen Traum entstehen lassen: die angeblich immer fortschrittlichere Welt zu negieren, und zwar aus Gründen der Menschlichkeit, der Selbstachtung. Der versuchte Sozialismus ist nicht an Kinderkrankheiten gestorben, sondern an seiner Not, Saint-Just folgen zu müssen.

Ich frage mich heute, ob das kalte Desinteresse an Mauertoten, das sich in der Bemerkung entlud, da hätten schließlich Warnschilder gestanden und Gesetz sei Gesetz, nicht Aussickerung jener Eiseskälte ist, die diesen Sozialismus frisch hielt. Im Film »Der letzte Sommer der DDR« von »Spiegel TV« und DCTP (Gesamtleitung: Alexander Kluge) ist eine Archivaufnahme mit dem Verteidigungsminister der DDR, Heinz Hoffmann, zu sehen. Er steht an einem Rednerpult. Es ist die Zeit nach dem Mauerbau: »Wer unsere Grenze nicht achtet« – Pause, lächelndes Hochblicken, ein Schulterzucken – »der wird unsere Kugeln zu spüren bekommen.« Der Schießbefehl.

Auch ich erregte mich über Honeckers Satz, den Flüchtlingen in den Westen weine man keine Träne nach. Es ist ein Satz aus dem Jahre 1989, und die Empörung darüber stammt auch aus dem Jahre 1989, genauer gesagt, aus jenem sehr späten zweiten Teil des Jahres, da alles schon gegen uns entschieden war. Besagte Empörung platzte aus uns heraus, weil sie sich wahrlich sehr lange angestaut hatte, nur wussten wir nichts mehr von diesem Stau, weil wir von unserem tiefst Seelischen schon lange nichts mehr wissen wollten. Hätte Honecker diesen Satz früher gesagt, in den Hoch-Zeiten unserer ideologischen Überheblichkeit – die Entrüstung wäre ausgeblieben. Wir weinten doch jahrelang niemandem eine Träne nach, nicht den toten Geflohenen an der Mauer, nicht den Weggebliebenen, denen eine genehmigte Dienstreise bei der Flucht geholfen hatte, nicht den Künstlern, die doch gestern noch Publikumslieblinge waren.

Noch am 12. September 1989 schrieb ich: »Die Mitteilung, die unsere Nachrichtenagentur ADN zur illegalen Ausreise einiger Tausend Bürger der DDR über die Grenze Ungarns zu Österreich in die BRD verbreitete, hat Diskussionen ausgelöst ... Wähntest du etwa, ich sollte in Wüsten ziehn, nur weil nicht alle Blütenträume reiften? So lässt Goethe seinen Prometheus fragen. Einige fliehen nun und glauben, es komme das Schlaraffenland. Was den Imperialismus so erbittert, ist seine historische Niederlage auf deutschem Boden, ist die DDR, die man seit vierzig Jahren bespuckt, beschießt, begeifert, bedroht, beklaut, belügt, erniedrigt, zu vernichten, zu übersehen, auszuhöhlen, auszusaugen versucht. Da sind wir aber immer noch! Und bleiben es und feiern es! Und da halten wir auch die Typen nicht auf, die sich hier nicht länger aufhalten wollen. Es sind viele andere, die in dieser komplizierten Zeit Klassenstandpunkt beweisen.«

In seinem Buch »Gefängnis-Notizen« schreibt Egon Krenz: »Feindbilder gab es auf beiden Seiten. Auch ich bin durch ein Feindbild geprägt. Es war auf das politische System der Bundesrepublik fixiert, niemals jedoch auf die dort lebenden Menschen. Als ich in der Nationalen Volksarmee der DDR diente, hieß es: Unser Feind ist das imperialistische System, niemals der Bundesbürger als Person.«

So dachte ich auch. Aber es ist eine Selbstlüge. Auf ein System kann man nicht schießen. Man muss schon auf Menschen zielen. Nach diesen Sätzen von Krenz genossen Bundesbürger größere Schonung als DDR-Bürger, die unserem System sehr konkret »als Person« entkommen wollten. Sie wurden verachtet, abgeschoben, an der Mauer erschossen. Und bloß keine Träne!

Honecker brauchte seinen Kommentarsatz im »Neuen Deutschland« eigentlich gar nicht zu sagen, der Satz lag immer in den Lüften und machte sie schneidend. Wer ging, galt mir als ein Mensch niederen Bedürfnisses oder falschen Ehrgeizes oder mangelnden historischen Weitblicks. Als ließen Flüchtlinge nichts Gelebtes zurück, keine Hoffnungen, keine biografischen Wurzeln. Moral ließen sie nicht zurück, nein, die verrieten sie. Und es stand für mich fest, welche Moral Gesetz war. Brecht hatte sie vorgegeben: »Erst kommt das Fressen, dann kommt die Moral.« Und das Fressen, das waren die neuen sozialen Verhältnisse, und sie waren doch gut!, und wir verlangten sehr streng ein dankbares Verhalten, diese Dankespflicht gab der Moral die Vorgabe.

Aber Moral gründet zuallererst auf individueller Freiheit des Handelns, sie schließt ein, unter Umständen gegen die Unzumutbarkeit der Verhältnisse aufzustehen, und es genügt, diese Verhältnisse vom eigenen Standpunkt aus unzumutbar zu empfinden. Das wird jedoch unmöglich in einer Gesellschaft, welche die bestehenden, veränderten Verhältnisse über alles stellt und also jeden Menschen der Unmoral bezichtigt (und ihn züchtigt), der diese Verhältnisse angreift. Der Philosoph Volker Gerhardt sprach davon, der Marxismus sei im Namen der Moral betrieben worden, ohne ein Gespür für deren Sinn zu haben.

Dieses Problem lebt noch heute, im Unverständnis vieler Ostdeutscher darüber, dass die positiven sozialen Gegebenheiten der DDR von den eigenen Landsleuten so leichtfertig aufgegeben wurden. Regelmäßig erreicht mich bei Zeitungstexten, die ich über einstige Oppositionelle (Jens Reich, Reiner Kunze, Friedrich Schorlemmer) schreibe, der Vorwurf, diese Leute hätten im Sozialismus eine gute Ausbildung erfahren und würden nun auch noch, unverständlicherweise im »Neuen Deutschland«, für ihre Undankbarkeit gegenüber der DDR gelobt. Das ist das Geburtsleiden: Der Marxismus, unerbittlicher Anwalt der politischen Ökonomie, kam in Sachen Moral als blindes Kind auf die Welt.

Es ist der Büchner-Preisträger Volker Braun in seinem revoltierenden Gemüt kaum mit dem Büchner-Preisträger Martin Mosebach zu vergleichen, aber Braun sprach im Jahre 2000 in seiner eigenen Preisrede in Darmstadt über den »Inhalt des zupackenden zwanzigsten Jahrhunderts«, und er fragte: »Kamen seine Verwirklichungen nicht Verwüstungen gleich, hat es nicht die Ideen verbraucht wie die Leiber oder, schlimmer gesagt, die Ideen realisiert, indem es die Leiber verbrauchte? (...) Wo es, in diesem Jahrhundert, um den Menschen ging, war an die Gesellschaft kaum gerührt, und wo man die Gesellschaft verändern wollte, wurde nach dem Menschen nicht lange gefragt.«

Das sind so Redestellen, da dürfen die Analytiker dennoch nicht, um keinen Preis, ihrer kühlen Pflicht entsagen, die unterschiedlichen gesellschaftlichen Gründe für massenhaftes Töten schön systemsäuberlich auseinanderzuhalten. Aber es sind so Redestellen, da darf einem selbst, und sei es für Augenblicke der Atemlosigkeit, die unerträgliche Nachbarschaft unvereinbarer politischer Systeme ins Bewusstsein schießen, eher wohl noch ins Fühlen, diese Geschichte des ohnmächtigen Menschen unter den Bedingungen einer übermächtigen Tradition des unerbittlichen Machtausübens, links wie rechts.

Der Kern dieser – eben leider auch aufklärerischen – Tradition ist der Schrecken, der immer aufs Neue gelang: Menschen davon zu überzeugen, es gäbe, einer höheren Ethik zufolge, eine Versittlichung des Mordens. Klassenkampf genannt. Wie zitierte Mosebach das Moralstaunen Himmlers, das erschreckender, entsetzlicher nicht gesteigert werden kann? »... dies erkannt zu haben und dabei anständig geblieben zu sein ...« Das ist, stets wiederkehrend, der Satz, der die Systeme im furchtbaren Abgrund der Praxis, vereint. Und da bedarf es nicht mal mehr des poetischen Zynismus eines Heiner Müller, der den Unterschied zwischen Juden, die im Konzentrationslager ermordet wurden, und Kommunisten, die im Gulag umkamen, in jenem Umstand sah, dass viele Juden nicht begriffen, was ihnen geschehen würde, währenddessen von den Kommunisten auch noch verlangt wurde, sich die Einlieferung ins Todeslager als eine Notwendigkeit zu erarbeiten. In Müllers erschütterndem Gedicht »Mommsens Block« heißt es: »Wie räumt man ein Minenfeld fragte Eisenhower/ Sieger des Zweiten Weltkriegs einen anderen/ Sieger Mit den Stiefeln/ Eines marschierenden Bataillons antwortete Shukow.«

Es lebe der König! Das ist depressiver Widerstand in königsloser Zeit. Es ist auch unsere Zeit. Die Depression, scheint's, wird stärker.

Ist die Wahl der Untergänge das wahre Privileg der Freien?

SCHAMLOSE BEHAUPTUNG: DIALEKTIK. Anfang 2006 schrieb ich im »Neuen Deutschland« über einen Heiner-Müller-Abend am Berliner Ensemble und zitierte den Dichter Durs Grünbein: Utopie, das Zauberwort linker Erlösungshoffnung, sei für Müller »identisch mit Terror« gewesen, Aufklärung »eine ununterbrochene Katastrophe«, und »die gerechte Güterverteilung ein Streit, der auf Ausrottung hinauslief«, Liebe schließlich sei stets nur die »Kehrseite künftigen Verrats«. Müller habe sich wohl selber am liebsten als Hyäne gesehen: »Der Kadaver, um den er zeitlebens in immer engeren Kreisen herumstrich, war nichts Geringeres als der Kommunismus, von dem, nach dem Abzug der Löwen und Geier, kaum mehr übrig geblieben war als ein Skelett.«

Wenige Tage später erreichte die Redaktion ein Leserbrief von Egon Krenz, 18347 Dierhagen. Er nahm Bezug auf jene Aufführung, die ich als Theaterkritiker des ND »blumig« beschrieben hätte. Krenz berichtete: »Kurz vor seinem Tod Ende 1995 besuchte mich Heiner Müller in meiner damaligen Wohnung in Berlin. Als Gastgeschenk brachte er mir seinen Entwurf für ein Bühnenbild einer Festveranstaltung zum 70. Jahrestag der Oktoberrevolution 1987 mit. Darauf stand in großen Lettern: ›Der Kommunismus ist kein Traum, sondern eine Arbeit – UNSERE.‹ Das war der Dialektiker Heiner Müller. Und was den heutigen Umgang mit der DDR betrifft, formulierte er in einem Zeitdokument: ›Ein Kadaver kann dem Obduktionsbefund nicht widersprechen. Der historische Blick auf die DDR ist von einer moralischen Sichtblende verstellt, die gebraucht wird, um Lücken der eigenen ‹moralischen Totalität› zu schließen.‹ Auch das ist Heiner Müller, in seiner Widersprüchlichkeit, wie er war. Schade, dass man von dieser Seite des Dichters, den die DDR mit dem Nationalpreis ehrte, in dem Beitrag nichts erfährt.«

Müller war ein Dichter gegen die Verharmlosung des Dialektischen, wie wir sie im Sozialismus betrieben. Wir versuchten, in Widersprüchen Schmerzfreiheit herzustellen, eine schamlose Nutzanwendung von Marx. Für Müller war Kommunismus ein großes Zu-sich-Finden des Menschen, aber nicht im Sinne jener kollektiv organisierten Erlösung in sozial befriedeter Gemeinschaft, wie ich, Zeitungsmensch, sie als DDR-Bild auszustellen suchte, sondern im Sinne dessen, was jede Selbstwerdung unweigerlich mit sich bringt: Vereinsamung, Vereinzelung. Wer ganz zu sich kommen darf, wird nie mehr ganz bei den anderen sein. Das bleibt der ewige antikollektive Sprengstoff von Selbst-Verwirklichung. Das bleibt das Gespenstische an der Freiheit, die mit zwei entgegengesetzten Optionen nun auch mein Bewusstsein bestürmt: frei sein – von etwas, oder sich frei entscheiden – für etwas. Sich freistellen oder sich einsetzen. Hingehen oder weggehen. Alles lassen oder sich einlassen. Sich lösen, geht nur allein, Lösungen suchen, nur gemeinsam. Aber jede Vereinigungssehnsucht wird unweigerlich auf die Erfahrung treffen, dass größte Nähe die größten Unüberwindlichkeiten hervorruft.

Müller während der Arbeit an seiner Inszenierung »Macbeth« an der Berliner Volksbühne: »Thema des Stücks ist die unendliche Auswechselbarkeit des Menschen. Sie löst die Verzweiflung des Einzelnen aus. Die Verzweiflung des Einzelnen ist die Hoffnung der Kollektive. (Der Kommunismus.) ... Der Kommunismus – die Aufhebung der Auswechselbarkeit im Prozess der Individuation (Vereinzelung).«

Das war 1982. Und man könnte jetzt eine Zitatanleihe aus dem Leserbrief von Egon Krenz nehmen: »Schade, dass man von dieser Seite« des Dichters nichts erfuhr – zum Beispiel in den DDR-Zeitungen oder auf jener bereits erwähnten Kulturkonferenz der FDJ in Leipzig, ebenfalls 1982, da wurde im Hauptreferat Müllers »Macbeth« explizit aufgerufen, um die Aufführung rüde und arrogant wegen ihres nichtkommunistischen Welt- und Menschenbildes anzugreifen, unter frech-lügnerischem Verweis auf ablehnende Reaktionen eines empörten jungen Publikums, das es nachweislich nie gab.

So, wie wir uns das Volk erfanden, so erfanden wir auch die Zungen, die unsere Erfindungen wie etwas Wahres auszusprechen hatten.

Mich muss dieser Müller immer schon merkwürdig bewegt haben. Zu seinem sechzigsten Geburtstag am 9. Januar 1989 schrieb ich in der »Jungen Welt« auf Seite zwei: »Er will dem Leben ein Herz malen, ganz rot, aber immer nur eine Blutlache verrät, wie groß es hätte sein sollen ... Die Epochen schieben sich in seinen Stücken vulkanisch ineinander, wer will dazwischen schon Mensch sein. Müller lockt uns heraus ins Hölderlin'sche Offene, oder eher ins offene Messer. Erinnerung spielt vor, wie oft schon die Hoffnung betrogen worden ist, und die Ideale demonstrieren, wie sie täglich aufs Neue hintergangen werden. ›Wenn sie mit Fleischermessern durch eure Schlafzimmer gehen, werdet ihr die Wahrheit wissen!‹«

Ein so klar erkennender Text in der FDJ-Zeitung? Fast nicht zu glauben. Die nächsten Sätze freilich schaffen Klarheit gewohnter Art: »Nein, das ist meine Sache dann doch nicht mehr! Beinahe tragisch, aber folgerichtig die Konjunktur seiner Stücke in der BRD. Sie waren willkommener Begleittext eines gurkensauren Geschichtspessimismus, einer unaufhaltsamen Werte-Verdrossenheit der bürgerlichen Gesellschaft.«

Das war sie, die Ausweisung des Dichters, die Abschiebung seiner Wahrheit aus meinem Hoheitsgebiet der Vereinfachungen.

Natürlich war Müller für den Kommunismus, kein Zustand dies, sondern eine lohnenswerte Arbeit, von Scheitern zu Scheitern, und der Weg dahin hielt doch aber seine Gedanken vom Untergang der Welt nicht auf. Selbstredend schmerzte ihn der Niederriss der DDR tief – aber nicht aus Sympathie für unser Strohhütchen-Protokoll und den Mehltau, der über allem lag, sondern aus Weh über den gravierenden Verlust von tragikfähigem Material aus Schlünden und Schründen jenes Jahrhunderts, das ihm während des Kampfes der Systeme, im »Zeitgefühl zwischen Eiszeit und Kommunismus«, die wilden harten blutigen Metaphern zuwarf. Er war ein Forscher der Extreme, der sich nach dem Fall der Mauern arbeitslos sah, inmitten belastbarer Langweiler, die an großen runden Tischen die Weltformen des Ausgleichs suchten. Das war dem Dichter ein Verrat an jener schroffen Wahrheit, die das Blut bislang geschrieben hatte. Plötzlich, mit dem Bersten der Jahrhunderteisblöcke, stand der Schmächtige da wie ein Schmied, dem, während er den Hammer seines Verses hebt, der Amboss weggezogen wird. Müllers Dialektik war das Einverständnis mit dem unlösbaren Problem, mit den Verfinsterungen auf allen Seiten, mit der Unbefriedbarkeit von Gewaltpotenzialen links und rechts, oben und unten, bei Revolution und Reaktion. Das wollte unsereins nicht sehen, vernunftbeseelt bis in jenes fahrlässig Schlichte, zu dem der menschliche Geist fähig ist. Da die Dialektik hinterlistige Witze mag, gehört eben dazu, dass dieser Dichter Müller, jahrelang vertrieben von den Bühnen der DDR (weil seinem Werk, angeblich, der dialektische Zugriff fehlte!), schließlich doch den Nationalpreis bekam – quasi für gute Westarbeit.

Die eigene Art ist des Menschen Dämon, sagte Heraklit. Wenn sich ein ehemaliger Großfunktionär der DDR just auf Müller beruft, als sei auch nach Jahrzehnten nichts zu revidieren, nichts von eigener Haltung zu korrigieren, und als sei der Poet schon immer ein heimlich halber Genosse gewesen, dann ist das nur ein weiterer Beleg: Wie leicht man doch, durch gedankenschwache Vereinnahmung, den harschen Austrieb der früher so ungebetenen Gäste, nämlich der Dichter, noch ein weiteres Mal gut überleben kann. Man muss nur der eigenen Demagogie treu bleiben, so, wie man dem Stillstand treu bleiben und ihn sogar Charakter nennen kann – indem man ihn einen unerschütterlichen Standpunkt nennt.

INSEL DER SCHWÄNE. Klassentreffen in Ohrdruf, meiner Geburtsstadt. Bier lockert die Fremdheit auf, spült den Zeitstaub weg. Bilder mit Milchgesichtern kreisen. Ein paar Lücken im Klassenfoto, ein paar Lücken im Gedächtnis. Nach dem Abendbrot ausgebreitete Karrieren auf dem Parkplatz. Draußen also die Errungenschaften – und auf den Bierdeckeln die Strichmännchen einer glücklichen Kellnerin.

Auf den Fotos schaue ich mir entgegen. Er, wer war denn er? Ein scheuer Mensch, der als Junge, wenn alle in einer Reihe standen und zwei aus der Klasse, abwechselnd, die Mannschaften fürs Fußballspiel auswählten, regelmäßig zu den Übrigbleibenden dieser ihm unangenehmen Lotterie gehörte. Nicht, dass er unsportlich war, nur hatte er Angst vor fremden Tritten ans Schienbein, er ging nicht dorthin, wo es wehtat, und das wusste man von ihm, so einer gehört nicht zu den Stützen einer Mannschaft, er konnte sich trotzdem nicht überwinden, dem Spiel fernzubleiben. Er wollte dazugehören, wünschte sich aber möglichst wenig Ballkontakt. Was seine Einsamkeit auf dem Bolzrasen nur vergrößerte.

So nahm seinen Anfang, was Jahrzehnte später damit endete, dass er in Gaststätten regelmäßig die dunkelste, entfernteste Ecke suchte und sich mit dem Rücken zum Raum niederließ. In Theatern und Kinos waren es die Randplätze, die er suchte. Als wolle er Unzugehörigkeit behaupten. Die aber nichts mehr bedeutete, als er sie kultivierte. Sie holte nur mit einem lächerlichen Stolz nach, was ihm bei wichtigen Gelegenheiten früherer Zeit gründlich misslungen war: Courage, Selbstwertbehauptung. Wenigstens war ihm Letzteres, als die Wende ihn und andere von den Stühlen geworfen hatte, zwischen die zu setzen er sich immer zu feige war, endlich bewusst geworden. Trieb er früher als Journalist die geschichtliche Logik als klare Linie in die Zukunft, so vereinfachte er jetzt wahrscheinlich erneut, indem er schnurgerade Linien des Schuldbewusstseins in die Kindheit zog, kurze eindeutige Schlüsse: Von jener Angst vor dem Fußballspiel, bei gleichzeitiger Sehnsucht nach Teilhabe, zog er forsch die Verbindung zur Selbstaufgabe in einem Parteiapparat, der ihn geistig unterforderte, aber zugleich bedeutend machte. Diese Bedeutung hatte vorausgesetzt, streng auf den Wirklichkeitsausschnitt zu achten, in dem er sich bewegte. Verließ er diesen Ausschnitt, der ihn wichtig machte, so stieß er an jeder Straßenecke auf eine Realität, die nicht mehr aus einem Menschenbild, sondern aus Menschen bestand, nicht mehr aus führender Klasse, sondern aus Belasteten, Besorgten, die genug damit zu tun hatten, ein Leben zu führen – das keinem Bild entsprach, sondern ihnen selbst. Er sorgte gut und verlässlich dafür, seine Wirklichkeit nicht zu verlassen, die ihn in Gefahr gebracht hätte, die Wahrheit erfahren zu müssen. Erst sorgte er dafür, dann war ihm das Vermeiden störender Realitätsberührungen in Fleisch und Blutleere übergegangen. Den Rest erledigte die Angst. Sie hat Beispiele parat.

Schwitzend stand ich im Zimmer des Chefredakteurs. Der Atem flach. Vom FDJ-Zentralrat Unter den Linden ins Gebäude des Henschelverlages in der Oranienburger Straße, gegenüber der Jüdischen Synagoge, war ich geradezu gerannt. Die Angst peitschte. Irgendwo, weit weg, mussten jetzt Druckmaschinen rattern. Ich flehte, sie zu stoppen. »Film und Fernsehen«, die Monatszeitschrift des Filmverbandes, würde in ihrer nächsten Ausgabe, Mai 1983, eine Kritik von mir veröffentlichen, einen Aufsatz zum DEFA-Streifen »Insel der Schwäne« von Ulrich Plenzdorf (Buch) und Hermann Zschoche (Regie). Vieles hätte ich in jenem Moment darum gegeben, diesen Text, der mir sehr am Herzen lag, sofort verschwinden zu lassen. Den Film nie so gesehen, wie ich ihn in der Kritik beschrieb? Das Gesehene nie so bedacht, wie es nun bald schwarz auf weiß zu lesen sein würde? Der Chefredakteur von »Film und Fernsehen« sah mich verwundert an.

Monate zuvor hatte ich eine Aufführung des Films gesehen, zu der einige Rezensenten in den Sitz des staatlichen Filmverleihs eingeladen worden waren. Aufgewühlt war ich nach Hause gekommen, hatte noch in der gleichen Nacht zu schreiben begonnen und mich der schöneren Momente meines Doppellebens gefreut: tagsüber jene Referentenpflichten beim 1. Sekretär im Zentralrat der FDJ, deren Abläufe oft nur aufgewertet wurden durch den Ort, der mir schmeichelte, weil er ein Machtzentrum war – nachts nun die Beschäftigung mit einem Kunstwerk, also kurzzeitige Rückkehr zum Ursprung dessen, was mir Journalismus einst bedeuten wollte.

In der Kritik, die ich geschrieben hatte, stand: »Die Insel der Schwäne. Ihr gehören im Film ein paar Minuten, mehr nicht. Bilder von viel Wasser und viel Himmel, rauchenden Resten eines Feuers, einem Floß, Schneeflocken aus blühendem Wollgras, einem auffliegenden Schwarm Schwäne. Da mitten hinein die ungeduldigen Hupsignale eines Lkw: Diese ersten Bilder von der Insel sind die letzten; Abschied vom Haff. Stephan, der Junge aus dem Norden, zieht nach Berlin. Das traurige Schweigen einer Trennung. Wie die Möbel auf den Lkw, so wird die Insel ins Gedächtnis geladen. Noch einmal das Gesicht in den Wind heben. Nahm so auch Robinson von seiner Insel Abschied, Kolumbus von Amerika? Stephan steigt ins Auto, das ihn wegtragen wird, und man denkt an bittere Wahrheiten: Jede Stunde Leben köpft eine Stunde der Kindheit...

Wird zwischen den Hochhäusern Berlins Platz für die Insel sein? Was nehmen wir wirklich mit, wenn wir umziehen? Was von uns selber bleibt in den Wechseln bewahrt? Wie vollzieht sich Stephans Weg aus der Stille in das Dröhnen der Welt? Was kommt nach dem Paradies, das er verlassen musste? Wie lassen sich Abenteuerlust und Sehnsucht nach Geborgenheit in der neuen Umwelt aus Beton verwirklichen? ...

Nicht nur die Häuser befinden sich im Rohbau, der Mensch wohl ebenso. Stephan, wirst du dir eine dickere Haut zulegen müssen? Die Insel der Schwäne scheint in jenem Häusermeer, das der forcierte Wohnungsbau in den Plattenbausiedlungen erschaffen hatte, zu versinken ...

Dem Berliner Neubautenlabyrinth aus Sand, Rohbauten, Rohren, Platten, Bauplätzen und wieder Sand entspricht auch das Labyrinth der Gefühle, in dem sich der Junge zurechtfinden muss. Einprägsam wird gezeigt, wie sich Stephans Spektrum sozialer Erfahrungen und Werte erweitert. Er muss erkennen, dass fortan jedes Abenteuer eine festgelegte Ordnung stört. Die Existenz hat ein anderes Regelmaß. Das beginnt beim Grüßen im Fahrstuhl (Freundlichkeit ist deutsche Pflicht) und endet beim, bitte schön, vernünftigen Verhalten auf dem genau abgezirkelten Spielplatz aus Beton vorm Haus. Sonntags bitte Ruhe! Die neue Wohnung schmiedet die Familie noch nicht, wie erwartet, enger zusammen. Der Junge kommt zudem in eine Klasse, in der das Miteinander-Lernen ein merkwürdiges Routineritual zwischen Schülern und Lehrerin geworden ist. Alles scheint flüchtiger, hektischer, lebloser zu sein ... Der Fahrstuhl als Ort der Einsamkeiten und Gemeinsamkeiten wird zum Zentrum von Begegnungen ganz eigentümlicher Art; drohendes Ungetüm für den Jungen von der Insel, dann wieder Hort der Zuflucht. Winddurchfauchte Rohbauten, in denen Ritter, Tod und Teufel ihr Verwirrspiel treiben; jenes Trio, das Stephans Ängste und Abenteuer begleitet. Die Sauberkeit der Flure und Fassaden: eine Mischung aus Errungenschaft und Kälte. Die Sandhügel sind unansehnlicher Schlamm und doch auch Kontinente des Spiels ...

So fragt dieser Film. Genau und unnachsichtig. Darin liegt sein Wert. Er ist eine Art Dokument aus unserer Zeit der großen Umzüge, da wir uns im Besseren einrichten und doch voll Warten bleiben – auf jene Insel der Schwäne, auf der wir einst erwachten und Kinder sein durften...«

Wenn ich diese Rezension heute lese, wird mir die offensichtliche Nahtlosigkeit zwischen zwei Existenzweisen wieder bewusst. Die Einflüsterungen der Poesie, denen ich mich bedürftig aussetzte, machten mich zwar nicht wirklich widerstandsfähiger gegen die Einschärfungen der Propaganda, die ich mir als Bedürfnis erst hatte anarbeiten müssen. Aber noch schien ich durch dieses bloße Funktionieren in der politischen Keimfreiheit eines FDJ-Büros nicht endgültig taub geworden zu sein für die Wirkungen der Kunst. Der poetische Sinn in mir hatte seinen Raum und seine Zeit, die politische Dienstbarkeit aber auch. Das eine nahm ich als Tablette gegen das andere, Schmerz kam gar nicht erst auf, ein Gleichgewicht, das mich nicht schreckte. Alles in Ordnung, alles im Griff; fast ein wohliger Schauder, in zwei Welten zu leben, den Januskopf geschickt oben zu halten.

Auch in späteren Jahren, als Chefredakteur, genoss ich dieses Leben in zwei Welten. In den Sitzungen des Zentralrats oder auf Kongressen oder auf sogenannten Aktivtagungen saß ich als jemand, dessen Wort in diesen Niederungen der Geistigkeit sehr wohl gehört und geachtet wurde – und als Niederung empfand ich die Szene durchaus: langweilige, vorab bestätigte Reden, alles einem abgeklärten Szenarium unterworfen, zu dem jedes Mal ein Präsidium gehörte, auf dem wir Hauptfunktionäre ungestört und stundenlang andere Papierarbeit erledigten, die nur vom mechanischen Beifall an besonders lustig oder parteihymnisch inszenierten Stellen unterbrochen wurde. Wenn es mir gar zu öde war, nutzte ich das Privileg des anderen Berufs. Unter Verweis auf die Dringlichkeit der

Zeitungspflichten zog ich mich oft zurück, verließ die un-inspirierten Proklamationsorte, schüttelte mich aus dem blauen Hemd des Verbandes und tauchte wieder ein in die Hektik des redaktionellen Betriebes. Natürlich mit feinem Gespür für das, was aus besagter FDJ-Welt nun in der »Jungen Welt« umzusetzen sei in eine hoffentlich wirksa-me Agitation.

Das Empfinden, nicht gänzlich verloren zu sein ans po-litisch verzweckte Wort, hatte mich auch beglückt den Film »Insel der Schwäne« rezensieren lassen. Nicht ein Einziger im Zentralrat der FDJ las »Film und Fernsehen«, ich wähnte mich als Krenz-Referent schreibend bei einer Nebentätigkeit, von der niemand Notiz nehmen würde. Das genau war der Irrtum. Dabei hätte ich nur meine ei-gene Rezension ernst nehmen müssen, sie offenbarte doch, wenn auch nur vage und gleichsam zwischen den Zeilen, den Sprengstoff des Films: Er geriet sofort in den Verdacht, das Wohnungsbauprogramm der SED anzugrei-fen. Die Leitung der FDJ ließ sich, überraschend ahnungs-voll, »Insel der Schwäne« noch vor der offiziellen Premie-re ins Haus Unter den Linden bringen, in einer Sondervorführung sah sich das Sekretariat des Zentralrats den Streifen an. Danach tobender Eifer, grobes Verach-tungsvokabular, sofortige Organisation des unmissver-ständlichen Einspruchs. In der »Jungen Welt« erschien, von einem der stellvertretenden Chefredakteure geschrie-ben, ein böser Verriss unter dem Titel »Schon wieder kein Film über uns«. Die Kampagne stürzte los und würde dem Film die Laufzeit kalt abschneiden. »Neues Deutschland« half mit dem groß aufgemachten Brief eines Erfurter Bri-gadiers nach, der ästhetische Ordensregeln erneuerte, die stark ans kunstfeindliche SED-Plenum der sechziger Jah-re erinnerte.

Und in dieser Situation stünde in »Film und Fernsehen« ein Bekenntnis zum gemaßregelten Werk, das ausgerechnet der persönliche Mitarbeiter des FDJ-Chefs verfasst hatte?

Der Druck des Heftes ließ sich nicht mehr stoppen, die einzig mögliche Notwehr bestand in einer Streichung meines vollen Autornamens, unter der Rezension standen nur noch, was völlig unüblich war, die vertauschten zwei Kürzel meines Vornamens: D. H.

Gerettet.

Ein kleiner, lächerlicher Vorgang? Übertreibe ich die Selbstbezichtigung? Der versuchte Mord an einem Kunstwerk ist keine geringe Angelegenheit, und die Beteiligung daran hat Gewicht. Mag sein, dass politischer und poetischer Geist nie zusammenfinden und von einem natürlichen Widerspruch die Rede sein muss, bei dem jede Seite ihr Recht hat. Und das zu allen Zeiten. Der politische Geist will Probleme nur immer lösen, während poetischer Geist Probleme auf möglichst hohem Niveau – leben will. Ein selbstverständliches Spannungsfeld, das auch der härteste Streit um einen Gegenstand nur aufreißen, nicht aber beseitigen kann. Doch wurden weder die Schöpfer des Films »Insel der Schwäne« zu solch einem Streitgespräch eingeladen, noch bemüßigten wir uns um eine Sprache, die bei ihrer Kritik doch wenigstens kulturvoll geblieben wäre.

Die FDJ bot jedem das Du an, nur nicht dem Selbstzweifel, und jedes Urteil zu Missliebigem erinnerte an ein Gespräch, das der junge Schauspieler Manfred Krug mit dem einstigen Chef der DEFA, Hans Rodenberg, über Louis Armstrong geführt hatte. Rodenberg, ein alter Kämpfer aus Moskauer Exiljahren, kannte Armstrong nicht, Krug lieh ihm eine Platte, der SED-Kulturfunktionär hörte sich das an und meinte hinterher zu Krug: Dieses Musik brauche er nicht, denn was sich da Jazz nenne, habe er des Öfteren zu Hause, es klinge wie der Abflussstrudel des Wassers in seiner Badewanne.

Das Selbstbewusstsein der politischen Macht bellte, ich verkroch mich still und heimlich in den Schutz eines Namenskürzels.

»ICH HATTE IMMER ANGST.« So lautete die Überschrift eines Interviews drei Jahre nach dem Ende der DDR. Fragen an den Schriftsteller Günter de Bruyn. Auch er gehört zu den Autoren, die mich plötzlich interessieren. Spät hat er so einen Satz öffentlich gemacht. Weil er nach außen als versöhnt mit dem eigenen Ich erscheinen wollte? Weil Gewissen nichts Veröffentlichbares ist?

Du weißt, was war, es ist vorbei, mit jeder Erfahrung lebst du vorsichtiger und besser. Der Rest ist wahrlich Schweigen. Geh deine Kindheit durch, abends vorm Einschlafen, das ist der richtige Zeitpunkt, da alles aufsteigen kann, um mit dem Hinüberdämmern wieder zu verschwinden, forsche dir nach, doch tu es allein, nur für dich, hab' vor allem diesen einen Mut: einzig und allein im Selbstgespräch jene Dinge zu sagen, die dich hindern, dir selber gegenüber freundlich zu sein. Rechne alles, was sich in deinem früheren Leben mit großer Geste und großer Idee und großer Unterwerfungskraft umgab, herunter auf die frühen Zeiten deiner Existenz, wo Urgründe lauern mögen, aber bleib bei dir, hör nicht schon wieder die Seiten eines Buches rascheln, das dich weitererzählt.

Schreiben aber heißt: Ich nenn euch mein Problem. Das ist der Titel einer Lyrikanthologie aus der DDR, Gedichte sehr junger Autoren, im Buch Verse von mir, ich war knapp über zwanzig, »Ende eines Sommers« heißt das nachpubertär hingeworfene Werk. »Ängstlich hängt im Apfelbaum/ die Reife: allein/ vom Vogelschrei verlassen.// Und eine müde Sonne/ dick verpackt im Wolkenschal,/ wandert nun im Schutz der Berge.// Komm doch, Oktober, komm!/ Ich lache deinem/ Wind entgegen,// denn erst im Sturme/ weiß ich/ wer ich wirklich bin.«

Kinderei. Der Sturm. Das heftige Unmwehtsein. Die vorgestreckte Stirn. Hoch loderndes Haar. Das Standhalten. Das Wagnis in den äußeren Umständen. Heute lese ich diesen Kitsch wie eine Vorwegnahme der Aufplusterungsträume, die den Mount Everest wollten, aber nur bis zum Zentralrat der FDJ kamen. Elementar wärest du gern gewesen, bist es nie geworden. Vielleicht war da ein Talent, das die Ausdrucksmöglichkeiten der Poesie schon ahnte, eine Gabe, nah dran, um jene Membran zum Schöpferischen zu durchstoßen, zum wirklichen Schreiben hin, zum Gestalten, zum Eigenen, vielleicht, aber die Membran war nicht dünn und das Talent nicht stark genug, so suchte es sich ein Ersatzfeld in den Sekundärkünsten des Journalismus, fand aber keine Kraft, sich dort zu genügen, spürte immer diese unüberbrückbare Nachbarschaft zur Kunst, spürte die Nachbarschaft mehr als die Unüberbrückbarkeit, litt an der Differenz, das kann nicht jeder aushalten, und so befriedigte sich das Talent in der Phrase, erhob sie zur Kunst, betäubte mit ehrwütiger Energie das Gefühl, zum Eigentlichen nicht gekommen zu sein. Was für einen Aufenthalt in der Kunst zu wenig war, das reichte immerhin, mich im Journalismus der Transparente (dieser breit aufgezogenen Fläche, um Transparenz zu verhindern) für groß zu halten.

»Ich hatte immer Angst.« Was de Bruyn sagt, erinnert mich an meine eigene mittlere Temperatur, es erinnert mich wieder an meinen Vater. Er war ein beliebter Lehrer in der thüringischen Kleinstadt, er war ein genauer Lehrer, seine Deutschstunden suchten Kunstwerke nach klaren Aussagen ab, sie wagten sich freilich nicht in die geheimen Gegenden der Literatur, wo der Aufruhr gegen das Eindeutige, Abrechenbare auf seine Stunde wartet, um uns mit der Schönheit seelischer Unergründlichkeiten zu überfallen. Das war nicht die Art seiner Pädagogik. Er rührte nicht auf, und so rührte er kaum an. Er legte Wert auf abgesicherte Ansichten. Er wusste, was verlangt wird, und so erzog er Menschen, die ebenfalls wussten, was verlangt wird. Das alles in einer Grundgüte, die mich als Kind stolz machte, weil sie mir überall, wo man meinen Vater kannte, das Urteil einbrachte: Ein guter Lehrer. So ging er mit seiner Angst um, er gab ihr möglichst keine Anlässe.

Aber sie war da, sie muss da gewesen sein. Denn nie hörte ich ihn ein flammendes Ja-Wort zu diesem Staat oder zu jener Partei sagen, deren Mitglied er war. Ihn trug nichts, er trug nichts vor sich her, er war geduldig und gefasst damit beschäftigt, zu ertragen. Die Ergebenheit war seine Berufung, und sie schloss die Tatsache ein, dass Vater und einziger Sohn nie wirklich, wie man so sagt, über das Leben sprachen. Ich denke an ihn mit der tiefen Traurigkeit darüber, was ein Mensch im Laufe seiner Existenz in sich vergraben kann. Wie viele Leute habe ich später interviewt, wie oft beschwor ich die Neugier als Grundbedürfnis des Berufes – aber wie gering hatte sich vordem das Interesse erwiesen, die eigenen Eltern erzählen zu lassen von dem, was hinter den äußeren Abläufen des Alltags zu erkunden gewesen wäre.

Als im Westen die Achtundsechziger ihre Eltern zu verhören und anzuklagen begannen, war ich zwanzig. Nichts gespürt von diesem Impuls. Ihn nicht aufgenommen. Zu keiner Frage gefunden, zu keinem ehrlich gemeinten: Erzählt doch mal! Wie habt ihr gelebt unter Hitler? Wie war das im Krieg? Wie kamen danach die Russen über euch, in diesem thüringischen Ohrdruf, einem der größten Truppenstützpunkte Ostdeutschlands? An der Küchentür die Kerbe im Holz, Kopfhöhe, noch nach Jahren sichtbar, sie soll von einem Russenmesser stammen, von einem »Besuch« Betrunkener, die Häuser außerhalb der Ortschaft lockten an, ich schnappte Bemerkungen darüber auf, aber ich habe nie nach den Schreien gefragt, nachts, zu hören aus der Waldnähe, Schreie waren es, denen mitunter Schüsse folgten, man sprach von geflohenen und wieder eingefangenen »russischen Muschkoten«, so ging ein Flüstern in der Nachbarschaft, es war ein umtuscheltes Schweigen. Wenn ein Lehrer in den Westen abgehauen war oder als die Familie des enteigneten Fabrikanten zwei Häuser weiter abhaute, mit dessen Kindern ich täglich gespielt hatte – nichts gefragt, aber ich sah doch die

Limousinen, die bei solchen Anlässen vor der Tür hielten, Männer in Ledermänteln stiegen aus und wollten meine Eltern sprechen. Sie kamen und fuhren wieder ab, sie nahmen meinen Vater auch mal mit, nach Hause kam er zu Fuß, kein Wort, immer alles ohne viel Aufhebens, nur Ruhe und drüber hinweg, das Leben soll weitergehen, und sein Fluss soll keine Wellen schlagen.

Nein, keine Fragen. So ist das geblieben.

Nichts ist unergründlicher als die eigene Biografie. Du stehst irgendwann vor dir selber und begegnest einem Unbekannten. Du ahnst, dass dich von dort, wohin du so gern schweigen möchtest, Wahrheiten anstarren, die vielleicht ins Freie müssen. Aber Verschwiegenes wärmt, gegen die Kälte draußen; bist du jedoch mit dir allein, kehrt sich der Frost gegen dich selber. Was soll man tun in so einem Klima? Wie sagte Brecht? »Sollen andere über ihre Schande reden, ich rede über meine.«

Die Anlässe zum Reden sind identisch mit den Anlässen zum Schweigen. Für den Wechsel von einem zum anderen – dies bestätigt alle Arbeit am Gedächtnis einer Zeit – hält das Leben leider immer nur die falschen Zeitpunkte parat.

»Ich hatte immer Angst.« De Bruyn verweist auf das bedrängende Wechselspiel von Gewissheiten und Zweifeln, auf den Konflikt zwischen Selbstbewusstsein und Zögerlichkeit, auf die schwierige Scheidung von eigenen und außengesteuerten Trieb- oder Willenskräften. Dieser Autor ist ein Mensch, der nicht zu den kräftigen Selbstbehauptern und Lederhäuten gehört, wie sie unser geschichtlicher Rationalismus benötigte. Er ist in seinen Romanen und Erzählungen aber auch kein Verschwender des großen, ausgreifenden Gefühls gewesen. Die Leidenschaft stand in seinem Werk ebenfalls unter Verdacht, eine gefährliche Mitgift zu sein. Fast könnte man sagen, er ist zu sanft und zu mitfühlend und zu zaghaft gewesen, um seinen Gestalten ein tragisches Schicksal zuzumuten, und bis zu seinen Autobiografien hielt er sich, schreibend, mit erkennbaren eigenen Erfahrungen zurück. Er exponierte seine Seele nicht, ließ in literarischen Figuren wohl höchstens eine vage Spiegelbildlichkeit mit sich selber zu. Der psychische Abgrund als Ahnung, nicht als reißerische Ausmalung.

Was zeichnete er für ein DDR-Bild? Der Mensch, den er in seinen Büchern erzählte, blieb trotz »revolutionierter« Zeit maßgeblich bei seinen alten Gewohnheiten. Diese wurden durch eine radikal neu behauptete Wirklichkeit nicht wesentlich gestört. De Bruyn beschrieb, wie auch die Selbstsucht teilnahm am »nationalen« Aufbauwerk. Er porträtierte die Familie als die kleinste Zelle des faulen Kompromisses. In den Nischen, diesen versteckten Freiheitsprovinzen, triumphierte jener private Vorteil, der draußen, kostümiert, sein politisches Bekenntnis schnurrte, um in Ruhe gelassen zu werden.

Im Dezember 1986 wurde die Weitspringerin Heike Drechsler in der traditionellen »Junge-Welt«-Umfrage zur »Sportlerin des Jahres« gekürt. In meiner Laudatio sagte ich: »Der Ruf Erich Honeckers auf dem XI. Parteitag der SED an die Jugend unseres Landes hat ein vielfältiges Echo gefunden. Überall dort stehen die Mitglieder der FDJ in vorderster Reihe, wo es um die Sicherung des Friedens und die Stärkung des Sozialismus geht«, und natürlich gehörten auch die Sportler dazu, die überall in der Welt »vom Friedenswillen unserer Republik künden«.

An diese Rede musste ich denken, als ich im Juli 2009 ein Porträt Heike Drechslers in der »Süddeutschen Zeitung« las. Worte von ihr: »Der Leistungssport war ein Teil des DDR-Systems gewesen, und ich war auch ein Teil dieses Systems. Wir waren Diplomaten im Trainingsanzug und mussten uns viel anhören (in ihrem Fall waren das Dopingvorwürfe, die für ihr Teenageralter dokumentiert waren – ›Süddeutsche Zeitung‹) . .. Ich habe mich versteckt in meinem Sport ... Zu DDR-Zeiten hatte ich in vielen Bereichen die rosarote Brille auf, ich habe über manche Sachen gar nicht nachgedacht – ich dachte nur, Hauptsache, sie lassen mich in Ruhe meinen Sport machen ... Es ist natürlich einfacher, wenn man von außen sieht, was falsch ist, als wenn man selber tief drin ist in der Geschichte, man braucht Zeit und Abstand ... Ich war 'ne andere Heike zu der Zeit ... Man hat wenig selbst entscheiden können, man hatte nur einen Auftrag – seine Ziele zu erfüllen, zu gewinnen ... Bestehen konnte man nur mit Leistung, sonst ist man untergegangen ... Natürlich war es schlimm, dass der Mensch wenig gezählt hat ... Da zählten ja leider immer nur Siege ... Als erstes war ja wichtig, den Klassenfeind zu schlagen, um jeden Preis. Und wenn man minderjährig war und mit Doping konfrontiert worden ist, ohne dass man es wusste oder dass es die Eltern wussten – das ist eine schlimme Sache.« 1993 in Stuttgart wird sie noch einmal Weltmeisterin. Jetzt »war ich selbst verantwortlich für das, was ich tue«.

Bemerkenswerte Sätze. Befreite Gedanken. Eine gewisse Gefolgschaft solcher Sätze ist hinlänglich bekannt: Da ist jemand undankbar, krähen die DDR-Verwalter, da verrät jemand sein früheres Leben. Nein. An solche Aussagen sollte man mitunter denken, wenn ein paar Gründe in Vergessenheit zu geraten scheinen, warum die DDR von ihrer Bevölkerung aufgegeben wurde. Ohne großen Kampf. Ohne wirkliche Gegenwehr, nicht mal aus dem innersten Zirkel der ideologischen Festungen. Kraftlose Übergabe. Heike Drechslers Äußerungen sind ein Beispiel für das, was der Sozialphilosoph Michael Brie schrieb: »Die Hinterlist einer politischen Diktatur« enthülle sich nicht zuletzt in ihren nicht beabsichtigten Folgen. »Wenn der Staat lügt, ist das Bedürfnis nach persönlicher Wahrheit besonders groß und auch fast zu einfach zu haben: Sie darf nur die öffentliche Lüge nicht infrage stellen.«

Sie habe sich in ihrem Sport versteckt, so beschreibt Heike Drechsler diesen Zusammenhang.

Im »Neuen Deutschland« nannten Mitarbeiter diese Technologie, gute Miene zum faden ideologischen Spiel zu machen: »Vogelfutter auslegen«.

Brie nennt in seinem erwähnten Essay den Alltag der DDR etwas inzwischen fremd Gewordenes. »Sinnwidrig scheinen nicht nur die offiziellen Strukturen, sondern auch das eigene Mittun. Aber dieses Mittun war zugleich ein Tun, war die Schaffung von etwas, was ohne eigenes Handeln nicht gewesen wäre.« Bei manchem breche »Grauen aus vor dem, woran mitgetan, was getan wurde«, bei anderen »Stolz, Freude, Heimweh«. Aus der Spannung zu »Diktatur, Unmündigkeit, entfremdeter Verfügung« sei für viele in der DDR ein »Anspruch auf Selbstbestimmung, Mündigkeit, wirkliche Aneignung« erwachsen, und wo dieser Anspruch »auf die Strukturen einer Parteidiktatur traf, auf bloße Borniertheit oder sogar Böswilligkeit, da wurden jene erinnerungswürdigen Wunden geschlagen, deren Narben noch heute schmerzen«. So entstehen aber auch jene harsch trotzigen Aufzählungen, was an der DDR Gutes bis Hervorragendes gewesen sei. Sie ist längst neu gegründet, so viele Errungenschaften, so viel Bleibendes, so viel Beglückendes – ein Fremder würde womöglich gar nicht mehr begreifen können, warum die Mächtigen vertrieben wurden. Es sei denn, man unterstellt Teilen der Bevölkerung niedere Beweggründe. Das übliche geistige Defizit also, das avantgardistischer Bereinigungen bedurfte. Diese Bereinigung trug nichts weiter als Schminke auf. Das könnt ihr euch abschminken, sagten die Leute eines Tages, der genug hatte vom ewigen Morgenrot. Ja, so viel soziale Kraft in der DDR, aber doch so wenig Bindungskraft. Das bleibt der Denkstoff.

Heike Drechslers Worte lassen an das Missverhältnis von Leben und dessen befohlener Deutung denken. Sportler zum Beispiel errangen Siege, Millionen Menschen freuten sich darüber, die ideologische Interpretation hatte mit beidem nichts zu tun, wurde aber zum Ein und Alles erklärt. Übrigens kaum im Gegensatz zu manchem Ereignis des bundesrepublikanischen Sports – nur ist mir kein dortiger Athlet bekannt, dem Unlust zur patriotischen Losung womöglich die Karriere gekostet hätte. Wir aber definierten jeden weiten Sprung in ein tief persönliches Bekenntnis zum gesellschaftlichen Fortschritt um – das aber mit dem wirklichen Denken und Fühlen der Menschen nichts zu tun hatte.

Auf diese Weise entstand Zweistaatlichkeit in einem Staat, und der höchst mögliche Frieden bestand irgendwann darin, dass sich Lüge und Wahrheit in Ruhe ließen. Zwei Parallelwelten, die einander kaum mehr berührten. Anpassung beiderseits: Das System machte weiter Propaganda für etwas Großes, das immer mehr schwand, und diejenigen, die dieser Propaganda ausgesetzt waren, machten einfach die Augen zu, um sich nicht die Sicht nehmen zu lassen; machten die Ohren zu, damit ihnen das Hören nicht verging; machten den Mund zu, um noch Luft zum Atmen zu haben. Der Staat maßte sich den Durchblick an, sah aber die Realität nicht mehr; er bestand auf Hörigkeit, statt aufs Volk zu hören; aber im Grunde hatte er, trotz Befehlsgewalt, nichts mehr zu sagen. So hatte das Jahr 1989 dann sein leichtes Spiel. Es war ein Endspiel, das die DDR verlor, geübt im Schießen von Eigentoren. Und im Nachtreten. Heike Drechsler konnte es nach diesem Text in der »Süddeutschen Zeitung« aus den Leserbriefspalten des »Neuen Deutschland« einmal mehr erfahren.

Diese östliche Gesellschaft entwarf Günter de Bruyn in seiner glänzenden Prosa als einen Hort des staubigen Opportunismus und der geschmeidigen Selbstverleugnung, aber diese Misere erschien – in einer überhebungsfreien, sehr gerecht bleibenden Sprache – nicht vordergründig als geharnischte oder gehässige Kritik am flächendeckenden Marxismus, sondern als sehr ungemütliche Bestandsaufnahme des Übergreifenden: Die DDR wurde beleuchtet, ihre Silhouette jedoch zeigte Zeitlosigkeit. Mit feinen Anwürfen, mit unauffälligen Vergleichen die Wirklichkeit schildern, ohne sich ihr geistig zu fügen: letztlich das Thema auch seiner Biografie »Das Leben des Jean Paul Friedrich Richter«.

Das Buch »Mein Brandenburg« von Günter de Bruyn zeigt auf dem Rücktitel ein Foto: der Schreibende am Tisch auf der Terrasse, vorm Haus unweit des Kleinortes Beeskow, im Märkischen. Das Bild strahlt Wesentlichkeit aus: eine sich sehr gewisse Ab-Wesenheit. Da besteht jemand auf Unerreichbarkeit durch andere. Bei de Bruyn sehe ich ein solches Terrassen-Foto nicht nur als üblichen Verweis auf den Beruhigungsplatz, wie ihn jeder Mensch hat oder haben möchte. Nein, das hier zielt tiefer. »Abseits« hieß bezeichnend seine literarische »Liebeserklärung an eine Landschaft«; der Blick auf Brandenburg als Blick auf eine Existenzweise, die im Arkadischen eine Wahrheit sucht, die für ein Leben reicht, jenseits der Beteiligung an den Hauptgeschäftszeiten. Noch wenn er über seine Geburtsstadt Berlin schrieb, war ihm Fontane näher als etwa Döblin.

Ein Mensch zog sich zurück. Noch immer haftet solcher Bewegungsrichtung ein Makel an. Wer sich zurücknimmt, verlässt die Mitte, und Mitte wird gern als Ort wahrer menschlicher Bestimmung behauptet. Mitte ist die Herrschaft der abgesicherten Moral. Dort stehen die Wühltische des kollektiven Unterbewusstseins: Jeder findet das, was ihn schützt, umsorgt, aufhebt, wärmt. Selbstgewissheit durch den Personenschutz der vielen um einen herum. Erhebung durch Eingemeindung.

Idealistische Vorstellungen aus der Frühzeit des Bürgertums oder jenes Modell der Klassik, alle Subjektivität sei zuvörderst Freiheit und Selbstbestimmung des Willens – beides lebt stark auch in de Bruyns Nachdenken über das eigene Dasein, es webte mit an der Ausbildung einer persönlichen Bilanz in ungeliebten Gesellschaften: dem Bild des unrettbar Fremden in seiner jeweiligen Zeit. Geboren wurde er 1926: aus der Schule an die Flak, und diese Zeit schuf bedrängende Schilderungen: »In dem Moment, in dem der Schuss dröhnt, erkenne ich unter den Altersmasken die Schülergesichter und weiß genau, dass wir noch immer dabei sind, nie entlassen wurden, nie entlassen werden, dass wir in Uniform altern ...« Aus dem Krieg aufs Land, aus der Hilfslehrerschaft in die Bibliothek. Der Ort der Bücher als frühes Exil und zugleich ein Tor zur Welt. Das Buch als Rettungsort für den Schüchternen, die Literatur aber auch als Lehrer für die beständige, beharrliche Gegenweltanschauung. Aus dem Bibliothekar wird der freie Schriftsteller, der öffentliche Anerkennung genießt, aber doch fürchtet, sie könne zähmen und somit die Selbstachtung untergraben. Ererbter Katholizismus, diese Grundausstattung familiärer Geborgenheit und grundsätzliche Scheu geben die Dämmschicht für einen »Außenseiter, der seine Leiden durch kritische Registrierung produktiv zu machen versuchte«.

Dies Leiden peitscht er nie hoch zum öffentlichen Ausweis von Charakter. Die Unfähigkeit mitzumachen: wieder eine Frage an die Genetik. Wenn es so ist, dann ist Widerstand kein Verdienst, sondern Naturell. Wie die Neigung, Angst zu haben.

De Bruyn, dieser instinktiv zurückzuckende Charakter, der nicht wirklich wehtun konnte und wollte, er muss nach dem Ende der DDR manchen Angestellten im früheren Verlags- und Buchwesen des Ostens wie ein Mensch vorgekommen sein, in dem man sich arg getäuscht hatte. Denn der da jetzt seine Verachtung dieses Milieus öffentlich machte, war er nicht immer freundlich, gewogen, zugänglich gewesen? Redlichkeit beim Anpassungs- und Durchkommensversuch hat ihren Preis: als ehmals ehrliches Einverständnis missverstanden zu werden. Über seinen Verleger schrieb de Bruyn in seiner Autobiografie, dass er »erst im Laufe der Jahre ... Intelligenz an ihm zu bemerken« glaubte. Dieser Verleger in einer verwunderten, enttäuschten Replik an den Autor (ein Brief an »Neues Deutschland«): »Dazu das Folgende: Unsere Bekanntschaft begann im Jahre 1974, und zwar mit Ihrem Manuskript ›Das Leben des Jean Paul Friedrich Richter‹. Als das Buch ein Jahr später erschien, schenkten Sie mir ein Exemplar mit einer handschriftlichen Widmung, in der Sie sich für die ›streitbare‹, aber ›vortreffliche‹ Zusammenarbeit ›herzlich‹ bedankten. ›Da ich ihn weder mochte noch schätzte ...‹ liest man auf Seite 243 Ihrer Autobiografie, und Sie betonen, wie sehr Sie unsere Gespräche langweilten. Auch dazu stelle ich Ihnen gern Kopien handschriftlicher Briefe zur Verfügung ... Unter dem 15. Oktober 1982 ist zu lesen: ›Über unser Gespräch denke ich, wie Du Dir denken kannst, viel nach. Danken möchte ich Dir für Deine von mir so geschätzte Sachlichkeit und Ehrlichkeit. Mit besten Grüßen, Dein Günter.‹«

So war das in der DDR, so ist das mit der DDR: Entkleidet aller vermeintlichen Wärmespende durch scheinbar sinnbegnadete Kollektivität, stürzt das eingebildete Gefüge in die laue Temperatur der ganz gewöhnlichen Menschenart: Man verhielt sich großenteils interessengesteuert, und weil Idee und Moral in besonders monumentalen Lettern in den öffentlichen Raum gewuchtet wurden, breitete sich unter diesen Lärmwolken nur umso schneller und ebenso flächenfüllend eine Heuchelei aus, die doch lieber Vorsichtsmaßnahme genannt werden wollte.

Die vorgetäuschte Nähe hatte viele Gesichter, es waren auch freundliche darunter, und es gab Momente, da man dies durchaus mit Gemeinschaft verwechseln konnte. Diese Gemeinschaften in der DDR – es hat sie gegeben und es gibt sie weiter. Aber die Verlässlichkeit der treuen Freundeskreise, von denen viele sogar das Ende des Staates überlebten, war wohl in den seltensten Fällen eine politisch begründete. Die Kollektivität als Ausdruck eines wirklichen geistig-ideologischen Gleichsinns gab es kaum.

Wie haben wir in der FDJ diese Kollektivität beschworen und zelebriert, aber ähnlich einer Windhose ins Waldstück fuhr die Freiheit in die Kampfgemeinschaften und knickte den Bestand. Dass man nach dem Bruch in alle Richtungen stob, war nicht nur den plötzlichen sozialen Umschwüngen und dem Zerfall der alten Strukturen geschuldet, eher offenbarte sich jetzt, dass man einander nicht wirklich etwas zu sagen hatte. Die Phrase war es, die band, das Ritual einigte, die Parteidisziplin schloss die Reihen. Auch das Politbüro war im letzten Konfliktraum 1989 ein zerstrittenes, sich umlauerndes Häuflein alt gewordener Revolutionszöglinge, die einander nicht mehr über den Weg trauten, den sie wirklich gemeinsam doch nie gegangen waren.

Aber nur von mir will ich reden: Man verbrachte Sitzungen miteinander, bestätigte einander die Wichtigkeit, indem man auf Tribünen stand, an Wochenenden fuhr man in ein FDJ-Heim, Fußballspiel und Grillabend waren der Kitt, ansonsten las man Haufen von Vorlagen, denn mit der Wichtigkeit durfte es kein Ende nehmen. Aber nichts blieb nach dem Ende der FDJ von den »Kampfgefährten« und »Jugendfreunden«; viele Begegnungen mit dem Früher wären mir heute peinlich, keine persönliche Bindung ans Funktionärspersonal hat durchgehalten. Es gibt inzwischen eine Verständnissperre, man müsste einander gestehen, dass die gestrigen Gesprächsweisen seltsame Verrenkungen waren, um sich nahezukommen, ohne eine grundlegende Fremdheit anzutasten.

De Bruyn wird im Vorstand des Schriftstellerverbandes sein – und gegen die Biermann-Ausbürgerung protestieren. Er wird den Roman »Der Hohlweg«, den er 1963 veröffentlicht hatte, nachträglich als Verirrung im sozialistischen Realismus verwerfen. Er wird im Oktober 1989 den Nationalpreis der DDR ablehnen, und noch später wird er feststellen müssen, als Spitzel der Staatssicherheit geführt worden zu sein, ohne je unterschrieben zu haben. Aber die Anwerbungsversuche hatte er nicht kategorisch zurückgewiesen und sich also doch – schüchtern, scheu, schonungsbedürftig – Informationen abpressen lassen; es ist für ihn selbst die »Tragödie eines Versagens«.

Es gibt ein Recht auf Feigheit, man muss es allerdings Feigheit nennen. Ich denke an den wunderbaren Schauspieler Kurt Böwe vom Deutschen Theater Berlin, der von Proben mit Regisseur Adolf Dresen erzählte: »Es war eine der dunkelsten Stunden meines Lebens, als wir den ›Kohlhaas‹ erarbeiteten, auf der Probebühne. Wolf Biermann war gerade ausgebürgert worden, es lag da eine Liste aus, und ich merkte, es hing bedrohliche Düsternis im Raum. Dresen sagte zu mir, fast beiläufig: Böwe, da hinten liegt eine Liste, wenn Sie mal schauen würden. Ich brauchte nicht zu schauen, ich wusste. Ich ging nicht hin, ich sah mir auch die Liste nicht an, ich versuchte, in mich hineinzuschauen. Scham empfand ich wie danach nie wieder. Wir gingen in eine Kneipe, Mittag essen, die Zeit wollte nicht vergehen. Ich wusste doch, man muss etwas tun, mein Kopf raste; plötzlich meinte ich, eine Entdeckung gemacht zu haben: Die Fantasien von Feiglingen laufen am schnellsten. Ich würde unterschreiben, aber ich sah im Geist, wie die Genossen mir zwei Tage später auf den Pelz rücken würden, und ich würde einsehen und zurückziehen. Nein, das durfte ich mir nicht antun, aber es hatte jetzt auch keinen Sinn, mein Wesen zu betrügen, mein Wesen würde nach zwei Tagen einknicken. Ich habe also nicht unterschrieben, aber ich fühlte eine Qual, und es war mir, als würde der Dornbusch brennen.«

Es ist eine Kunst, Misstrauen gegen sich selbst auf eine Weise zu empfinden, dass daraus befreites Handeln entstehen kann.

Monika Maron über de Bruyn: »Er ist wohl eher ein ängstlicher Mensch, und ich halte es für keine Schande, ängstlich zu sein. Im Gegenteil: Wenn ein ängstlicher Mensch es schafft, kein Feigling zu sein, bewundere ich ihn ...«

Wenn ich heute die zahlreichen Beschwichtigungen höre, die zwecks Erklärung des eigenen Funktionierens in der DDR das sozialistische Überzeugtsein weit höher ansetzen als die Fügung unter den gesellschaftlichen Druck, dann überkommt mich wohlige Einsamkeit: Ich glaube das alles nicht mehr, kein noch so inständiges Wort nachholender Begütigung überzeugt mich. Beteiligung am System war doch immer auch in erheblichem Maße eine Befreiung aus der Selbstentfremdung durch Angst. Angst, eine Chance zu verpassen, Angst, eine Position zu verlieren, Angst, eine ehrenwerte Einsicht zu betrügen, Angst, vor einem Zweifel zu kapitulieren, Angst, einen Konflikt bis zum Ende bringen zu müssen, Angst, einer Erfahrung bereitwilliger zu folgen als einer Erkenntnis. Wer fortwährend die große Idee im Munde führt oder sich fraglos umgeben lässt von großen Mündern, in deren Lautschatten man sich ducken konnte, der wird später Schwierigkeiten bekommen mit dem buchhalterischen Verweis auf die vielen kleinen Anständigkeiten, die er sich doch trotzdem bewahrte. Kritik hat dann oft das Profil wie in Brechts Gedicht »Nichtfeststellbare Fehler der Kunstkommission«: »Geladen zu einer Sitzung der Akademie der Künste/ Zollten die höchsten Beamten der Kunstkommission/ dem schönen Brauch, sich einiger Fehler zu zeihen/ Ihren Tribut und murmelten, auch sie/ Zeihten sich einiger Fehler. Befragt,/ Welcher Fehler, konnten sie sich/ An bestimmte Fehler durchaus nicht erinnern. Alles was/ Ihnen das Gremium vorwarf, war/ Gerade nicht ein Fehler gewesen, denn unterdrückt/ Hatte die Kunstkommission nur Wertloses, eigentlich auch/ Dies nicht unterdrückt, sondern nur nicht gefördert./ Trotz eifrigsten Nachdenkens/ Konnten sie sich nicht bestimmter Fehler erinnern, jedoch/ Bestanden sie heftig darauf/ Fehler gemacht zu haben – wie es der Brauch ist.«

Nie mehr, so de Bruyn 1993 in der »Frankfurter Allgemeinen Zeitung« über seine mangelnde Schärfe gegenüber den Stasileuten, werde er »glaubhaft von Würde und Anständigkeit reden, nie mehr über andere urteilen können. Und immer werde ich, nach diesem Akt der Verdrängung, der das Erinnern an mein Versagen zwar nicht auslöscht, aber zu meinen Gunsten eingefärbt hatte, mir selbst gegenüber misstrauisch sein ... Zu einer Antwort auf die Frage, wie eine ungeliebte Diktatur sich so lange zu halten vermochte, gehört nun auch ein Fingerzeig auf sich selbst.«

Solche Fragen stören Leben auf – und halten es.

NEUES DEUTSCHLAND (I). Dass die Welt für ihn hergerichtet sei, darauf kann der Mensch nicht bauen. Gegen diese Wahrheit baut er an. Und wuchtet mächtig hoch, was Stein und Statik hergeben. Unbedingt schön ist das nicht immer – Macht ist zuerst Mut zur Hässlichkeit. Das erzählen viele Gesichter der Politik – und viele Herrschaftszentren.

»Neues Deutschland« steht über dem grauen, hässlichen Plattenbau am Berliner Franz-Mehring-Platz. Der einst berühmt-berüchtigte Zeitungstitel, die Kopf-Zeile, ist noch immer Reklameschrift auf dem Dach – letzter verräterischer Hinweis darauf, dass in diesem Hause von oben nach unten gedacht wurde. Von oben für unten. Nähe Ostbahnhof, dort fand sie statt: die Fahrplan-Produktion für den Zug der Zeit. Abgefahren inzwischen. Geblieben ist der Ort, den die Freaks des Morbiden »abgefahren« nennen würden.

Dort arbeite ich.

Es gibt einen Dokumentarfilm über unser Haus; und verfügten wir denn über einen Marketingspezialisten mit Sinn für Aufrichtigkeit gegenüber der eigenen Geschichte – er hätte diesen Streifen zur künstlerisch-essayistischen Visitenkarte von Redaktion und Verlag erkoren. Die »hauseigenen« Gesichter jedoch, zu betrachten am Morgen nach einer Sendung des Films im Fernsehen des Mitteldeutschen Rundfunks, zeigten großenteils nur Missbehagen. Als störe er die Gewohnheit, das Vergangene als glücklich erledigt zu empfinden.

Aber in diesem hässlichen Haus, das für »Neues Deutschland« steht, ist nichts erledigt. Hier gerät jeder Weg durch die Gänge zum Gang übers dünne Eis, ob man sich das eingesteht oder nicht, und die Last einer bestimmten Befürchtung wird nicht abzuschütteln sein: Das Marode der Architektur kehrt nur nach außen, was wir zu Teilen weiter in uns tragen.

Sandra Prechtel und François Rossier drehten diesen neunzigminütigen Film und nannten ihn: »Deutsches Neuland«. Als grüben sie sich durch Grabplatten in eine Katakombe – in der doch aber, überraschend, auch wirkliches Leben flimmert! Es gibt ein Dasein nach dem Tod! Ein Leben gleichsam über unseren journalistischen »Leichen«, die da im Keller lagern. Diese treuen unbequemen Weggefährten, und sei es im Gedächtnis der Leser, die unsere Zeitungen einst mit Groll anfassten.

Das Gebäude: sieben Etagen Büros, Stiftungen, Werkstätten, Lebens- und andere Künstler (die ND-Redaktion, der einst sämtliche Flure gehörten, quetscht sich in ein paar Großräume im zweiten Stock). »Wenn die ganze Welt aus solchen Häusern bestehen würde ...«, sagt im Film ein junger Mann, kafkaesk lächelnd, ein New Yorker im ND-Domizil, seine Augen erzählen von der Lust am Abseitigen, er fürchtet, dass er hier, wie jeder, irgendwann »zum Käfer wird«. Diese niederschmetternd langen Flure, diese überwältigende Leere, dieser Staub des Abrisses – gegen den hier und da ein nasser Besen wischt, als sei Staub besiegbar.

Die Mieter. Wo einst Hunderte von ND-Beschäftigten ihr revolutionäres Rot des Ostens gegen das reaktionäre Schwarz des Westens setzten, rollt nun die Kugel unbekümmert ins Bunte einer zufällig zusammengewürfelten Bewohnerschaft. Einer jagt im Film mit dem Roller durch die Etagenödnis. Im Gitterfahrstuhl (den es inzwischen nicht mehr gibt) quietscht die defekte Deckenlampe. Ein Kind lacht, ein Hund bellt, ein Plakat ruft »Gegen ein Europa der Monopole!« Eine UdSSR-Landkarte wird für den Müll zusammengerollt; auf einem der Gänge liegt ein Buch über Thälmann. Im Dächer-Dämmer-Himmel der umliegenden Hochhäuser, von der Kamera stimmungsbewusst verfolgt, flieht ein Flugzeug den Ort. Noch in tiefster Dunkelheit brennt hier immer irgendein Licht. Schöner kann das Gespenstische nicht sein. Der Mond versucht aufzugehen, als sei er das Morgenrot.

Da ist der westdeutsche Produzent von Rhythmusmaschinen, der es wunderbar findet, hier mit so vielen Leuten »snacken« zu können, typisch Osten!, das hält aber auch auf, sagt er, »ich muss ja Geld verdienen«. Wer singt da plötzlich, irgendwo, so wunderschön »Partisanen vom Amur«? Vor einem Zeitungsständer, in dem nur Exemplare der kommunistischen »Unsere Zeit« (UZ) hängen, verteidigt ein Mensch, der hier offenbar ebenfalls ein Büro hat, die gute alte Maschinenpistole vom Typ Kalaschnikow, denn »wir Arbeiter« müssen diese Gesellschaft vielleicht irgendwann »mit Gewalt ändern«.

Es kommt auch der ewig auf Hochtouren geschaltete, latzhosenrote, engelsbärtige, urgesteinige ND-Öffentlichkeitsarbeiter ins Bild, der seit Jahren bei seinen Büchern, Souvenirs, Werbeutensilien im Keller residiert, »immer im Einsatz«; unter den großen Tannenbaum im Foyer legt er agi-tierisch gern »Das Kapital« und die alte Platte »100 Jahre deutsches Arbeiterlied« – die der rührige Portier des Hauses, einst bei den »bewaffneten Organen« tätig, aber nach eigener Aussage »kein Betonkopf«, sofort wieder wegnimmt, denn so was gehört ja wohl »zu einer anderen Veranstaltung« und nicht mehr in ein öffentlich gewordenes Gebäude. Vor der Kamera auch ein schwuler Ex-ND-Druckerei-Mensch, der im Plattenbau gegenüber wohnt, aufs Zeitungsgebäude vor seinem Fenster schaut und unter Maria-Callas-Arienklang beherzt selbstironisch davon erzählt, wie er zu DDR-Zeiten am Frauentag auf einem Schiff der Weißen Flotte als Eintänzer für zweihundert alkoholisierte ND-Frauen agieren musste. »Ich fürchtete, entmannt zu werden, und wäre am liebsten in die schmutzige Spree gesprungen.«

Schicksale in Momentaufnahmen. Leben abseits des Standesgemäßen, ein bisschen Untergrund und noch mehr *underground*; hier wuchs zusammen, was nicht immer zusammenpasst, aber doch zusammengehört: Verlorene, Verworfene, Verwegene. Eine Erinnerungsinsel inmitten eines deutschen Geländes, das gar keine Erinnerungen mehr weitergeben will. So viel Ausbleichung, so viel Auslöschung, so viel gieriges Grau in diesem Haus, aber: Umgeben von hoffnungslosen Zuständen und nüchternen Räumen, wuseln da die Boten eines wahrhaft neuen Lebens – Menschen nämlich, die sich unterscheiden. Deren Utopie in einer neuen Mythologie des Profanen besteht, in einer Arbeit, die ohne aufgeputzte Dekoration auskommt. Romantik eines rührenden »Trotzdem!«, gegen jede Form von Stilllegung. Die ja bereits dort beginnt, wo man sich der Ästhetik des Standesgemäßen anpasst. Alles hier in diesem nicht mehr ehrenwerten Haus: beängstigend real und doch hochkünstlich. Fremdheit, die einlädt. Wenn man denn jene Erfahrung nicht fürchtet, die als untilgbare Spur in den Wänden hockt.

Natürlich ist das auch ein Film über unser Blatt. Eine Feuilletonredakteurin, die bis heute aushielt – und viele hielten bis heute aus, weil sie ohne Alternative auskommen wollen oder müssen – führt durch die ehemalige Redaktion, der einst das gesamte Haus gehörte. Der ausgediente Sitzungssaal: nicht ihr Ort, nie gewesen. »Wie klug, in der DDR nicht Chef zu werden.« Traurige Gedanken folgen, über die eigene Ohnmacht früher, über den »armen entfremdeten Menschen« damals (zu den vermeintlich besseren Zeiten), der am Morgen die Zeitung aufschlug und denken musste, »er kriegt 'ne Ohrfeige verpasst«. An der Kraft dieser Ohrfeige arbeiteten alle mit, auch diejenigen, die nicht Chef waren, also klug – und schlau dazu. Entlastete sind sie nicht. Mit den Jahren: die wachsende Lähmung der Redakteure, »aber wie schnell man nach der Wende wieder schreiben konnte!«

Unter Honecker musste man schreiben, was man sollte. Jetzt müssen wir schreiben, was wir können. Die Zeiten sind schwieriger geworden.

In den DDR-Jahren betrat ich das Haus nur ein einziges Mal. Der Anlass war eine Gratulationscour, der Chefredakteur hatte Geburtstag, alle »umliegenden« Chefredakteure überbrachten ihre Glückwünsche. Nun wird sich mein Berufsleben in diesem Klotz vollenden, in einer geistigen Freiheit, die im Widerspruch zum Verbreitungsgrad des Blattes stehen mag. Vielleicht aber ist dies eine Voraussetzung von Freiheit: jenen Verhaltenszwängen nicht ausgeliefert zu sein, die in einer Mediengesellschaft aus unbedingtem Wahrgenommenwerdenmüssen entstehen. Wir vereinsamen gemeinsam mit unseren Lesern; die Arbeit besteht darin, dabei die Heiterkeit nicht zu verlieren.

Viele von uns Älteren in der Redaktion – wir werden naturgemäß immer weniger – sind gebrochene Gestalten, man kann es an der Art beobachten, wie wir einander begegnen. Wir sind mitunter müde, man kann es daran sehen, wie wir die Flure durchlaufen. Die Zimmer, in denen wir arbeiten, atmen eine spezielle Melancholie, die sich dort einnistet, wo etwas Großmächtiges erst lernen musste, dass auch Bescheidenheit und Armut tragbare Existenzformen sind. Durch den Tag schleppt sich eine Atmosphäre zwischen aufrichtig gelebter Ermattung, bemühter Frische und zwischengestreuter Selbstironie. Und Vorsicht. Als könnte jeden Moment eine insistierende Kamera auftauchen, um uns in jener Lethargie zu ertappen, die uns zwar aus guten Gründen befiel, aber doch einem linken Medium so überhaupt nicht gemäß ist. Wir sind die

Erbefiguren in der Biografie dieser Zeitung. »Neues Deutschland« nannte sich einst »Zentralorgan«, ihm kam der politische Großkörper abhanden, der die Blutleere herbeipumpte fürs künstliche Leben; nun irrt das ehemalige Organ durch Deutschland, versucht, Gesicht zu werden, etwas mit Hand und Fuß, nicht länger mehr Kopfgeburt. Köpfchen zu offenbaren, das würde doch endlich reichen.

Wir Älteren haben an einem Missbrauch zu tragen, dessen einzig Schuldige wir selber sind, jeder missbrauchte sich selbst, als er sich in den Chor der staatlich beauftragten Langweiler einreihte, die sich Parteijournalisten nannten. Wir wissen das, jeder weiß es von sich selbst, jeder weiß es vom anderen, das verbindet, aber das schiebt auch unsichtbare Wände zwischen uns. Wir kommen miteinander ohne Vorwürfe aus, aber es kam auch nie zur offenen Diskussion über die Zähmungen, die wir an uns und in uns auf die Spitze trieben. Wo draußen der Zeitungsname fällt, trifft man bisweilen auf ein erstauntes »Ach, das ND gibt's noch?!« – so begrüßt man jemanden, der wieder auftaucht, ohne dass man ihn vermisst hätte.

Die jungen Menschen, die in dieser Redaktion arbeiten, halte ich für mutig. Sie holen sich ein Stigma in jene Referenzen, ohne die das weitere Fortkommen nicht funktionieren wird. Sie verzichten also früh auf einen Platz im tonangebenden Raum. Sie bekennen sich zu einem Außenseitertum, das jenseits der Redaktion mitunter unübersehbar von Missachtung, Überheblichkeit, nachwirkendem Hass begleitet bleibt. Die eingeschränkte Kenntnisnahme des Blattes bildet keinen strahlend hohen Himmel über aufblühenden Talenten. Der Hamlet ist keine Rolle fürs Provinztheater.

Oder doch? Vielleicht ist »Neues Deutschland«, mit seiner verbogenen Vita, mit seinem Verstoßensein aus ehemals prunkender Öde, mit seinen nachschimmernden Kainszeichen ein ideales Trainingsgelände für eine neue, rettende Weltunbeholfenheit. Hier probiert ein Quäntchen Jugend, unbelangt zu bleiben von der aufgedrehten Funktionslust im Schlagzeilenzirkus. Diese jungen Leute in der Redaktion laufen interessiert bis genervt in einem Zoo älterer, leicht erschreckbarer Wesen herum, die ihre vergangene Zeit auf unterschiedliche Weise mit sich herumschleppen und zu Aufbrüchen nicht wirklich mehr fähig sind. Auch ich hätte gern eine andere Kraft. „Wir machen eine ordentliche Zeitung" ist hier ein Satz mit Grundgesetzcharakter. Es gibt in der Redaktion den beglückt Stillen, der in Ruhe vergessen darf, was er früher zusammenfaselte. Dort stolziert der gewohnt Eifrige, der diese Arbeit am Vergessen längst schon wieder in ein Selbstbewusstsein verwandelte, nie falsch gehandelt zu haben. Weiter hinten sitzt der Dankbare, der sein Leben unbelästigt bis zur Rente pflegen wird. Neben ihm der frohgemut Aggressive, der seinen polternd groben Stil in alter Manier gegen die immerwährend alten Feinde richtet. Aber es schreibt hier auch der endlich Aufatmende, der sein einst so folgsames Gemüt nun schonen und für eigenes Denken ausschwingen lassen darf. Es ist Platz für den linksdogmatischen Jungsporn, der noch ohne die Dämmschicht eines gewissen Erfahrungsschatzes loslärmt, und für den Leisen auf der Zwischentonspur. Und als schaue er souverän und von höherer Warte durch alle hindurch, federt dort drüben der Gewandelte, sich in einer ganz anderen, nämlich der bürgerlichen Welt wähnend, wo er doch aber dem alten Blatte dient – die Freiheit feiernd, jedoch gebunden ans alte Haus, und zwar aus Mangel an Gelegenheit, die Welt wirklich zu wechseln. In einer Zeitung viele Zeitungen: Platz hat der Klassenkämpfer ebenso wie der Stilist der neu einstudierten Dämpfungen; der Vorpreschende findet seinen Raum wie auch jener verhalten Gewordene, der Sprache entdeckt, statt sie, wie früher, als ein Fertigteil zu benutzen.

Der Alltag vollzieht sich größtenteils freundlich. Lang schon berentete Mitarbeiter helfen aus, kommen weiterhin in die Redaktion wie in ein Lebenszentrum, von dem sie nicht lassen können. Nie fallen von Chefredakteuren hässliche Worte der Zurechtweisung, denn ein hoher Grad der Selbstausbeutung in allen Ressorts verhindert jenen Verlangenston, zu dem eine Redaktionsleitung unzweifelhaft befugt wäre. Das schafft eine gewisse Dankbarkeit, die der Selbstausbeutung neue Schubkräfte verleiht. Kontakte zu westdeutschen Redaktionen gibt es kaum, noch immer werden die Marktführer »bürgerliche« Zeitungen genannt, und es ist ein Gran Abfälligkeit zu spüren. Andererseits steckt dahinter das Mühen nach eigener Kenntlichkeit, die freilich schwer auszumachen ist, weil Kraft, Ressourcen aller Art und Geld fehlen und weil eine betont systemkritische Berichterstattung per se so viele Facetten des Lebens verfehlen muss, die aus einer Zeitung mehr machen würden als lediglich einen Organisator täglicher, reflexiver Unzufriedenheit mit der kapitalistischen Ordnung.

Es gibt in der Redaktion ein Leiden am Grau dieser tapfer praktizierten Routine, immer nur so ausdauernd dagegen sein zu wollen. Trotzdem geistert durch die Belegschaft ein Traum: Die hochherzig Optimistischen, diese durch nichts zu erschütternden Reifemenschen, die durch alle Niederlagen und Rückschläge stark Gebliebenen, sie mögen sich vereinen mit den desillusionierten und enttäuschten Individualisten. Und in dem, was dann linker Journalismus wäre, schlössen die massiv Hoffenden mit den Skeptischen auf eine Weise Frieden, dass man sich nicht gegeneinander behauptete, sondern einander unterstützte und voneinander berichtete. Es müssten zwei Wahrheiten zusammenfinden und unverwechselbar aufschreibbar sein: dass die Ideale nicht zu Ende sind, davon erzählen die einen; dass die tägliche Entzauberung der Ideale ebenfalls weitergeht, davon erzählen die anderen – und jedes Wissen interessiert jeden. »Der Blick derer, die nur Zukunft schauen, kreuzt sich mit dem Blick derer, die leider schon zu viel gesehen haben« (Claudio Magris).

Wo früher unter dem Zeitungskopf »Zentralorgan« stand, steht heute »Sozialistische Tageszeitung«. Ein ungefährlicher, kaum subversiver Trotz. Ein Spruch, dessen interessanten Widerspruch niemand wirklich ernst nimmt: Denn wie viel *Vor*-Spiegelung ist überhaupt möglich und sinnvoll – in einem Medium, dessen Aufgabe doch hauptsächlich *Wider*-Spiegelung bleibt? Heute so übers gestern Geschehene schreiben, dass die Zeitung für *den* nächsten Morgen schon wieder auch *das* nächste Morgen ahnen lässt? Vor dem Gedanken würde man erschrecken, müsste man ihn tatsächlich konsequent denken. Aber ach, ein bisschen These ans Kirchentor nageln, warum nicht, selbst wenn niemand mehr weiß, wo Gott wohnt. Ein wenig utopisches Vokabular, als milderndes Mittel gegen die Schmerzen der Ernüchterung, die aber aushalten muss, wer jene Dinge, die sich mal »Sozialismus« nannten, von Grund auf anders will. Volker Braun spricht vom Heute als dem »Feld der Niederlage, wo unser Brot wächst«. Hin zum Nullpunkt möglicher Aufbrüche, der noch gar nicht erreicht ist. Das heißt: Wer – verführt vom rohen Zustand jetziger Welt – das Ende der DDR nach wie vor zum Betriebsunfall verklärt oder den Ex-Staat einzig und allein zum überrumpelten Opfer feindlicher Übernahmen macht, der hat den Sozialismus, dem er angeblich dient, ein weiteres Mal verraten und verkauft. Nein, verkaufen lässt sich das kaum, die Auflage des »Neuen Deutschland« erzählt die Wahrheiten, die noch immer zu selten im Blatt stehen.

Ein Film über den Bröckel-Charme eines anziehend hässlichen Betontheaters, dessen falscher Putz uns noch immer an den Schuhen klebt. Und der parteilose Ex-Druckerei-Mensch gesteht jetzt, fast augenzwinkernd: Weil er so an die Sache geglaubt habe, bis zum Schluss, streife ihn manchmal, freilich nur kurz, die Frage aller Fragen: Hast du vielleicht gar umsonst gelebt?

Logisch, dass der Film spätabends lief. Der richtige Moment für Geschichten, die aus der Zeit fallen. Nur Geisterstunde ist im Fernsehen Geist-Stunde. Der Film blamiert jeden, der mit Langsamkeit und untergründigen Stimmungen nichts anfangen kann. Nach dem Abspann sagt der latzhosenrote ND-Werbetrommler dem Regisseur in die Kamera, was Kapitalismus ist: »Du bist eine Nummer, dich braucht keiner, mich braucht keiner, euren Film braucht keiner.«

Freier kann keiner werden für einen ewigen Anfang.

NEUES DEUTSCHLAND (II). Sein Porträt hängt genau neben der Tür zum Ressort »Feuilleton«. Den gesamten Gang entlang, der unsere Großräume voneinander trennt: Fotos aus der Historie des »Neuen Deutschlands«. Wie erzählt man die Geschichte einer Zeitung? Zumal dieser. Man kann sie erzählen, als schildere man ein Menschenschicksal. Man kann sie erzählen als die Geschichte eines DDR-Lebewesens, in diesem Falle: einer Erscheinung, die aus der Verheißung kam und in der Verhärtung endete. »Neues Deutschland«: der Roman eines letztlich ungeliebten Wesens. Diese Geschichte war bis eben noch ungeschrieben. Nun aber dieses Buch. »Wäre es schön? Es wäre schön«, das Leben von Rudolf Herrnstadt.

Er war von 1950 bis 1953 ND-Chefredakteur. Nach dem Lesen seiner Biografie scheint mir das Foto neben jener Tür, die zu den Feuilletonisten-Schreibtischen führt, so ganz anders. Da geschah ein Anprall – wie viel man doch selber mitbringen muss, um etwas zu sehen.

Fotografin Eva Kemlein, die Berliner Theatergeschichte festhielt, spricht im Buch von einem »ganz unglaublichen Eindruck«, den Herrnstadt, aus Moskau kommend, im Nachkriegsberlin auf sie gemacht habe. Das sagt auch Filmkritikerin Rosemarie Rehahn, deren »Wochenpost«-Texte in der DDR jahrzehntelang wie ein einziges fortlaufendes Feuilleton der Lebens- und Menschenlust inmitten der Tristesse gelesen werden konnten. Sie gehörte in jener frühen Zeit zur heiter tatgierigen »Herrnstadt-Clique«, die damals zunächst eine Jugendzeitung gegründet hatte (»Start«, später »Junge Welt«). Rehahn sagt, der Chef sei »ein ungewöhnlicher Mensch« gewesen – um sofort fragend zu klagen, wie er denn bloß »unter so viel Mittelmäßigkeit« hat leben können. Diese Mittelmäßigkeit ganz oben, deren Teil er war.

Das Buch ist das Porträt eines schillernden Menschen, der sich mit rationaler Schwungkraft gegen die verderbte kapitalistische Welt warf. Herrnstadt wird 1903 im oberschlesischen Gleiwitz geboren. Er ist Journalist, Auslandskorrespondent für Ullstein, arbeitet ab 1930 für den Auslandsnachrichtendienst GRU der Sowjetarmee. In der DDR: Kandidat des Politbüros, der führende Ghostwriter der Macht, fast so etwas wie ein Chefideologe, im Januar 1954 wird er aus der SED ausgeschlossen.

Die Biografie über ihn schrieb seine Tochter, die Schriftstellerin Irina Liebmann. Es ist ein Buch über ehrlichen und unehrlichen Antifaschismus; es werden Liebesgeschichten erzählt, die sich an einer Idee entzünden, und es wird Ideengeschichte erzählt, die liebende Menschen verbrennt.

Liebmann hat Geschriebenes ihres Vaters in den Händen, hat Erfragtes beisammen, und als könne es zum Staub ferner Zeiten zerfallen, hält sie das alles sehr vorsichtig in das Licht heutiger Erkenntnisse – sie bleibt erregt Staunende vor einem Leben, das sich klaren Linien verpflichten wollte, aber nur in Zerrissenheiten erfüllen durfte. Der Aufklärerische als geheimer Aufklärer, der Individualist als Armist, der glühend Gläubige plötzlich als verfemter Ketzer – eine Jahrhundertgeschichte, die hebt und staucht. Und im Schaudern des Nachvollzugs, was ihrem Vater widerfuhr, bekräftigt die Tochter ihre eigene lebensrettende Skepsis, ihren Verdacht, dass überhitzte Ideenmagie blind macht für das lauernde Bestiarium hinter den Zeit-Kulissen.

Am Anfang des Buches steht der Satz von »etwas, was sich nicht mehr vermitteln« lässt. Und zwar: dass Intelligenz sich so beugte. Dass linkes Denken so viel Denkverbote einschloss und dies dann frohgemut als Tugend verbuchte. Dafür gewesen zu sein, das lässt sich kaum noch verständlich machen, wo doch schon sehr früh immer mehr dagegensprach. Und dies selbst in der Brust des Überzeugtesten. Aber Rosemarie Rehahn sagt einen klugen Satz: »Er hatte das Bedürfnis nach Hingabe.«

Daraus wohl wuchs diese so heftig wirkende kommunistische Kraft, die alle Zweifel beschwichtigte und alle Einwände vertrieb – diese giftige Kraft der Zerstörung und der Selbstvernichtung, die es nunmehr so schwer macht, frei und ohne Arg an die Aufbruchspunkte zurückzukehren, als die Idee noch gänzlich freundlich schien und voraussetzungslos menschenzugewandt, als alle nur das Beste wollten und das Leben tatsächlich neu zu werden hoffte. Beim Vormarsch ins Mächtige hat die Idee dann ihre Unschuld verloren. Unschuld?

Irina Liebmann hat ihrem Buch, ohne Erhebung, dies Fragezeichen eingeschrieben – hat es hinter die Behauptung von anfänglicher Unschuld gesetzt. Sie zweifelt nicht an der Aufrichtigkeit, am visionären Optimismus, an der Gerechtigkeitskultur in den Seelen solcher Menschen wie ihrem Vater (»der das funkelnde Leben mitbrachte, wenn er einen Raum betrat«), aber sie zweifelt – in leise vorgetragener Entschiedenheit – grundsätzlich an der Richtigkeit und Legitimation einer unfreiheitlichen Staatsform. Die SED würde, so Liebmann, bis zum Ende tun, was schon im Beginn angelegt war: »… jedes Verlangen nach Offenheit und Kritik als einen feindlichen Anschlag betrachten. Sie wird den Weg in den Pragmatismus der Plattenbauten und Sozialmaßnahmen wählen und so tun, als ob das Sozialismus wäre. Sie wird an einem Menschenbild des lenkungsbedürftigen, schwachen oder sogar feindlichen Bürgers festhalten, den sie verwalten und kontrollieren muss.«

Die Härte dieses Urteils steht im krassen Widerspruch zur liebevollen, einfühlsamen Schilderung von Menschen der Aufbaugeneration. Dieser schier unerträgliche Widerspruch war zweifellos der entscheidende tragische Widerspruch. Er führt zum Kern dessen, was so traurig macht: dass eben die Emphase für einen wirklichen Neuanfang, der Glaube ans Gute der Geschichte, die energievolle Beseeltheit davon, antikapitalistisch zu sein, als Tugend kaum mehr übertragbar ist, keinem Westdeutschen ist das nahezubringen, schon gar keinem Nachwachsenden, dem die Trennung in Ost und West aus eigenem Erleben unbekannt blieb. Denn Verständnis zu erhoffen, das wäre, als wolle man mitten in jenem Scherbenhaufen Sozialismus, der unzählige Wunden riss und viele Adern dem Verbluten auslieferte, die einstige Schönheit des Glases feiern. Man müsste verdeutlichen können, dass es doch kluge Leute waren, die zu den Kommunisten stießen, dass es ein Leistungs- und Berechtigungsgefüge gab, das dem System der DDR zwar millionenfach zuarbeitete, aber trotzdem ein allgemein menschliches war und das also darauf hoffen durfte, einen Systemwechsel ohne moralischen Misskredit zu überstehen.

Das aber traf nicht ein. Im überstürzten Prozess nach 1989, da sich zwei Bevölkerungen, heftig die eine, weit weniger berührt die andere, zu vermischen begannen – man warf sich ineinander, stolperte gegeneinander, prallte voneinander ab, um erneut zueinander gewirbelt, gestoßen, gelockt zu werden –, in diesem Prozess hatte die Bundesrepublik, im wahren Sinn des Wortes, nichts Besseres zu tun, als ihre eigene Sozialstaatlichkeit zu verteidigen und hervorzuheben. Sie hob sie hervor, sie hob sich hervor, und sie hinterließ im Osten verletzte, beleidigte Menschen, deren Lebensleistung plötzlich nur noch reduziert schien auf unzählige Spiel- und Arbeitsarten stalinistischer Zuträgerschaft. Das ist sehr falsch, aber nicht ganz falsch.

Wir wissen nicht wirklich, was an unserer eigenen Biografie freier Wille und was Fremdbestimmung ist. Aber freilich wird man, bei aller Lauterkeit der eigenen Durchkommensart, doch keinesfalls das Erbe der realen Verhältnisse los, und wenn man schon auf den Wert der eigenen Biografie pocht, so sollte man der Vollständigkeit halber auch das mittragen wollen, was oft genug den kleinen Frieden der Zufriedenheit und des Unbehelligtbleibens in der DDR erst ermöglichte: das Einverständnis mit den unsinnigen politischen Ritualen, vom Pionierappell bis zur montäglichen Parteiversammlung; das gedankenlose Zettelfalten an Wahltagen; diese ohrenbetäubend stille Duldsamkeit gegenüber Kellnern und Abschnittsbevollmächtigten, wie sie Monika Maron in ihrem Essay über die »Zonophobie« beschrieb; diese Beflissenheit, mitzutun, ohne aufzufallen, oder umgekehrt: aufzufallen, ohne wirklich etwas zu tun. Wie viele hatten einen großen Mund, und man wusste, warum: Sie kannten keine Fremdsprache, aber redeten perfekt mit zwei Zungen. Das alles sind Verhaltensweisen, die der Sozialismus nicht erfand. Aber wir »Sozialisten« wollten doch nichts weniger sein als die einzige lohnende geschichtliche Alternative. Bewiesen haben wir lediglich die Beständigkeit des Menschen im Ewigen: seiner Geschmeidigkeit, die alles beim Alten hält.

Was hat das mit Rudolf Herrnstadt zu tun?

Es hat mit der Tragik zu tun, dass jenen Menschen immer weniger Gerechtigkeit entgegengebracht wird, die ausgerechnet im Irrsinnsapparat des stalinistischen Rigorismus Erfüllung suchten, obwohl sie doch getrieben wurden von großer Sehnsucht nach dem Gegenteil des Stalinismus: Freundlichkeit und Güte. Arthur Koestler beschreibt den Konflikt in seinem Roman »Sonnenfinsternis«: »Unsere Prinzipien waren alle richtig, aber unsere Resultate waren alle falsch. Unser Wollen war hart und rein, die Menschen sollten uns lieben. Aber sie hassen uns. Wir brachten die Wahrheit, und sie klang in unserem

Mund wie die Lüge. Wir bringen die Freiheit, und sie sieht in unseren Händen wie die Peitsche aus. Wir künden die wunderbare Zukunft, und unsere Verkündigung klingt wie fades Gestotter und rohes Gebell ... Warum nur?«

Irina Liebmann führt die Extreme des Verhaltens in extremen Zeiten auf sehr menschliche Weise zusammen, ohne die Unvereinbarkeiten von Ersehntem und Möglichem zu verwischen. Sie macht begreiflich, wie der Kampf gegen den Imperialismus die Partei aushärtete, also Parteilichkeit und Disziplin unabdingbar machte. Sie schreibt über ihren Vater: »Mit dieser Formel hält er das aus, was er gerade erlebt. Hält es weg von sich selber.« Haltung nennt sie das. Aber sie fragt in die eigene Bewunderung hinein: »Und ist es nicht ein militärischer Begriff? Ein Kommando? Ein Einatmen, ohne auszuatmen?«

Sie erzählt, mit großer Heiterkeit fast, von der letztendlichen Einsicht, dass auf Erden vieles von dem, was gut sein wollte, im Resultat beweinenswert bleiben muss, weil es die wahren großen unwiederholbaren Welten verbrauchte: Menschen. Und sie erzählt so, dass man am Ende weiß: Dieses Wort gibt es im Grunde doch nur im Singular. Die Ein-Zahl: Immer lebt, immer leidet, immer stirbt ein Einzelner. Nicht Ideen sterben, ein Mensch wird erschossen.

So viele starke Details im Buch. Wie Herrnstadt mit der »Gruppe Ulbricht« unmittelbar nach dem Zweiten Weltkrieg nach Berlin zurücksoll, einer der Ersten, und wie er, der Jude, auf sowjetische Order zurückgestellt wird: »Muss das sein? Bei diesem Antisemitismus in Deutschland?« Juden »erschweren die Arbeit zusätzlich.« Wie er den freien westlichen, bürgerlichen Journalismus wegwirft als »hilfloses Schreiben ohne historischen Überblick« – das sehr früh, und das noch immer, da ihm eines Tages in der DDR, als einem Feind der Partei, das Schreiben verboten wird. Da ist sie wieder: die Haltung. Die Würde und deren gleichzeitige Fragwürdigkeit.

Wie er die »Berliner Zeitung« aufbaut, so lungenkrank wie unbesieglich im Arbeitsfeuer. Wie seine Liebe zu den Russen 1948 einen sensationellen ND-Artikel erschafft. Gegen Anwürfe wegen unbedenklicher Roheit sowjetischer Soldaten setzt er nämlich eine andere Logik: Hätten die Deutschen Hitler verhindert, wüsste der Russe, wer zu schonen sei. Waschkörbe voller Leserbriefe – pro und kontra. Jetzt bricht der Zorn auf in Herrnstadt. Jetzt muss gesagt werden, dass die deutschen Genossen ihre Macht von den Russen geschenkt bekamen. Jahrzehnte später wird Heiner Müller dieses Thema so verdichten: »Das rote Halstuch nass vom Stalinopfer/ Und das zerrissne Blauhemd für den Toten/ Gefallen an der Mauer Stalins Denkmal/ Für Rosa Luxemburg.«

Herrnstadt hatte mit seinem Verweis auf die Schuld der Deutschen an der nun ausbrechenden russischen Besatzer-Roheit ein ideologisches Heiligtum angerührt: dass Ostdeutschland ein Erbe und Hort unzähliger Antifaschisten sei – und Racheakte also von vornherein unbegründet seien. Die DDR hatte als Land der ganz »anderen Deutschen« zu gelten. Ein Tabu, das noch lange existierte.

Im September 1988 führte die »Junge Welt« ein Interview mit Stephan Hermlin. Es reagierte auf Umtriebe rechter Skins, wir hatten die erste Frage an den Schriftsteller zu einer Art Vorspann ausgeweitet, der deutliche Grundlagen für das Gespräch setzte: »Genosse Hermlin, wir möchten uns mit Ihnen über Antifaschismus heute, über Geschichtsbetrachtung unterhalten. Ein Gespräch darüber muss von der Herausforderung ausgehen, der unser sozialistischer Staat ausgesetzt ist: Ausgerechnet die deutsche Republik, die sich ehrlichen Herzens eine Republik der Antifaschisten nennen darf, gerät ins polemische Sperrfeuer des Gegners: Skinheads, das Aufflackern faschistischen Ungeistes, wie sporadisch und vereinzelt auch immer, seien Ausdruck der Tatsache, dass auch bei uns Vergangenheit nicht richtig bewältigt worden sei. Abgesehen davon, dass es kläglicher Auftrag der anderen ist, beim Blick auf unser Land eine Perspektive zu wählen, bei der das Sandkorn größer erscheint als das dahinterstehende Haus – viele Leserbriefe auch an die ›Junge Welt‹ drücken Betroffenheit, Empörung, auch Ratlosigkeit aus, wie Derartiges bei uns geschehen kann.«

Das war Absicherung und Postulat. Das Sicherheitsnetz hatten wir aufgespannt, den doppelten Boden gezogen. Von Hermlin erhofften wir Bekräftigung: Einige böse Erscheinungen gab es, lanciert vom Klassenfeind, aber sie hatten nichts zu tun mit dem Wesen des Systems. Die Route des Interviews schien klar, und trotzdem muss ich uns den Mut zugestehen, unliebsame Wirklichkeit der DDR doch immerhin auf eine Weise benannt zu haben, die in anderen Medien des Landes damals nicht zu finden war.

Denn Hermlin sagte in diesem Interview, das sich über drei Zeitungsseiten erstreckte: »Man muss sich sehr davor hüten, dass bestimmte Dinge, zu denen man sich bekennt, die man unterschrieben hat, zu bloßen Ritualen oder Floskeln werden … Mir sagte mal ein Schriftstellerkollege: Der antifaschistische Charakter der DDR ergebe sich für ihn allein schon aus der Tatsache, dass seine Kinder überhaupt nicht mehr wüssten, was ein Jude sei. Ich erwiderte ihm drauf: Mein lieber Freund, genau das Gegenteil ist wahr; man kann nicht ein Gegner des Antisemitismus sein, wenn man nicht weiß, was ein Jude ist. Man hat keinerlei Recht, darauf stolz zu sein, dass Kinder nicht mehr wissen, was ein Jude ist. Solche Kinder sind schwerstens gefährdet … Die Wahrheit sieht so aus, dass in Deutschland vielleicht ein Prozent der Bevölkerung irgendetwas mit Widerstand zu tun hatte, und ein Prozent ist schon hoch angesetzt.«

Ein Prozent aller Deutschen! Friedrich Schorlemmer wird später sagen, nach Veröffentlichung dieses Satzes in einem offiziellen Organ sei ihm und seinen Freunden endgültig klar gewesen, dass man die Geschichte der DDR als einem angeblichen Hort der Millionen Antifaschisten neu schreiben müsse.

Vor allem dieser Satz und eine Äußerung Hermlins zu Gorbatschow hatten Folgen (»ich glaube fest daran, dass der Kommunismus sein Apogäum eigentlich jetzt erst erreichen wird dank der neuen sowjetischen Revolution – für mich ist das eine Revolution wie die Oktoberrevolution...«). Wir ließen uns den Gesprächstext von Hermlin bestätigen, waren uns der Zündsätze darin bewusst und schickten das vom Schriftsteller begutachtete Manuskript an den 1. Sekretär des Zentralrats der FDJ. Er gab es ins Zentralkomitee der Partei weiter, wo es auf dem Tisch Honeckers landete. Der muss wohl sehr wütend gewesen sein, traute sich freilich nicht, persönliche Änderungen am autorisierten Text eines langjährigen Kampfgefährten anzuordnen. Der Chef des Jugendverbandes wurde daraufhin streng gerügt und beauftragt, die »Junge Welt« warnend an die übliche Verfahrensweise zu erinnern: Solche ketzerischen Sätze schreibt man als Parteijournalist gar nicht erst auf, derartige Manuskripte bespricht man zunächst in der politischen Führung, ehe man sie dem Betreffenden vorlegt. Bei einer Beratung mit Joachim Herrmann, im Politbüro für die Agitation zuständig, herrschte dieser mich an, wir hätten dem Schriftsteller schlichtweg das Wort abschneiden müssen, was hieße hier: Respekt! – er, Herrmann, habe zu frühen FDJ-Zeiten, als er selber noch »Junge-Welt«-Chefredakteur war, Hermlin sogar mal aus dem Zimmer geworfen und dem »Jungschreiber damals« deutlich gesagt, wer »hier jetzt die Macht hat, das bin nämlich ich, ein Arbeiterkind«. Herrmann war auch einige Jahre Chefredakteur des »Neuen Deutschland« gewesen, einer der Nachfolger von Herrnstadt.

So verbindet dessen Geschichte Vergangenheit und Gegenwart, zeigt die Eingeklemmtheiten von Talent und Charakter. Immer schon hatte Herrnstadt die Unkultur der Funktionärskaste gestört, zu der er doch nun selber gehörte, er verachtete jene Unbildung, die sich an die Spitze der Arbeiterbewegung gesetzt hatte. Allein, wenn er die Arroganz von Ulbricht und Co nahm, nicht mal Russisch lernten sie in ihrer Emigration, die eine Emigration der trockenen Versammlungen und Theoriepaukerei geblieben war. Liebmann: »Er dachte aber irgendwann, jetzt sagen wir uns endlich die Wahrheit.«

Mit solcher Hoffnung konnte man das »Neue Deutschland« nicht lange leiten.

Er hat eine Zeitung nicht geleitet, er hat sie gelebt. Er leidet an Fieber, aber das Fiebern als Chefredakteur richtet ihn doch immer wieder auf. Ihn und andere. Er befeuert. Er bindet Kräfte und setzt sie frei. Gut, dass man ungesund leben, aber total glücklich sein kann. Schön, nach seinen ureigenen Möglichkeiten verbraucht zu werden! Denn leben heißt ohnehin: verbraucht, zernutzt zu werden, so oder so, dann doch lieber nach den eigenen Möglichkeiten. Wenn man darf. Wenn man's kann. Er ist das, ein Könner. »König Wahnsinns Hof« muss seine Redaktion gewesen sein, ganz am Anfang. Fast beiläufig fällt Liebmanns grandioser Satz über ihn, und da haben wir das ganze Talent, die ganze Gefahr, die ganze Kunst, das ganze Spiel: »Er hat gern übertrieben, wenn der Satz davon besser wurde.«

Dazu passt auch die Erfahrung eines gewissen dreiundzwanzigjährigen Egon Bahr in der »Berliner Zeitung«. Er schreibt aus dem Nichts eine hinfantasierte Aufbau-Reportage vom Alexanderplatz, trägt fett auf, »es dampfte richtig!« Herrnstadt ist begeistert, sagt, ja, so sei das Leben. Nein, denkt Bahr, nein, so ist das Leben eben nicht! Und kommt nicht mehr wieder.

Herrnstadt inszeniert erst die »Berliner Zeitung« und dann das ND, er inszeniert jede Ausgabe wie ein Theaterstück, springt gleichsam auf die Bühne, spielt vor, beißt sich am Wort fest, weiß was vom Rhythmus der Seitenfolgen, weiß Überraschungs- und Wiedererkennungseffekte wohl zu platzieren. Er ist Chefredakteur für alle und für sich. Nur so geht's. Und so passt das Unvereinbare tragisch, dramatisch, selbstverständlich zusammen: Die Energie und das Blutspucken, die Leidenschaft und jenes Ausweisfoto schon 1945, ein Gesicht, schreibt Liebmann, »so traurig, wie ich ihn niemals gesehen habe. Düster, geradezu schwarz. Das soll die glückliche Stunde null gewesen sein?«

Da steht wieder so eine bittere Frage, und Liebmann schreibt dann viele Seiten gleichsam jagend das »Ja!«, denn das war sie tatsächlich, die glückliche Zeit, ja – und doch vergisst du, lesend, jene bittere Frage nicht.

Die Tochter bettet die Vater-Geschichte ein in die große politische Szenerie des Nachkriegs. Die Ost-West-Blockbildung. Die Verfeindungen. Der junge, schwache sozialistische Körper treibt sich den so notwendigen Stacheldraht der Grenzziehungen immer tiefer auch ins eigene Fleisch.

Aus drei Essentials von Herrnstadt – erstens: Freundschaft zur Sowjetunion, zweitens: ein neues und einiges Deutschland, drittens: Kritik an den eigenen Leuten – erwächst sein Fall, seine Verbannung in die Provinz, als Archivar nach Merseburg. Er gehört zu jenen in der Parteispitze, die Ulbricht 1953 fast schon, mit dessen Einwilligung!, gestürzt hätten. Über Nacht aber gilt er als Plattform-Mann des westfreundlichen Moskauer »Kapitulanten« Berija. Aus. Was Ulbricht rettet, verstößt den anderen. In diesen Passagen liest sich das Buch als Protokoll des niedrigsten, unvorstellbar fintenreichen, kalten Intrigantentums, und das Bild eines ethisch völlig verschobenen Kommunismus konturiert Herrnstadt sogar noch selber: indem er sich eigentlich »nur« dagegen wehrt, als Opfer dazustehen. »Sein ganzes Leben lässt sich auch von diesem Punkt aus erzählen. Hätte er den Auftrag der Partei, den Schuldigen zu spielen, dann würde er sogar diesen Parteiauftrag übernehmen, aber den Auftrag, den will er haben.«

Der Zermürbte ermächtigt die Zermürber, seine Richter zu sein. Wichtiger als die Tatsache, dass einer verwundet wurde, war die Frage, ob er weiter verwendet werden konnte. Verinnerlichter Stalinismus. Das Opfer als Teil der Täterschaft. Denn indem es mit unausrottbarem Pathos die höhere Gerichtsbarkeit der Partei außer jeden Zweifel setzt, ermuntert das Opfer die Willkürlinge zum hemmungslosen Vorgehen. So war es immer, so wird es bleiben. Stephan Hermlin bezeichnete diese Bereitschaft zur Selbstdemütigung als logische Konsequenz aus dem Leben in barbarischen Zeiten, in denen es unmoralisch sei, »unbeschädigt davonkommen zu wollen«.

Herrnstadts Ende. Merseburg, Bitterfeld. Schöne Gegend für Lungenkranke. Es geht kaum zynischer. Hier im Ruß ziehen die Leute mit traurigem Selbstbewusstsein weiße Hemden und Blusen an. Hier nehmen sie kein Blatt vor den Mund, »Neues Deutschland« schon gar nicht, hier reden sie Klartext, keiner hat Angst vor der Stasi, denn Bitterfeld ist doch schon die Hölle, in die man verbannt wurde.

Liebmann: »Immer klarer wird mir, dass er niemanden hatte, der wirklich von ihm wusste. Er wurde einsam.« Das Leben ist ihm Geheim-Dienst geblieben. Dichter wollte er einst werden. Er hat seine eigene Existenz aber lieber ins Drama der Zeit gestellt, in den Weltverdichtungsprozess. Dies Drama fand er größer als eine kleine reine Kunstexistenz, und zu seinem Verständnis von Größe gehörte, dass er mit niemandem abrechnete. Es ist unanständig, sich kleinzustellen. Es gehört sich, von den großen Dingen in Mitleidenschaft gezogen zu werden.

Nicht unbeschädigt davonkommen zu wollen. Vielleicht ist so ein Vorsatz schon die schlimmste Beschädigung.

Leicht gesagt zu Zeiten von Dosenpfand und Kilometerpauschale.

Herrnstadts Tod. »Am Grab kein Genosse der SED, keine Zeitung, kein Schüler, kein Freund von früher und niemand aus der Sowjetunion.« Das war 1966.

Man möchte ausrufen: Dieses starke, hochempfindsame Buch als herzliche Empfehlung jedem, den der Name »Neues Deutschland« noch immer peinigt oder schon wieder packt, noch immer anregt oder schon wieder aufregt. Manchmal werden Abbilder wieder Bild. Für mich ist aus dem Foto neben unserer Bürotür ein Mensch geworden.

DIE SAU IM DORF. Im Feuilleton der »Süddeutschen Zeitung«, im September 2003, teilt einer der maßgeblichen Publizisten des Landes, Günter Gaus, in einem Text über die politische Kultur des neuen Jahrtausends mit, er sei kein Demokrat mehr. Als Begründung dient ihm die Verdumpfung des gesellschaftlichen Zusammenwirkens von Wählern und Gewählten – dieses sei nur mehr eine Schauveranstaltung. Unter Wahrung der demokratischen Formen sei der Inhalt des politischen Systems »gegen wechselnde Events« ausgetauscht worden. Das souveräne Wahlvolk solle vorrangig unterhalten werden, »geübte Wahlkampfanimateure haben daraus die Lehre gezogen: Zerstreut es.«

Wer von dort kommt, wo ich herkomme, lässt sich von der Schärfe des Urteils nicht befangen machen, hört aber genau hin.

Schneller als gedacht, so vermutet Gaus als einer der versiertesten Kenner wie auch Nutzer und Mahner des Betriebes, »wird die Verflachung der Politik in den Massenmedien ein bisschen amüsieren, schließlich langweilen und abstumpfen – und in jedem Falle das gleiche und allgemeine Wahlrecht aushöhlen.« Wird? Mit der Prophezeiung, die dieser Satz formuliert, mildert Gaus den hohen Grad seiner doch viel früher schon öffentlich gewordenen Resignation. Denn wenn er jetzt meint, »wie einst das Drei-Klassen-Wahlrecht bestimmte Interessen« begünstigt habe, »so wird die Wahlausübung des bei Laune gehaltenen Fernsehpublikums interessengesteuert sein von gesellschaftlichen Gruppen, die selber wenig fernsehen«

– dann erneuert das doch lediglich und fast wortgetreu, was der Journalist bereits 1984 bei den Mainzer Tagen der Fernsehkritik gesagt hatte: »Das Fernsehen wird allmählich, aber gar nicht so langsam, einen nicht geringeren Wandel unserer politischen Kultur bewirken, als es das Abschaffen des Dreiklassen-Wahlrechts und die Einführung des Frauenstimmrechts getan haben (...) Das Fernsehen, mit dem sich die Aufklärung zu vollenden scheint, trägt zum Ende der Aufklärung bei.«

Gaus benennt hier das, was Kommunikationsforscher bezüglich moderner Medien als Spannung zwischen »Agenda Cutting« und »Agenda Surfing« bezeichnen. Es ist jene Spannung zwischen dem Aufmerksamkeitsverlust für ein Thema und dem geschickten Ausnutzen bestimmter Wellen, um darauf mitzureiten.

Gerät in diesem Spannungsfeld – und hier darf vom Fernsehen auf Medien insgesamt hochgerechnet werden – der Beruf des Journalisten tatsächlich in Gefahr, im Zynismus, im Voyeurismus, im Zerstreuungsfieber zu verwahrlosen? Warum jagt die Mediengesellschaft täglich eine neue »Sau durchs Dorf«? Fühlen wir nicht mehr das Syndrom, an dem wir leiden?

Mitunter will mir scheinen, meine eigene Lage zwischen jenen Doktrinen, die als Stempel noch immer an mir kleben, und den neuen Freiheiten, die ich wie Porenöffnungen empfinde, lässt mich die Gefährdungen des Berufs besonders erfühlen. Oder besonders innehalten: Was habe ausgerechnet ich für ein Recht zur Kritik?

Das Grundgefühl: Mir fehlt die Sicherheit, die nötig wäre, um diesen Beruf scheinbar zeitgemäß auszufüllen, also: auf die Dinge zuspringen zu können, um Menschen mit einem Überraschungseffekt der Bedrängung in Reaktionsnöte zu treiben. Ich bin nicht mehr locker und eben auch nicht mehr frei genug, um mich unabhängig von meinem eigenen Leben in andere Leben einzumischen. Weil ich in früherer Sache an Glaubwürdigkeit verlor, habe ich nunmehr nicht die professionelle Frechheit, ohne Hemmung an der Glaubwürdigkeit anderer zu zweifeln, sie in Beweiszwänge zu bringen, ihnen eine verkaufsträchtige Kalamität abzuluchsen oder einfach nur, mit Oberton, die Wahrheit zu fordern. Ich bin nicht mehr frei für das Doppelspiel von einnehmender Freundlichkeit, die ein Gegenüber öffnen möge, und jenem öfters anzutreffenden Hinterhaltstrieb, der dieses Gegenüber immer auch ein wenig bloßstellen, ausnehmen möchte. Wenn ich Interviews führe, führt mich nichts. Ich höre eher zu. Ich habe keinen Mut, den anderen aus dem Schutz seiner eigenen Geschichte zu vertreiben, ich möchte, dass er sich in dem, was ich dann aufschreibe, wiederfindet. Die Geschichte gehört, auch wenn ich sie aufschreibe, weiterhin eher ihm als mir. Das ist ein Hindernis für die mitunter nötige Härte, um Selbstdarstellungen eines Gesprächspartners strikt zu unterbinden. Ich muss das in Kauf nehmen und bin dann immer froh, dass mich die Arbeit im ND, also auf einem Nebenfeld der Branche, nicht über zugige Konkurrenzfelder jagt. Zugleich hat diese Zugehörigkeit etwas von einer existenzgefährdenden Beschaulichkeit: Man darf sich selbst genügen und annehmen, einzig aus eigener Kraft jenen Maßstab zu halten, der über die Qualität der Arbeit entscheidet.

Es gibt eine Generation von Journalisten, deren Laufbahn endete in der DDR zu einem Zeitpunkt, da sie noch nicht wirklich begonnen hatte. So gab es begnadet Jüngere, die sich noch nicht kenntlich zu machen brauchten in ihren Bekenntnissen zum Auftraggeber, sie lebten zwischen Öffentlichkeit (keiner wird Journalist, um unbemerkt zu bleiben) und Unauffälligkeit. Die einen rettete ihre Vorsicht vor höheren Weihen, andere der fehlende Ehrgeiz, andere rettete aber auch das mangelnde Gestaltungstalent. Es ist der Kräftige, der vorangeht und als Erster stürzt. Nur darf er im Nachhinein denen, die verschont blieben, ihr unterbliebenes Schicksal nicht als Versagen, als Feigheit vorwerfen, selbst dann nicht, wenn es wirklich nur Feigheit oder mausgraue Veranlagung waren, die vor den Verlockungen des Aufstiegs bewahrten. Vielleicht darf, wer – wie ich – an übereifriger Ausbeute seines Talents scheiterte, den Verschonten nicht mal vorwerfen, wie sie sich heute, in Zeiten ihres unerwarteten Oberwassers, verhalten. Denn man begegnet ihnen allenthalben, die selbstredend alles gewusst haben, sie rechnen jetzt sogar die Tatsache, dass sie niemals hervorragten, als Charakter ab; dem Seiltänzer aber, der abstürzte und nun im Gips steht, belegen sie mit Ratschlägen, wie man richtig zu gehen habe.

Dies richtige Gehen bedeutet, auf den Journalismus von heute bezogen, oft auch nur einen Wechsel jenes diktatorischen Prinzips, an der Wahrheit vorbeizuschreiben. »Das hauptsächliche Mediengeschrei ist von den wichtigen Themen oft so weit entfernt wie der Aktienkurs von der tatsächlichen Ertragskraft eines Wertes ... Des Pudels Kern, das sind Sünde, Zerstörung, kurz: das Böse – die Sensation« (»Frankfurter Allgemeine Zeitung«). Das Zynische des Berufs besteht nach diesen Worten in der inzwischen gefestigten Auffassung, dass jeder Tag eine solche Sensation haben könne und haben müsse. Das schafft in Medien – gegen jedes Wissen und jede Überzeugung aller schreibend oder lesend Beteiligten – eine Spirale unablässiger Steigerungsformen. Aus Neugier, dieser journalistischen Basiseigenschaft, wird so Neu-Gier, die den Beruf zerstört, ihn in die Hatz treibt, ins Jagdfieber, in jenes Erregungskoma der »eingebetteten« Kriegsreporter und talkenden Seelenparasiten, der weltzerstückelnden Schalter und Walter in Redaktionen und auf Moderatorenstühlen. Berichterstattern treibt's permanent den Schweiß auf die Seele: Bin ich dran, bin ich drauf, bin ich topp, bin ich cool? Heute mit im Auto von Geiselnehmern, morgen exklusiv bei der Amokläuferfamilie von nebenan, zwischendurch Verarztung irgendeines Boxenluders. Überall ein

Hoch- und Abschießen von Menschen, Meinungen, Mentalitäten.

Alles wird zum Skandal, wo es doch nur zwei Skandale gibt: das Schuldigwerden und das Sterbenmüssen. Aber Katastrophen sind längst ein nur beiläufig wahrgenommenes Grollen, das die Spannung steigert. Moral in den Medien zieht zu Felde gegen Gewalt, Unsittlichkeit und Verderbnis aller Art – deren mediales Ausschlachten aber vielfach erst die Voraussetzung schafft, sich moralisch echauffieren zu können. Immer enthemmter wird bedient, was sich öffentliches Interesse nennt; die Folge ist eine wachsende Sensationslust dieser Öffentlichkeit – und die Lust macht bald vor nichts mehr Halt. Weil ihr bald nichts mehr vorenthalten wird.

Journalismus ist der Erbe des enzyklopädischen Gedankens und der unerschöpflichen Ordnungsvielfalt – und er ist gleichzeitig Verderber dieses Prinzips, denn vieles wurde zur Hysterie der fortwährend wechselnden Anlässe. Medien tun etwas, womit uns ein Lexikon in Ruhe lässt: Mediale Reihung verwandelt – schleichend! – Gleichzeitigkeit der Information in Gleichwertigkeit. Die kann uns gleichgültig machen. Muss es sogar. Denn ohne intensive Elastizitätsübung verdaut inzwischen kein Bewusstsein mehr das pausenlose Auf und Ab von Nachrichten, die in diesem Moment eine Höchstaufmerksamkeit abfordern, um im nächsten Moment von neuen Reizwerten in die Unaktualität gestoßen zu werden. Aber wo Wichtiges und Unwichtiges so gleichermaßen aufgebauscht werden, wird das Unwesentliche ebenso zur Lüge wie das Wesentliche, weil die Unterschiede zwischen beidem nichts mehr gelten.

Im entfesselten Informationsrausch werden wir zu Hochtrainierten besagter Gleichgültigkeit. Jeden Morgen, wenn die ersten Schlagzeilen uns bedrängen, haben wir doch nur wieder die gestrige Gleichzeitigkeit von Amüsantem, Erschreckendem, Pikantem, Anekdotischem, Weltbestimmendem, Kuriosem, Tragischem, Klugem, Geprüftem und Ungeprüftem vor uns. Unser Mitgefühl, unser Zorn oder unsere Nachdenklichkeit verfügen jedoch nur über eine bestimmte Kapazität – im Vergleich zu dem, was sich uns anbietet oder an uns appelliert. Das betrifft die Aufregung um Bikinifotos von Uschi Glas ebenso wie den zwanzigsten Aufmacher vom jeweils aktuellen Krieg. So bitter ist das. Und so verzwickt inzwischen: Ermüden kann uns selbst das wichtigste Thema und der immer gleiche Klage- und Anklageton, selbst da, wo er wahr und nötig ist.

Wer will, dass die Leute tatsächlich nur Wichtiges lesen, der vergisst leicht, was jede Zeitung auch sein muss: Lesestoff statt Lehrstoff. Wo ist die Grenze? Ist sie überhaupt festmachbar? Die medialen Kombinationen aus Entertainment und jener Selbsttäuschung, es werde Öffentlichkeit hergestellt, wo doch bloß auf Oberflächen langgebohnert wird – sie jedenfalls schaffen generell eine Bewegtheit, die alles zur Sprache bringt, ohne etwas zu sagen; die alles umfassen kann, weil sie nichts wirklich erfassen muss. Dritte Welt und Formel eins. Sektenmord und Sektreklame. Amstetten und Amoklauf. Die Schönen und die Reichen und all die Leichen. Parteikärrner Bisky und Kerner Johannes. Und, und, und. Das Boot, in dem alle sitzen, gibt es wirklich. Ein Rettungsboot ist es nicht.

Und, und, und. Dieses »Und«, so schreibt Peter Sloterdijk, sei die Moral der Journalisten, die gleichsam einen Berufseid darauf ablegen, damit einverstanden zu sein, dass ihr jeweiliger Beitrag ein Stein im bunten Mosaik sei, nicht mehr. Eine *Sache* sei *eine* Sache, und mehr lasse das Medium nicht zu. Denn Zusammenhänge zwischen »Sachen« herzustellen, das bedeutet ja: Ideologie betreiben. »Darum: Wer Zusammenhänge herstellt, fliegt schnell raus. Wer denkt, muss aussteigen. Wer bis drei zählt, ist ein Fantast. Ein Journalist ist inzwischen jemand, der von Berufs wegen gezwungen wird zu vergessen, wie die Zahl heißt, die nach eins und zwei kommt. Wer es noch weiß, der ist wahrscheinlich kein Demokrat.« Oder will es, nach den Maßregeln des derzeit Gültigen, nicht mehr sein. Womit der Karlsruher Philosoph (und das schon 1983, in seiner »Kritik der zynischen Vernunft«) die Steilvorlage für Gaus gibt.

Existiert Hoffnung? Mag sein, dass sie in der mählichen Herandrängung gesellschaftlicher Widersprüche liegt, die sich in Sparmaßnahmen, erhöhtem Konkurrenzdruck und einem generell zunehmenden Ernst der Lage offenbaren. Auch dem Journalismus wird über kurz oder lang das längst fällige Gefühl zurückgegeben, kein geschützter, durch Macht geheiligter Bereich außerhalb der kapitalistischen Marktbanalität mehr zu sein. Vielleicht ist sie also bald schon vorbei, die unbeschwerte Zeit der unverbindlichen Wald-und-Wiesen-Meditationen, der Pressefreikarten fürs Amüsement und der kostenlosen Hoteltests. Möglicherweise erfährt der Realitätssinn der Branche erst einen Schub, wenn Redakteure verstärkt eigene bittere Erfahrungen mit einem gefährdeten Arbeitsplatz machen müssen. Unberührbare werden dann vielleicht zu Feinfühligen, die begreifen: Wo sie sind, ist nicht mehr uneingeschränkt oben. Die Sozialreportage? Kein exotischer Stoff mehr. Der Ton gegenüber Benachteiligten? Nicht mehr so unbeteiligt oder überheblich wie derzeit. Die Erscheinung nach außen hin? Nicht mehr so unanfechtbar und gewiss. Die Themen der Talkshows? Nicht mehr so ehrgeizig blöd und so maßlos nichtssagend.

Ansonsten wird alles beim Alten bleiben. Nächster Amok, nächste Analphabeten-Autobiografie, nächste K-Frage, nächste Feldbusch, nächster Kampfhund, nächster Juhnke, nächster Dritte-Reich-Vergleich, nächster Krieg. Häppchen Hour ist Happy Hour, und Frau Christiansen schrieb wahrlich nachhaltige Fernsehgeschichte – indem sie es schaffte, dass man sich Werner Höfer zurückwünschte. Unsereins muss wissen: Schon jede originelle Schlagzeile arbeitet mit an der weiteren Verwurstung der

Welt. Vom Filmtitel »Good-bye, Lenin« zur Riefenstahl-Be-
erdigungsschlagzeile »Good-bye, Leni« war es nur eine
(hervorragende!) Pointe weit gewesen. Aber wer ein wenig
tiefer über die Verlockung durch Gags nachdenkt, erkennt
das ganze Dilemma dieser ständigen Zerfransung aller Ge-
genstände ins Verspielte und Gewitzte. Der Schauspieler
Eberhard Esche vom Deutschen Theater Berlin schrieb
einmal von den entsetzlich langweiligen Interviews der
DDR-Presse. »Aber ich habe einigen Journalisten zu danken: Sie hielten mich zensierend davon ab, dass jeder Blödsinn, der mir durch die Rübe schoss, öffentlich wurde.«

Als Ausweg bleibt, was Christoph Albrecht in der FAZ
in wohl treffende Worte fasste: Maßstab sei, »wie pfeilge-
nau die Medien zwischen der Skylla des Trivialen und der
Charybdis des Abseitigen den Gesang der Sirenen emp-
fangen«. Dass Medien heute vorwiegend von schlechter
Nachricht lebten, sei »deprimierend«. Aber »im unkon-
trollierten Fließen aller Informationen« liege »zumindest
auch die ... gute Nachricht von der ungebremsten Vitalität
der westlichen Welt«. Vitalität, die zugleich schweres Leiden ist – auch wenn natürlich jede Fülle ein nützlicher Akt
ist gegen die traditionelle Enge unseres Bewusstseins.

Günter Gaus konnte nichts mehr zurückholen in diese
Art Demokratie. Unter all den grell grassierenden Vergnü-
gungsarten, die Welt mit Bildern und Tönen und Zeichen
auszulöschen, half ihm letztlich, nach seinen eigenen
Worten, nur noch eine einzig lohnende intellektuelle Anstrengung: das Vergnügen, sich selber nichts mehr vorzu-
machen.

HRDLICKA BESCHÄMT MICH. Er ist einer der letzten großen Bildhauer des zwanzigsten Jahrhunderts. Sein politisch grundiertes Denkmals- und Mahnmalswerk steht unübersehbar an deutschen Orten, »nicht um Einigkeit
herzustellen, die es nicht gibt, sondern um die Gegensät-
ze in äußerster Schärfe zu fassen in dieser Unterwelt des

Bewusstseins« (Volker Braun). Der letzte Bildhauer des totalen und konsequent verfleischten Steins, Alfred Hrdlicka, 1928 in Wien geboren, ist dieser Steinwelt ein Schamane. Er tritt heran, den Hammer in der Faust, er bespricht das Innere des Steins, denn dies Innere, Verborgene muss Lust bekommen, sich freisprengen zu lassen. Beim Weg zum Stein gibt es für diesen Hauer keine wie immer geartete oder ausgearbeitete Absicherung: nein, herantreten und schlagen. Freilich: Genau hingeschaut, gründlich hineingeschaut in sich selbst, wo die Welt gegen das Bewusstsein donnert, das hat er vorher.

Dieses Künstlers Kapital, das er über vierzig Jahre lang aus den Steinen schlug, ist sein Herz, das für den Geschundenen schlägt. Und geschunden wird der Mensch immer. Von seiner Natur, von seiner Kultur, von seinem Glauben und seinem Unglauben, von seinen Kriegen, von seiner Langeweile im Frieden, von Evolution so sehr wie von Revolution, von seiner Vernunft ebenso wie von seiner Urkraft. Denk- und Mahnmale (Wien, Wuppertal, Hamburg, Berlin), zahlreiche zeichnerische Zyklen, über Mörder (Haarmann) und Musiker (Schubert) und Märtyrer (Marsyas), viel Feld- und Seelenforschung bei Dienerinnen der Nacht und als ausgedient weggesperrtem Umnachteten, dazu ein Wühlen in den wilden Geschichten der Bibel ... die Steine, die Gemälde, die Radierungen, die Ätzungen, die Skizzen: Hrdlicka ist der Anwalt der Triebe und Säfte, der Sehnen und Fasern, der Adern und Knochen, der Anschwellungen und Abmagerungen des Menschen. Was ist gesund in einer Welt, die zum Tode hin lebt? Was ist mit diesem Wesen Mensch, das zielbewusst denkend alle Grenzen niederreißen kann und doch der Jämmerlichkeit einer ewig verfehlten Vernunft ausgesetzt bleibt?

Hochfahrende Unterleiber, herablassende Oberhäupter, Tod und Tanz bösartig verschwistert – Hrdlicka, der links zeichnet und rechts schlug, hat sein Thema nie verlassen, er ist mit ihm geschlagen geblieben: Dieses Thema ist der aufs Fleisch zurückgeworfene Mensch, ausgeliefert der Gewalt von Mitmenschen und auch ewiger Selbstqual verfallen. Hrdlickas Humanismus ist der permanente Angriff gegen die Unmenschlichkeit, die nicht ausgetrieben ist, wenn längst alle Teufel ausgetrieben wären.

Als ich das erste Mal, Mitte der neunziger Jahre, mit Alfred Hrdlicka sprach, stieß ich auf das, was mir inzwischen etwas fremd geworden war, weil ich es zu gut kannte: einen unerschütterlichen Standpunkt. Es war doch dieses Eisen im Kopf gewesen, das Verbiegungen abwehren sollte, aber zum prägnantesten Ausdruck eines Haltungsschadens geriet. Mit dem Ende der DDR war auch für mich der selbst auferlegte innere Zwang zum »parteilichen« Denken (also die Abschaffung des Denkens) verschwunden – nun aber, inzwischen durchaus etwas benommen von den vielfältigen Lockrufen des Differenzierens und wildfreien Meinens im neuen Wohnort Westen, begegnete ich einem Manne, der sich in den Medien furchtlos und unberührt einen Stalinisten nennen ließ, ja dieses peitschende Urteil sogar noch in eigene Pflege nahm und es sich wie eine Auszeichnung anheftete. Das verwirrte mich, ich fühlte mich unwohl, die Situation hatte für mich etwas prickelnd Beschämendes.

Vielleicht schrieb ich deshalb, in den Jahren nach der DDR, Theaterkritiken nur mit großer Scheu. In einem Zuschauerraum sitzend, versuchte ich zu erleben und zu verstehen, ich urteilte ungern. Erwärmt sah ich zur Bühne auf, ich wollte nichts mit kaltem Blick durchschauen. Wieder also dieses eingeborene Einverständnis mit etwas Vorgegebenem? Wieder diese Genügsamkeit gegenüber dem, was mir vorgesetzt wurde? Das Vorgegebene, das Vorgesetzte, DER Vorgesetzte. Immer will man hinaus ins Freie, es schließt sich lediglich ein Kreis?

Doch zugleich beruhigte ich mich. So lange Zeit war ich in scharfen Eindeutigkeiten unkenntlich gewesen, taub für Zwischentöne, nun genoss ich geradezu gierig die Heftigkeit, mit der mir alles im Theater Wahrgenommene, übertrieben fast, zu einem Baustein für die Neuformung des eigenen Lebens geriet. Ich fand in Geworfenheit und Verworfenheit, in Aufschwüngen und Abstürzen der Shakespeare-, Tschechow- oder Schiller-Menschen niemals versiegende Impulse zur Selbstbefragung, und das war mir wichtiger als ein argumentativ befestigtes Fazit über das jeweilige Kunstwerk Aufführung. Ich bedurfte der Kunst zu sehr, um ihr als Rezensent ein unabhängiger Richter sein zu können. Noch zwischen dem künstlerisch winzigsten, provinzigsten Theatermann und mir empfand ich eine Differenz, die mich auf den Platz wies; ich lebte diese Differenz freiwillig, ich litt nicht unter ihr.

Natürlich wirkte bei Hrdlickas inständiger Beschwörung des Blutes und der tierischen Gier – als den eindrücklichsten Schmierstoffen der Geschichte – immer auch die Kraft einer aggressiven Selbstironie mit, und selbstredend wurde diese österreichische Lederhaut von einer Fettcreme der Erfahrung geschützt, die, über lange Zeit hin imprägnierend aufgetragen, sämtliche Anwürfe gegen ihn leichthin abtropfen ließ. Dennoch fühlte ich mich prüfend berührt von dieser politisch-weltanschaulichen Geradlinigkeit, die doch zweifelsfrei auch tiefe ernste Züge besaß. Ich meinte das längst Abgestreifte, das glücklich Verlassene, das endlich Überwundene jener forschen klassenkämpferischen Tonart auf einmal wieder bedrängend zu spüren. Ich stand jener einschneidenden ideologischen Schärfe aus erledigtem Zeitalter gegenüber – die mir jetzt, indem mich Hrdlicka daran erinnerte, noch einmal schwer zu schaffen machte. An sich selber hatte man es doch studieren können: Durchschlagendes Fühlen und Agitieren für die Leidenden der noch unbefreiten Welt, Parteinahme für das revolutionäre Neue und Hingabe an eine »Partei neuen Typus« – beides kann sich mit einer Kälte verbinden, die sich just ihre Frostgrade wie einen moralischen Sieg über sich selbst zugutehält. Als sei die

Leere, die der Tod Gottes hinterlassen hatte, mit Parteiaufträgen fürs ganz andere Paradies zu füllen. Dafür war die Geschichte über Leichen gegangen, und ich, mit Wortwalzen, über Lebende.

So also das, was in mir um- und umgewendet worden war. Jetzt aber hörte ich Hrdlicka reden, rücksichtslos, unbetäubt von einerseits und andererseits. Die Wahrheit: nach wie vor ein grobes, einfaches Ding aus Oben und Unten. Immer feste druff!, sein Motto. Er kannte keine Reue, er nannte den Untergang des Ostblocks einen Jammer, er nahm in knallroter Sehnsucht kein Blatt vor den Mund. Ja, der Klassenkampf tobte mir wieder entgegen, der Kraftkerl da sang knarzend dessen Einmaleins. Ich sah mich unangenehm berührt von so viel junger Gestrigkeit. Aber weil ich mich zugleich unerwartet erfrischt fühlte (erstaunlich, wie alte Reflexe einem treu bleiben – ein Virus im Blut?), kam ich mir auch vor wie ein Ertappter. Stieg da nicht sogar ein wenig Traurigkeit in mir hoch? Es ist eben nach wie vor etwas Beneidenswertes, ungebrochen durch die Zeiten zu gehen. Ich DDR-Bürger dagegen war mit dem Wechsel der Welten in ein grundsätzliches geistiges Schwanken und ein eher furchtsames Bedenken der Dinge gekommen – angesichts dieses zarten Berserkers erschien mir das nun nicht mehr nur als eine gewonnene Freiheit, sondern auch als ein Zeichen von verlorenem Charakter.

Hrdlicka machte im Gespräch ziemlich deutlich, dass er niemanden weniger mochte als nunmehrige Kritiker des Sozialismus, die doch entweder selber eine Hauptursache des sozialistischen Versagens waren oder aber – in ihrem Rückzug – törichte Kapitulanten sind. Der Schriftsteller Martin Mosebach beschreibt des Bildhauers Position so: »... allzu wütend wendet sich seine Reizbarkeit gegen kollektive Rechtschaffenheit. Wer als Sozialist glaubte, den Sozialismus ohne Unterdrückung aufbauen zu können, muss ein komischer Sozialist gewesen sein.«

So also sah ich mich, ertappt und zurückversetzt, während ich fasziniert und doch auch vorsichtig auf diesen sinnlich redenden, trinkenden, essenden Kerl starrte, in seinem klassizistisch-barocken Praterelier, dieser gottfreien Kirchenassoziation mit dem hohen Glasdach, unweit des Ernst-Happel-Stadions in Wien. Momente lang, so schien mir, verschwor sich alles zur Lektion vom Lob der Eindeutigkeit. Der Stein rundum stellte, um mich noch unsicherer zu machen, unverschämter denn je seine Unbeugsamkeit aus, sogar die Katzen, zuhauf zwischen all dem Marmorsplitterstaub hier, legten einen besonders stolzen, unbestechlichen Gang gegen mich ein. Es lag, während Hrdlicka mit Blick hinaus ins Grüne agitierte (täglicher Faschismus!, Kirchengesindel!, totale Undemokratie ringsum!, verbrecherisches Amerika!, westlicher Totalitarismus!, Trottel Biermann!) ein Vorwurf des Verrats in der Luft: Da, sieh nur, so sagte in mir eine innere Stimme, die wohl endlich eine Gelegenheit zur Widerrede gefunden hatte, da steht noch jemand, der eine unbeirrbare Sicht auf die Welt besitzt, da fällt sich jemand nicht fortwährend in die eigene Überzeugung, da hat einer zu viel Appetit auf den klaren Blick in trübster Welt, als dass er bereit wäre, wie Buridans Esel zwischen allen Meinungen zu verhungern.

Aber freilich: Hrdlickas zornheitere Polemik, sein exaltiertes Temperament der Gegenrede, seine krasse Zuspitzungsgier, der Obsessionscharakter seiner Antipathien gegen das Konforme – dies alles gehorchte doch stets dem Gegensatz dessen, was man als braver DDR-Parteisoldat für einen progressiven Standpunkt hielt. Hrdlicka ist eben kein Stalinist, er ist das Gegenteil, nein, kein Teil, ein Ganzes, und allen Krach, den er je schlug, schlug er für die Wahrheit seines Steins und dessen darin verschlossene Leiber, die nur von der Wahrhaftigkeit des Bildhauers ins Licht geholt werden würden. Und die Wahrhaftigkeit des Werkes, um noch einmal den Dichter Mosebach zu zitieren, besteht in keinerlei »Siegeszeichen für die nunmehr anbrechende Herrschaft des Guten«, dieses Werk aus lebendigen Vergangenheitsschmerzen ist umso bedrängender, »als ihm für die Zukunft keine Lehren zu entnehmen sind«.

Dieser Bildhauer war und blieb ein Unzugehöriger, ein in Erfahrung Gehärteter, der sich auf dem Markt der Zeit nicht für dumm verkaufen lässt. So einfach liegen die Dinge für Alfred Hrdlicka. So klar wie Wasser. Oder noch klarer: wie Wässerchen. Nichts sättigt und stützt ihn mehr als Wodka.

Er lebt und arbeitet und denkt und spricht aus der schlichten Erkenntnis heraus, dass Kunst, in welcher Plagezeit auch immer, unvereinbar ist mit bloßem Sichgehenlassen. Das macht die prüffeste Haltung und die unverschämte Sinnlichkeit dieses Mannes aus, und dies war der Ausgangspunkt für mich, ihn zu befragen. Die Naivität dieses Künstlers besteht in der Unfähigkeit zu begreifen, dass sich Leute nicht mit Politik beschäftigen können oder wollen. Politisches Engagement ist für ihn wesentlicher Bestandteil der (Kunst-)Geschichte. Wie kann sich jemand nicht der Welt um sich herum bewusst sein? Ist man sich dieser Welt aber bewusst, so bleibt einem nichts anderes übrig, als über soziale Fragen nachzudenken und darüber, wie man damit umgehen kann. Man fängt an zu diskutieren, um aus Einmischung Veränderung zu machen. Das ist das Wesen der Demokratie.

Der Künstler – im Ledermantel, dickem grünem Pullover und dem über die Schulter geschwungenen schwarzen Beutel – schaut einem Menschen, wenn er mit ihm redet, fest in die Augen. Von den Behauptungen, die er in den Raum wuchtet, geht Magie, ja Eleganz aus. Auch sein reichlich sarkastischer Witz kommt grollend auf. Bohrend, insistierend, metallisch die Stimme, plötzlich ein behaglicher Klang, dann wieder gleicht das Gesagte in Tonfall und Impulsivität einem Steinsturz, der alles begräbt, was nicht flieht.

Es ist inzwischen Zeit vergangen. »Bin zugrund gerichtet«, sagte Hrdlicka im Januar 2005 bei einem Interview mit Gregor Gysi auf der Bühne des Deutschen Theaters Berlin. Gysis schöne Entgegnung: »Es kostet, wie Ihr Leben zeigt, sehr wohl Kraft, was hinzustellen – aber Sie dürfen beruhigt sein: Es würde die Gegner auch viel Kraft kosten, das wieder wegzukriegen. Zu viel Kraft.« Zurzeit, so Hrdlicka, zeichne er: Folterkeller. Irak wühle in ihm. Mehr noch wühlt seine Sehnsucht nach dem großen Stein. Noch immer fühlt er sich als Bildhauer. »Bald«, sagt er. »Bald wieder.«

Nein, nie wieder. Gysi hilft dem Greis aus dem Sessel und hält ihn. Schwäche. Aber Alfred Hrdlicka hebt die geballte Faust.

Mitunter habe ich noch Sehnsucht nach dieser geballten Faust, glücklich oder unglücklich beschädigt vom Nachhall der großen Idee. Sie war lang vor mir geboren worden im Zorn derer, die nichts zu verlieren hatten als ihre Ketten. Längst geistert dieser Zorn wider die Ungerechtigkeiten der Welt wie eine vergessene Sehnsucht durch die Zeit. Er ist der verlassene, verstoßene Partner jener Träume, die an den Schlaf der Welt zu rühren gedachten. Er, der aufräumen sollte, trägt den Schmutz der Geschichte im Leumund. Er wurde das sperrige Erinnerungsstück in den revolutionären Gesinnungen, die belehrt zur Ruhe kamen. Wo er noch auftritt, tritt er als Desperado auf, als Sprengmeister einer verfluchten Zunft, die Flugzeuge in Häuser lenkt und Bomben in Theater zündet. Er ist der Held der letzten Vorstellungen, er verrät die Hoffnung fortlaufend an den Gegner. In Schulen, in denen fürs Leben gelernt werden soll, läuft der Zorn Amok für die endgültige Pädagogik: Fürs Leben lernt man nur, was man gegen das Leben lernt.

Der Zorn, dessen Tugend der Einsturz ist, er schleicht als gezähmtes Tier durch unsere geheimen Wünsche vom reinen Tisch, der mit den Bedrängern zu machen sei. Tätiger Zorn hatte die Welt nie besser gemacht, aber er hat ihr die Lüge verweigert, als gut dazustehen.

Die Empörung springt nicht mehr aus brennenden Augen, sondern wirft nur noch wässrige Blicke aus ein paar übrig gebliebenen Theorien, die sich wie müde Revolutionsberater älteren Stils durch die geistige Obdachlosigkeit schlagen.

DEUTSCHE VITA. Das sei die Hoffnung, heißt es, aller Geschichte: Die Enkel fechten's besser aus!

Das Beispiel liegt parat: Der Großvater war noch in der Widerstandsbewegung, und die Enkel sind schon in der Bewegung des geringsten Widerstandes.

VERRAT MACHT SCHÖN. Nach dem Ende der DDR in New York. Als »Junge-Welt«-Reporter war ich schon einmal hier. Welche Unterschiede zu damals könnte die Stadt, wo sie mich jetzt so schauen sieht, an mir feststellen? Ich bin nicht mehr festgelegt. Ich durchsuche die Realität nicht mehr nach den Belegen jener Bilder, die ich mitbrachte. Zu ostdeutschen Zeiten genoss ich das Privileg der Westreise (zumal dieser: Amerika!), und zugleich kam ich mir wie ein Verdienter vor, der in fremder Welt Indizien sammelte, um die Eingesperrten daheim zu beruhigen: elende Welt, täuschende Welt, kalte Welt. Für viel Westgeld transportierte ich mein USA-Urteil unbeschadet über den großen Teich und zurück. Das Hirn verarbeitete Außenwelt, die es vorher im heiligen Zirkel antikapitalistischer Doktrinen selber erschaffen hatte. So fuhr ich gewappnet in den Westen, gepanzert gegen das, was einen wie ein Hieb von draußen, aus der Anschauung, treffen kann, und was der gewöhnliche Mensch Erlebnis nennt. Das Einzige, was mich im Nachhinein ärgerte (ich erfuhr es erst Jahre später): dass die Stasi – ein Nachbar wurde angezapft – sogar über mich Erkundigungen einzog, zur familiären »Lebensführung«. Wo ich doch meiner parteipolitischen Lebensführung inzwischen so treu ergeben war.

Bei Gesprächen mit Jugendpolitikern und Journalisten im westlichen Ausland war die DDR regelmäßig kritisiert worden, und regelmäßig verteidigte ich alles, was nur zu verteidigen war, und sei es gegen die letzten Reste eigener Kritikfähigkeit. So, wie man vor fremden Blicken und fremden Urteilen das Bild der eigenen Familie nicht antasten lässt und eine Fassade der Wohlanständigkeit hochzieht. Aber trotz aller ideologischen Festigkeit, mit der ich reiste: Mit jedem Westausflug tankte noch der routinierteste Journalist ein Quantum Lebensfreude. Mit einem Male hielt man, in die DDR zurückgekehrt, spontan mit dem Auto an und ließ eine Frau über die Straße gehen. Man schüttelte für Momente das Eingeschliffene der rüden, verbrauchten Umgangsformen und Unaufmerksamkeiten ab. Man nahm sich vor, durch kleine Freundlichkeiten die Macht der Tristesse zu unterlaufen. Es hielt nicht lange.

Nun gehe ich durch New York und denke an Heiner Müllers Satz: »In den Zeiten des Verrats werden die Landschaften schön.« Kein innerer Kampf mehr zwischen lebendiger Wahrnehmung und starrem Wahrheitsgebot. Ich habe keinen Auftrag mehr zur vorgestanzten Interpretation, und plötzlich scheint mir die Stadt entgegenzukommen, just wegen dieses Eingeständnisses, sie nicht mehr denunzieren zu müssen. In ganz neuer Offenheit zeigt sie jetzt ihre Schattenseiten. Dort, wo es am hellsten und saubersten ist.

Blick in Häuserschluchten. Überwachungskameras und Drahtzäune. Die Ghettoisierung des Reichtums. Man schaut auf diese Unlandschaft und verspürt Verlangen nach einer Unterbrechung der kalten Geometrie. Ein einziger Mensch würde schon genügen. Aber soll man ein lebendes Wesen da hinein wünschen? Es wäre Verwünschung. Doch den Menschen vor solcher Welt schützen zu wollen, ist falsches Mitleid. Dass Metropolen uns weithin den emotionalen Einklang mit gebauter Welt verweigern – es ist unser eigenes Werk. Wo Großstädte ihren modernsten ästhetischen Reiz zeigen, sind sie zugleich am unbewohnbarsten. In den Zentren ist man im Raster gefangen, und der Blick fällt ermüdet in den Canyon der Straße. Man beginnt sofort zu begreifen, dass man fehl am Platze ist und dass die moderne Stadt einer zeitlosen, unnatürlichen Verbindung entsprang: Ihre Eltern sind ein eisiger Mathematiker und Alice im Wunderland. Wie das Land der Träume, in dem Alice umherwandert, ist die Stadt ein Irrgarten des Absurden, eine Geschichte ohne Vergangenheit und Zukunft. Das Vergangene existiert nicht mehr, das Zukünftige ist bereits überholt. Während sich aber Alice am Faden ihrer eigenen Fantasie vorantastet, sind die Weiten der modernen Stadt ein Archipel von Monaden, zwischen denen es keinerlei Verbindungen gibt. Wir leben in einer Kultur der Sicherheitszonen. Man isoliert sich durch Mauern und elektronische Alarmanlagen. Es funktioniert ein reibungsloser Rassismus: Jeder Körperkontakt ist nahezu ausgeschlossen. Städtische Gegenden begannen einst als Traum, anonym bleiben zu dürfen. Daraus wurde eine Welt, in der keiner mehr einem anderen wirklich begegnet. Die unzüchtige Vereinigung des kalten Mathematikers mit der kleinen Alice wird unaufhaltsam weitere Monster gebären.

Ein Angekommener bin ich in dieser Welt. Da rede ich nun vom Zorn, von kalten Städten, aber: Alte Zeitungen lesend, vor allem die Leitartikel, offenbart sich die schwierige und nicht nur journalistische Faustregel fürs Fingerspitzengefühl – in jedem Regime so leise bleiben, wie man sich im alten System traute, laut zu werden.

DAS IKARUS-BEWUSSTSEIN. Es gibt eine ägyptische Geschichte: Die Menschen haben oberhalb der Oberlippe ein Grübchen, die Säuglinge haben darunter sogar ein kleines Zäpfchen. Das kommt daher, dass Gott ihnen, bevor er sie auf die Welt schickte, den Finger auf die Lippen drückte, ihnen einschärfte: »Nichts sagen, nichts verraten!« Die wenigsten halten sich daran. Vielleicht ist auch daraus Journalismus entstanden. Täglich schuften wir uns ins Vergessenwerden hinein. Wir Zeitungsmenschen: Eintagsfliegen mit Ikarusbewusstsein. Aber wir sind nicht Ikarus. Er war der Einzige, dem noch der Sturz als Flug angerechnet wurde.

Ich habe meinen Vater, der still an der DDR und an meinem Aufstieg litt, nicht mehr ins Auto bitten und in die geliebte Heimatstadt Hamburg fahren können; er starb acht Monate vor dem Mauerfall, verbittert darüber, in einem so falschen Leben gewesen zu sein, in dem der einzige Sohn ohne viel Federlesens ein Federführender geworden war. Jetzt fahre ich mit dem Fahrrad über den Mauerstreifen, als wäre nichts gewesen. Es ist nichts, aber doch alles gewesen. Ich war Chefredakteur, Mitte der achtziger Jahre. In einem Streit daheim, es war während eines kurzen Besuches in Thüringen, hatte ich meinen Vater als »Russenhasser« bezeichnet. Denn er winkte nur ab, wenn er von Sozialismus und Weltmacht und Übermacht der Sowjetunion höre: Er sehe sie wieder vor sich, an der Ostfront, die Erbarmungswürdigen, wie sie in der Kalmückensteppe aus ihren Erdlöchern gekrochen seien. »Und hast du geschossen?«, fragte ich zurück, und es war keine Frage, sondern ein Verhör. Er sah mich nur an, als wüsste er sonst kein Mittel mehr, mich zu warnen und mich vor etwas in meinem Leben zurückhalten zu wollen, das ihm unheimlich schien, ohne dass er es etwa schon hätte benennen können. Ich reiste damals sofort ab.

Nun erwarte ich den stirnkühlenden Moment, da mich die DDR nicht mehr interessiert. Er kommt, dieser Augenblick, ich bin sicher. Noch ist nicht gewiss, ob mich diese Kühle erschrecken oder erfrischen wird. Wer weiß. Freilich habe ich eine Ahnung. Aber wieder kann alles täuschen.

Die letzten Seiten für dieses Buch schreibe ich auf der Insel Hiddensee. Hans-Georg Romanowski, dem Tresenmann vom »Godewind« in Vitte, fällt zu meinem Thema eine Szene ein. »Auch zu uns kam die Wende. Das war lustig und bezeichnend! In der Kirche in Kloster wurden bei einer der Versammlungen im Herbst '89 die politischen Karten neu gemischt, da ging es um ehrenamtliche Posten nach dem Ende der SED. Einer, uns Insulanern wohlbekannt in seinen früheren Funktionen, meldete sich bereitwillig. Da hörte man seine Nachbarin nur entschieden zischen: ›Nicht schon wieder du!‹«

STATT EINES NACHWORTES

Es kann doch nicht sein, Freunde, dass wir wieder mal nichts gewusst haben. So gar nichts, so überhaupt nichts. Den Satz haben wir doch unseren Eltern schon empört zurückgegeben, nur hatten sie, weiß Gott, mehr Recht, mehr Angst zu haben. Ich habe, was aus dem »Großen Haus« mir vernehmlich wurde, nie sonderlich geschätzt, und gesagt hab' ich: »Die Abteilung Agitation ist das Zentrum der Konterrevolution.« So ganz leise, so ganz unter uns ...

Und sagt nicht, Freunde, wir mussten. Wir mussten schon: wenn wir weitermachen wollten. Aber mussten wir weitermachen wollen? Wir haben doch selbst gestrichen, wovon wir wussten, es würde gestrichen werden, und gefragt werden würden wir zudem: Warum hast du das nicht gestrichen, bist du doof? Und doof wollten wir nicht sein, wir sind doch nicht doof. Wir haben das Maul gehalten in den Blättern, und, unter uns, wisst ihr noch, Freunde: Unter uns haben wir sarkastische Bemerkungen getauscht. Mein Gott, was konnten wir spöttisch sein. Aber den Beruf, den haben wir nicht getauscht. Aus lauteren Motiven mitunter, im Ernst, wir wollten uns ja wirklich engagieren.

Aber unsere Leser sind nicht verpflichtet, heute für unsere Motive von gestern zu schlucken. Kann sein, sie kauen noch an unseren Artikeln.

Wir kriegen es, ich weiß, schwer in die Reihe mit unserem gewachsenen Selbstbewusstsein und -verständnis als kritische Journalisten, aber für möglich halten sollten wir es immerhin: Wird einmal die Rechnung aufgemacht, wer und was dieses Land so um und um gewandelt hat, da wird unser wohl kaum sonderlich gedacht sein. Oder auf eine Weise, die uns nicht sehr gefallen wird.

Henryk Goldberg

(aus: Selbstanklage eines Journalisten namens seiner Zunft bei Gelegenheit nachdenklicher Einkehr am Jahresende, in: »Junge Welt«, 30./31 Dezember 1989)

Den folgenden Artikel veröffentlichte ich am 28. Oktober 1987 in der »Jungen Welt«. Er fasst zusammen, was man an verirrtem Ideal und böse gewordenem Unwillen zur Wahrheit in jener späten DDR in die Welt werfen konnte, die eine eingebildete war. Der Film hat damals Millionen Menschen bewegt. Mein Wille, etwas zu dem zu sagen, was so viele Menschen beschäftigte, was also zu sagen nötig sei, führte immer wirrer und irrer dazu, dass ich das Falscheste schrieb, was möglich war. Dass die »Rezension« von höchster DDR-Hand redigiert worden war, hatte ich nach sekundenkurzem Murren hingenommen. Noch die Striche durch meinen Text schienen diesen zu erhöhen.

Auf den Berg von Hunderten protestierenden Leserbriefen stellte ich mich wie ein Sieger. Aber der Text besiegelte mich. Er kostete, ich zahle noch heute ab.

Junge Welt

Schriftgrad:	Schriftart:			
6 p		Nr.:	Erscheinungstag:	
7 p		Ausgabe:	Seite:	
8 p	Satzbreite:	Abteilung: Chefred.	verantw. Red.: Schütt	
9 p		Verfasser:	Stenotyp.: Lie	
10 p		Umfang des Manuskr. ▭	Blatt ▭	Satzzeilen
12p				

Zum Satz:

Datum:

ab Sekretariat

Uhrzeit   Zeichen

an Maschinensetzerei

Uhrzeit   Zeichen

an Korrektorei

Uhrzeit   Zeichen

– – – – (Strichlinie) ➡ Sperrung
~~~~~~~ (Wellenlinie) ➡ Kursiv
‒‒‒‒‒ (Vollinie) ➡ halbfett

Dachzeile:

Haupttitel:

Interzeile:

1 [Kürzlich ~~sendete das~~ BRD-Fernsehen den Film "Die Reue" von

2 Tengis Abuladse. Der Regisseur aus der Sowjetunion, bei uns

3 bekannt durch den poetischen Film "Baum der Wünsche", schil-

4 dert in seinem symbolisch überhöhten Werk Leben, Tod und Auf-

5 erstehung des Despoten Warlam. Diese Figur ist eine Mischung

6 aus Argwohn, Bösartigkeit, Seelenlosigkeit. Stumpfes Machtbe-

7 harren geht einher mit eisigem Vernichtungswillen gegen alles,

8 was denkt. Zensieren, absetzen, verhaften, verschleppen, er-

9 morden - die Niedertracht geht um. Diesen Warlam, einen Rück-

10 gratbrecher und schlauen Taktierer aus Auftrag und Berufung,

11 trägt eine Welle von offizieller Sympathie durch die Politik;

12 näher besehen aber entstammt diese Welle einem Blutstrom, der

13 alles niederreißt, was sich an gesunder Frage, an aufrechtem

14 Zweifel, an logischem Widerstand gegen die politische Methode

15 der modernen Inquisition regt. Der große Mann ist "nur" ein

16 Verüber großer Verbrechen. Undurchsichtig bleibt das System,

17 das er vertritt, die Konflikte spielen sich auf der Ebene von

18 Familienauseinandersetzungen ab. Warlam trägt ein Hitlerbärt-

19 chen, erinnert an Mussolini, Palmen in seinem Garten sollen

20 an südamerikanische Diktatoren der Gegenwart gemahnen, aber

1 Schreibmaschinenzeile mit ⌀ 60 Anschlägen = 2 Druckzeilen 11 Cic. Spaltensatz -
Streichungen und kurze Ausgänge sind bei Zählung der Manuskriptzeilen zu beachten

477-3784 Ag 310/DDR/8/86

Handschriftliche Korrekturen Honeckers...

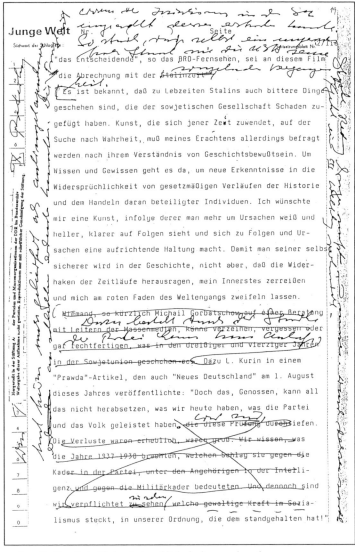

...aber die Handschrift des Autors blieb doch unverkennbar.

KUNST UND GESCHICHTSBEWUSSTSEIN

Kürzlich servierte uns das BRD-Fernsehen den Film »Die Reue« von Tengis Abuladse. Der Regisseur aus der Sowjetunion schildert in seinem symbolisch überhöhten Werk Leben, Tod und Auferstehung des Despoten Warlam. Diese Figur ist eine Mischung aus Argwohn, Bösartigkeit, Seelenlosigkeit. Stumpfes Machtbeharren geht einher mit eisigem Vernichtungswillen gegen alles, was denkt; Zensieren, absetzen, verhaften, verschleppen, ermorden – die Niedertracht geht um. Dieser Warlam, ein Rückgratbrecher und schlauer Taktierer aus Auftrag und Berufung, wird von einer Welle offizieller Sympathie durch die Politik getragen; näher besehen aber entstammt diese Welle einem Blutstrom, der alles niederreißt, was sich an gesunder Frage, an aufrechtem Zweifel, an logischem Widerstand gegen die politische Methode der modernen Inquisition regt. Der große Mann ist »nur« ein Verüber großer Verbrechen. Aber undurchsichtig bleibt das System, das er vertritt, die Konflikte spielen sich auf der Ebene von Familienauseinandersetzungen ab. Warlam trägt ein Hitlerbärtchen, erinnert an Mussolini, Palmen in seinem Garten sollen an südamerikanische Diktaturen der Gegenwart gemahnen, aber »das Entscheidende«, so das BRD-Fernsehen, sei an diesem Film »die Abrechnung mit der sowjetischen Vergangenheit«.

Das Thema ist nicht neu. Der XX. Parteitag der KPdSU hat hierzu an Analyse mehr geliefert als antisowjetische Agenturen je an Verunglimpfung erdenken konnten. Die Frage ist für mich, warum der Sozialismus in der Sowjetunion ungeachtet dessen erstarken konnte, ja so stark wurde, dass selbst ein imperialistischer Staat wie die USA seiner Stärke Rechnung tragen musste und muss. Dank dessen wurde bis jetzt ein dritter Weltkrieg verhindert.

Natürlich ist bekannt, dass zu Lebzeiten Stalins auch bittere Dinge geschehen sind, die der sowjetischen Gesellschaft Schaden zugefügt haben. Kunst, die sich jener Zeit zuwendet, auf der Suche nach Wahrheit, muss meines Erachtens konsequent befragt werden nach ihrem Verständnis von Geschichtsbewusstsein. Um Wissen und Gewissen geht es da, um neue Erkenntnisse in die Widersprüchlichkeit von gesetzmäßigen Verläufen der Historie und dem Handeln daran beteiligter Individuen. Ich wünschte mir eine Kunst, infolge derer man mehr um Ursachen weiß und also klarer auf Folgen sieht und sich zu Folgen und Ursachen eine aufrichtende Haltung macht. Damit man seiner selbst sicherer wird in der Geschichte, nicht aber, dass die Widerhaken der Zeitläufte herausragen, mein Innerstes zerreißen und mich am roten Faden des Weltengangs zweifeln lassen. Denn für solch überwältigenden Zweifel gibt es dank der Stärke der Partei und der von ihr geführten Sowjetmacht – keinerlei Anlass. Dazu L. Kurin in einem »Prawda«-Artikel, den »Neues Deutschland« am 1. August dieses Jahres veröffentlichte: Nichts könne das herabsetzen, »was wir heute haben, was die Partei und das Volk geleistet haben, die alle Prüfungen durchliefen«. Die heute Lebenden seien »verpflichtet zu sehen, welche gewaltige Kraft im Sozialismus steckt; in unserer Ordnung, die allem standgehalten hat!«

Die Sowjetunion in der Zeit nach Lenin – das ist Industrialisierung und Umgestaltung der Landwirtschaft, das sind Kollektivierung und entschiedener Kampf um die Einheit und Geschlossenheit der Partei in einer stürmischen Epoche. Das ist die Zeit friedlicher Pläne, für deren Verwirklichung das Land nie in dafür notwendiger Ruhe gelassen wurde. Das ist und bleibt vor allem die Befreiung der Welt vom Hitlerfaschismus. Wer weiß, was aus der Menschheit geworden wäre, hätten nicht die Soldaten mit den roten Sternen an den Mützen und den blutroten Verbänden um die Stirn den Reichstag erstürmt!

Zum Verständnis all dessen, was in der Sowjetunion geschehen und erreicht wurde, gehört also vor allem das

Wissen um die mühsame, kräftezehrende Durchsetzung des Lenin'schen Vermächtnisses, den Sozialismus aufzubauen – diese neue Gesellschaft allein und inmitten jener alten imperialistischen Welt, die mit Intervention und Sabotage, mit gesteuertem Opportunismus und Trotzkismus, mit bürgerlichem Nationalismus und allen Spielarten der Diversion den Vormarsch der Oktoberideen zu stoppen suchte. Damals war Sozialismus eine tägliche Entscheidung zwischen Leben oder Tod, zwischen erbittert durchgefochtenen Überlebensmaßnahmen oder freiwilliger Übergabe der Macht ans feindliche Gestern. Eine nahezu ewige Zeit der Härten, in denen so vielen, die für Freundlichkeit kämpften, freundlich zu sein verwehrt war. Der Streit Gleichgesinnter um Mittel und Wege fand nicht auf irgendeiner philosophischen Insel statt, sondern »umgeben von Feinden«, wie es im Film heißt. Nur: Wer war dieser allgegenwärtige Feind? Gab es ihn – o täglich bange Frage – schon in den eigenen Reihen!

Eine aus allen Richtungen andrängende fürchterliche Feindschaft gegen die junge Sowjetmacht führte auch zu praktischen wie theoretischen Fehlschlüssen. Das muss Mahnung sein. Hier hat auch Kunst den Auftrag, unerbittlich zu kämpfen, als Sicherheit (gegen Haltungen, die dem Sozialismus fremd und schädlich sind. Aber zur Wahrheit gehört unverzichtbar, dass es stets und trotz alledem eine Kraft gab und gibt gegen jeden Angriff auf den Sozialismus und sein Menschenbild: die Einheit von Volk und Partei der Kommunisten.

Wie jedoch wirkt dieser Film »Die Reue« auf mich? Abuladses Film, expressiv wie ein Schrei, ist reich an kräftigen Metaphern, er ist ein wort- und gedankenreiches Spiel mit den Möglichkeiten des Mediums. Er ist vor allem ein Traktat über den ewigen Kampf des Guten gegen das Böse, und am Ende kommt das Gute nicht gerade gut dabei weg. Der Gleichsetzung von Despoten à la Hitler und tragischen Ereignissen in der Sowjetunion aber verweigert sich mein

Ehrgefühl. Die Frage eines sowjetischen Arbeiters in oben erwähntem »Prawda«-Artikel drängt sich mir auf: Hätte es sich dafür gelohnt zu kämpfen?

Abuladse präsentiert eine Folge erschütternder Bilder, die bittere Erinnerungen aufsteigen lassen, zur seelischen Entrüstung treiben, aber meine Gedanken in einen Strudel unentrinnbarer Beklemmung reißen. Damit wird für mein Empfinden einer wahrhaftigen Bewertung der angesprochenen Dinge der Boden entzogen. Die symbolische Feststellung in Abuladses Film, dass sich unter drei Menschen vier Feinde befinden, wird zur höhnischen Denunziation der revolutionären Wachsamkeit; und der Gedanke, bei den unentschuldbaren politischen Verfehlungen stets auch die komplizierten, ja grausamen Umstände der Zeit zumindest zu berücksichtigen, wird einer der negativen Figuren in den Mund gelegt, sodass er als Argument von vornherein unbrauchbar ist.

»Reue« – dies wurde für mich zum Erlebnis Totalitarismus, und daraus erklärt sich wohl auch das Interesse eines BRD-Senders an diesem Film. (Nebenbei bemerkt ist es ja recht merkwürdig, dass sich ausgerechnet eine Fernsehanstalt jenseits der Elbe so rührig um die Verbreitung sowjetischer Filmkunst bemüht, welche ja Kunst im und für den Sozialismus ist; von ähnlich engagiertem Einsatz ist mir bei Filmen wie etwa »Pawel Kortschagin« oder »Befreiung« oder »Die Lebenden und die Toten« oder »Ein Menschenschicksal« oder »Ballade vom Soldaten« oder »Die Prämie« nichts bekannt). Totalitarismus aber ist genau jenes Stichwort eingefleischter Antikommunisten, von dem aus sie »Wahrheiten« gern und schnell hernehmen, um den Sozialismus in die Nähe von terroristischen Regimes zu bringen. Dafür kann leider auch Abuladses. Film missbraucht werden.

Ich sehe im Film schreckliche Visionen aus einem satanischen System, die ich als fatalistisches Sichergeben in die Zwangsläufigkeiten von Machtmissbrauch, Denunziation und Terror empfinde. Als sei alles, was da zu sehen ist, ein Vorgang, an dem viele Jahrhunderte geschrieben haben – und der Sozialismus sei das vorläufig jüngste, keinesfalls bessere Kapitel. Die Parabel Abuladses drängt sich mir als Hohlspiegel einer grundsätzlich verkehrten Welt auf. Diese geschichtsphilosophische Einschwärzung wird damit letztlich zur Anschwärzung marxistisch-leninistischer Geschichtsschreibung. Da bleibt für mich Bitterkeit, weil sich die Beeinflussbarkeit des Menschen im Dienste einer vollendeten Zurichtung für böse Zwecke als Grundgedanke offenbart.

BIOGRAFISCHES Hans-Dieter Schütt, geboren 1948 in Ohrdruf (Thüringen). Abitur am Internat Salzmannschule Schnepfenthal, bei Waltershausen, mit gleichzeitiger Lehre als Gummifacharbeiter im Gummikombinat Waltershausen. Von 1967 bis 1989 Arbeit im Gummiwerk »Elguwa« Leipzig sowie in verschiedenen Buchhandlungen der Stadt; Lehre als Buchhändler. 1969 bis 1973 Studium der Theaterwissenschaften an der Theaterhochschule »Hans Otto« in Leipzig. Während dieser Zeit halbjähriges Praktikum am Landestheater Halle (Saale), Dramaturgie- und Regieassistenzen in Magdeburg und Gera. »Nach dem Studium trat ich das mir zugewiesene Engagement in Gera nicht an; ich wollte unbedingt nach Berlin, wenigstens erst mal in die Stadt. Deshalb nahm ich als Übergangsvariante ohne Zögern eine Redakteursstelle in der Kulturabteilung der ›Jungen Welt‹ an. Diese Übergangsvariante dauerte genau sechzehn Jahre, zwei Monate und achtzehn Tage.« Dazwischen, 1980, Einjahreslehrgang an der Parteihochschule »Karl Marx« beim Zentralkomitee der SED, danach bis Anfang 1984 Abteilungsleiter im Zentralrat der FDJ (persönlicher Referent beim 1. Sekretär), »um in Vorbereitung auf den Chefredakteursposten den Apparat des Jugendverbandes kennenzulernen«. Seit 1984 auch Sekretär des Zentralrats der FDJ.

In der FDJ-Tageszeitung »Junge Welt« zunächst Filmkritiker, später stellvertretender Abteilungsleiter Kultur, vom 1. August 1984 bis 20. November 1989 Chefredakteur. 1976 Eintritt in die SED.

Bis Juli 1990 arbeitslos, danach, bis September 1991, Redakteur im Reisemagazin »globus«. Nachdem die Monatszeitschrift eingestellt wurde, bis Januar 1992 wieder arbeitslos, seitdem Redakteur in der Redaktion der Tageszeitung »Neues Deutschland«.

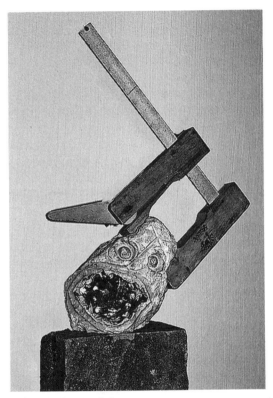

Urban Stark: »Kopfschmerz«

1. Auflage
© 2009 wjs verlag, Wolf Jobst Siedler jr. · Berlin
Alle Rechte vorbehalten,
auch das der fotomechanischen Wiedergabe
Redaktion: Corinna Fricke
Schutzumschlag: Dorén + Köster, Berlin
Satz: Dorén + Köster, Berlin
Druck und Bindung: fgb, freiburger graphische betriebe
Printed in Germany
ISBN: 978-3-937989-53-2
www.wjs-verlag.de